매그니피센트 7

빅테크 투자 지도

매그니피센트 7

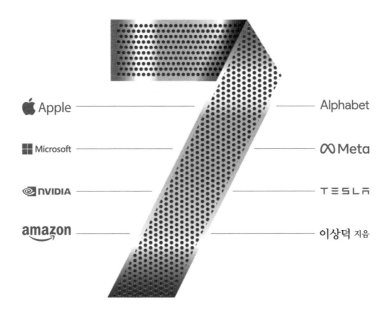

 Apple ——————— Alphabet

 Microsoft ——————— ∞ Meta

 NVIDIA ——————— TESLA

amazon ——————— 이상덕 지음

포르체

부의 법칙을 재편한 매그니피센트 7

"만약 당신이 무엇인가에 도달하는 데 10년이 걸리는 계획을 갖고 있다면, 당신은 다음의 질문을 스스로에게 던져야 한다. '아니, 왜 이걸 6개월 안에는 해낼 수 없는 거지?'"

페이팔을 공동 창업한 피터 틸은 《제로 투 원》을 통해 기업의 속도전을 강조했다. 혁신적 아이디어를 갖고 빠른 실행력을 무기 삼아 기성 질서를 무너뜨린 기업만이 미래의 부를 독점할 수 있다는 메시지다. 경쟁 기업이 준비를 채 하기도 전에 승부를 끝내 버리는 전략이다. 오늘날 세상을 지배하고 있는 빅테크 기업은 기성 질서를 흔드는 것을 넘어 부수는 방식으로 급성장하고 있다. 마이크로소프트, 애플, 엔비디아, 아마존, 알파벳, 메타, 테슬라를 놓고

뱅크 오브 아메리카의 애널리스트 마이클 하트넷은 '매그니피센트 7 Magnificent 7'이라고 명명했다. 탁월한 7개 기업이라는 뜻이다.

　　1969년 미국 국방부의 고등연구계획국이 러시아의 미사일 공격에 대비하고자 서버를 분산해 연결하는 아파넷 ARPANet 을 처음 선보인 이래, 인터넷은 새로운 세상을 창조했다. 식재료를 주문하고, 은행 업무를 보고, 음악을 듣고, TV를 시청하며, 화상 회의를 하고, 음식을 배달 주문하거나 택시를 호출하는 모든 행동이 이제 인터넷 안에서 이뤄진다.

　　매그니피센트는 이런 도도한 물결에 올라탄 기업들이다. 매그니피센트는 디지털과 인터넷이라는 토양에 깊숙이 뿌리내리면서 생태계를 장악했다. 마이크로소프트는 윈도우를 무기로 컴퓨터 운영체제 OS 영역을 가장 먼저 장악했고, 애플은 아이폰을 앞세워 앱 생태계를 차지했으며, 엔비디아는 인공지능 모델 학습과 추론에 필요한 그래픽처리장치 GPU 생태계를 독점했다. 이뿐인가. 아마존은 전자상거래를 발판으로 클라우드 컴퓨팅 서비스 시장까지 장악하고 있으며, 디트로이트를 부숴 버린 테슬라는 전기차를 넘어 자율주행, 인공지능, 슈퍼 컴퓨터, 휴머노이드 기업으로 전환 중이다. 메타(구 페이스북)는 소셜 네트워킹 영역을 장악하면서 전 지구적 광장이 됐고, 알파벳은 검색을 무기로 전 지구적 도서관이 됐다. 다크호스처럼 등장한 오픈AI도 있다. 오픈AI는 스스로 판단하고 스스로 경제 활동을 하는 인공일반지능 AGI 을 개발하겠다고 선언하며,

종전 질서를 뒤흔들 태세를 하고 있다.

지배는 부로 이어졌다. 매그니피센트는 부의 법칙을 재편하고 있다. 뉴욕증권거래소와 나스닥에 상장된 기업은 약 4,000개 사다. 상장사가 아닌 오픈AI를 뺀 7개 기업이 미국 주식 시가총액에서 차지하는 비중은 무려 30%에 달한다. 이런 변화는 재테크에도 큰 영향을 줄 수밖에 없다. 오늘날 서울 아파트 값은 30평대를 기준으로 약 12억 원이다. 20년 전인 2004년 3억 4,000만 원에서 약 3.5배 상승한 가격이다. 하지만 같은 기간 매그니피센트 주가는 비교할 수 없는 폭으로 성장했다. 마이크로소프트는 16배, 아마존은 90배, 애플은 420배, 엔비디아는 450배나 치솟았다.

이것이 우리가 빅테크를 반드시 이해해야 하는 이유다. 이 책은 매그니피센트가 어떻게 세상을 지배하게 됐는지를 다루는 이야기다. 1부에서는 빅테크 기업의 패권 변화와 달라진 부의 법칙을 소개한다. 2부에서는 각 기업의 창업 과정과 리더십, 비즈니스 모델, 수익 구조, 현재 투자를 통한 미래 전략 등을 하나씩 파헤친다. 마지막으로 3부에서는 글로벌 투자자들이 보유한 빅테크 기업 포트폴리오와 테크놀로지가 뒤바꿀 미래 인재상, 다가올 미래를 차례로 조망했다. 주식 투자자와 전략 담당자, 취업 준비생과 이직 희망자처럼 빅테크 기업에 대한 깊이 있는 지식이 필요한 분들에게 조금이나마 보탬이 되기를 바라는 마음으로 써 내려갔다.

"진정한 발견의 여정은 새로운 풍경을 찾는 것이 아니라 새로운 눈을 갖는 것"이라는 마르셀 프루스트의 말처럼, 빅테크 기업에 대한 더 큰 시야를 갖고 싶은 분들에게 이 책을 바친다.

2024년 9월

이상덕

목차

3부
미래에 투자하라

실리콘밸리는 오늘날 혁신의 수도로 불린다. 수많은 빅테크 기업이 둥지를 틀었기 때문이다. 불과 80년 전만 하더라도 아무도 주목하지 않았던 이곳에 기술 산업이 자리를 잡은 까닭에는 인재와 자본이라는 자양분이 있다. 스탠퍼드대학교가 설립되면서 이 일대로 고급 인재들이 몰려들었고, 휴렛 팩커드HP와 페어차일드 반도체 창업은 수많은 청년의 귀감이 됐다. 마이크로소프트와 애플이 차고에서 태어난 이유다. 1970년대 금본위제 폐지는 실리콘밸리에 막대한 돈을 뿌리기 충분했다. 금융권은 낮은 금리를 유지했고, 수많은 금융가가 모험 자본에 뛰어들었다. 실리콘밸리에 있는 샌드힐 로드는 오늘날 모험 자본의 중심이다. 1부에서는 빅테크 기업이 어떻게 성장할 수 있었는지, 부를 어떻게 재편했는지 살펴본다.

1부

세상을 바꾼 빅테크

실리콘밸리가 재편한 질서

"실리콘밸리는 장소가 아닙니다.
바로 사고방식입니다."

- 리드 호프먼 -

왕의 길, 실리콘밸리로 탈바꿈하다

　　미국 서부 캘리포니아에는 북부 샌프란시스코에서 남부 샌디에이고를 관통하는 오래된 도로가 있다. 스페인이 지배하던 시절 선교사들이 만든 '엘 카미노 레알El Camino Real'이라는 길고 긴 도로다.[1] 왕의 길이라는 뜻이다. 18세기 스페인 정복자 콩키스타도르와 선교사들은 서부로 몰려들면서 이 길을 따라 수많은 도시를 건립했다. 샌디에이고가 1769년, 샌프란시스코가 1776년, 산호세가 1777년, 로스앤젤레스가 1781년 각각 마을에서 도시로 태어났다.

　　미국이 이 지역을 빼앗은 것은 1846년 미국 멕시코 전쟁 이후였다. 서부에서 금광이 발견됐다는 소식은 동부에 있는 수많은 백인 개척자들을 끌어들였다. 중국과 일본에서도 이 소식을 듣고 이민자들이 몰려들었다. 노을이 지면 붉은빛이 감도는 금문교가 세워

진 샌프란시스코는 곧 미국 서부의 무역 중심지로 탈바꿈했다. 동남쪽으로 약 60km 떨어진 산호세 일대까지 개발이 확산된 것은 이 무렵이다.

실리콘밸리는 서부 샌프란시스코에서 동부 산호세까지의 일대를 가리킨다. 실리콘밸리가 오늘날 모습을 갖추게 된 계기에는 3가지 큰 사건이 있다. 하나는 1885년 철도 왕 릴런드 스탠퍼드가 스탠퍼드대학교를 설립한 것이다. 나머지 2개는 1938년 HP 창업, 1957년 페어차일드 반도체[1] 창업이다. 스탠퍼드대학교는 이 일대에 충분한 엔지니어를 공급했고, 페어차일드 반도체와 HP 창업 신화는 훗날 무수히 많은 스타트업의 귀감이 됐다. 콩키스타도르와 선교사가 거닐던 엘 카미노 레알은 오늘날 실리콘밸리의 동맥으로 불리는 101번 국도로 탈바꿈했다. 이 길을 따라 수많은 혁신 기업이 태어났다. 샌브루노에 유튜브, 마운틴뷰에 구글, 멘로파크에 메타, 산타클래라에 인텔, 쿠퍼티노에 애플, 로스가토스에 넷플릭스, 산호세에 어도비, 이베이, 페이팔 등이 대표적이다.

오늘날 빅테크 기업이 실리콘밸리에 밀집한 데는 그 이유가 있다. 바로 이곳이 디지털이라는 새로운 세상에 가장 적합한 토양을 가졌기 때문이다. 실리콘밸리는 반도체에 쓰이는 '규소 Silicon'와

---

[1] 페어차일드 반도체에서 8명의 엔지니어들이 동시다발적으로 사표를 냈다. 이들을 가리켜 8인의 배신자라고 부른다. 대표적인 인물이 로버트 노이스와 고든 무어다. 두 사람은 1968년 인텔을 설립했다.

이 일대 지형인 '계곡 Valley'를 합쳐 만든 단어다. 이름에서 알 수 있듯 이곳은 1980년대만 하더라도 반도체 하드웨어의 중심지였다. 페어차일드 반도체, 인텔, 내셔널 세미컨덕터가 대표 기업들이다. 실리콘밸리 일대 반도체 기업은 1960년대에는 5개에 불과했으나 1970년 45개, 1980년에는 80개 이상으로 늘어났다.[2] 군수 산업이 발전하면서 반도체가 중요해진 것이다. 당시 미국과 소련 간 끝없는 경쟁은 냉전 체제를 심화시켰고, 미국 정부는 첨단 무기 생산에 열을 올렸다.

1938년 빌 휴렛과 데이비드 패커드가 차고에서 설립한 HP가 팰로앨토에 둥지를 틀었다.[2] HP 역시 처음에는 무전기, 소나 레이더와 같은 군수 물품을 만들어 미군에 납품했다. 그러나 군수품 개발은 무기뿐 아니라 컴퓨터 기술 발전을 촉진했다. HP는 1966년 처음으로 미니 컴퓨터 HP 2100과 HP 1000을 출시하면서 개인용 컴퓨터인 PC 탄생에 대한 기대감을 높였다.

HP의 성공은 수많은 청년 창업가들에게 영감을 불어넣었다. 빌 게이츠가 1975년에 마이크로소프트를, 스티브 잡스가 1976년에 애플을 차고에서 창업한 것은 우연이 아니다. 이 둘은 1955년생으로 창업 당시 고작 20살, 21살이었다. 스티브 잡스는 쿠퍼티노

---

[2]　HP는 에디슨가 367번지 차고에서 처음 출발했다 훗날 마이크로소프트, 애플, 구글 모두 집에 딸린 차고에서 회사를 설립했다. 오늘날 HP 차고 앞에는 '실리콘밸리의 발생지'라는 푯말이 붙어 있다.

에 있는 홈스테드고등학교를 다니면서 'HP 탐구자 클럽'에 가입해 PC에 대한 열망에 사로잡혔고, 그의 고교 선배이자 훗날 애플 공동 창업자가 되는 스티브 워즈니악은 HP에 취업했을 정도다.

하지만 실리콘밸리 반도체 산업은 1980년대 들어 타격을 받는다. 한국과 일본을 중심으로 반도체 제조 산업이 융기하면서 실리콘밸리가 위기를 맞은 것이다. 특히 도시바, 후지쯔, NEC와 같은 일본 반도체 기업들은 일본 정부의 지원을 받아 가격을 큰 폭으로 끌어 내렸다. 일본 기업은 순식간에 D램DRAM 시장을 차지했고, 1위 반도체 기업이었던 인텔은 D램 사업에서 철수하기에 이른다.[3] 그러자 이곳 인재들은 고부가가치 산업에 주목했다. 그것이 바로 디지털이다.

모든 것을 뒤바꾼 아톰과 비트

1980년대는 세상이 '아톰Atom'에서 '비트Bit'로 전환되려는 시점이었다. 매사추세츠공과대학교 미디어 랩의 설립자인 니콜라스 네그로폰테는 1995년 컴퓨터와 소프트웨어의 부상이 가져올 미래를 '비트의 시대'로 규정했다. 원자인 아톰은 물질의 가장 작은 단위로, 물리적이고 실체가 있는 세계 즉 아날로그 세상을 상징한다. 반면 비트는 디지털 정보의 가장 작은 단위로 디지털 세상을 은유한다. 원자로 구성된 아날로그의 세계인 아톰이 지고, 0과 1로 구

성된 비트의 시대가 온다는 역설이었다.[4]

실리콘밸리는 그 중심에 있다. 스티브 잡스는 이런 말을 남겼다. "컴퓨터는 인류가 발명한 모든 발명품 중에서 가장 높은 순위에 오를 것입니다. 동시대에 이 발명품이 탄생한 실리콘밸리에 있었다는 것은 엄청난 행운이라고 생각합니다." 인재들이 잇따라 창업을 하면서 실리콘밸리는 디지털 밀집 지역으로 탈바꿈하기 시작했다. 특정 영역에서 성공한 빅테크 기업은 빠른 속도로 세상을 차지했다. 막대한 자본이 투입돼야 할 아날로그 세상에서는 있을 수 없는 일이었다. 모든 것이 디지털로 연결되면서, 확장 속도는 걷잡을 수 없이 빨라졌다.

1970~1980년대는 PC의 전성기였다. 1960년대만 하더라도 컴퓨터는 값비싼 고급 계산기에 불과했다. 미사일을 쏘아 올리기 전 궤적을 계산하는 용도가 대다수였다. IBM 회장인 토머스 왓슨이 1943년 "세계에 필요한 컴퓨터는 5대 정도"라고 말한 일화는 유명하다. 하지만 HP의 컴퓨터에 영감을 받은 소년들은 어느덧 청년이 됐다. 애플은 1977년 애플 II 컴퓨터를 출시했고, 1984년 매킨토시 컴퓨터를 선보였다. 대중은 마우스와 그래픽 사용자 인터페이스GUI를 채택해 누구나 쉽게 사용할 수 있는 매킨토시 컴퓨터에 열광했다. IBM은 1981년 IBM PC라는 16비트 컴퓨터를 출시하며 개방형 시스템을 채택해 가격을 낮추고 대중적인 PC 시장을 열었다. 마이크로소프트는 MS-DOS를 만들어 컴퓨터 운영제제 시상을 장악했다.

컴퓨터의 확대 보급과 인터넷의 확산은 소프트웨어 기업들에게 상상할 수 없는 자양분을 제공했다. PC라는 토양 위에서 수많은 소프트웨어 기업이 뻗어 나갔다. 1990년대에 들어서자 전례 없는 기업들이 등장했다. 넷스케이프, 야후, 아마존, 이베이, 구글, 페이팔이 차례로 태어났으며 이들이 제공하는 서비스는 없어서는 안 될 필수 요소로 자리매김했다.

시간이 흘러 2007년, 애플 컴퓨터와 매킨토시로 성공한 스티브 잡스는 샌프란시스코의 모스코니 컨벤션센터 무대에 올랐다. 잡스는 아이폰을 들고 이렇게 외쳤다. "오늘 혁신적인 제품을 무려 3개나 선보이려 합니다. 첫 번째는 바로 터치로 조작할 수 있는 와이드 스크린 아이팟입니다. 두 번째는 혁신적인 핸드폰입니다. 마지막으로 세 번째는 획기적인 인터넷 통신 기기입니다. 이것들은 각각의 제품이 아닙니다. 단 하나의 제품입니다." 행사장을 가득 메운 열광적인 관객 앞에 선 잡스는 이 앱, 저 앱을 마음대로 자유롭게 실행하며 아이폰의 획기적인 성능과 사용성을 뽐냈다. 하지만 현실은 정확히 짜인 순서에 따라 한 치의 어긋남 없이 기기를 조작했을 뿐이었다. 당시 아이폰은 인터넷 송수신이 매우 불안정해 통신 회사 AT&T에서 이동형 기지국까지 임대해 올 정도였다. 메모리는 128MB에 불과해, 멀티태스킹을 하면 먹통이 됐다. 먹통 사태에 대비하고자 여러 대의 아이폰을 연단에 숨겨 뒀을 정도다.[5]

이런 불안함에도 세상은 열광했다. 금세 안정된 아이폰은 새로운 생태계를 만들었다. 2008년 앱스토어를 오픈하고, iOS 소프트웨어 개발 키트를 공개하자 수많은 개발자가 앱을 쏟아 냈다. 단순히 정보를 올리기만 하던 읽기 전용 웹 1.0이 저물고, 쌍방향 소통을 하는 웹 2.0 시대가 온 것이다. 스마트폰은 수많은 혁신 기업의 토양이 됐다. 메타, X(구 트위터), 우버, 에어비앤비, 인스타그램, 스냅챗, 왓츠앱과 같은 신흥 빅테크 기업이 급부상했다. 우버는 차량 공유 서비스를 모바일 앱에서 구현하고, GPS와 지도 등 스마트폰에 달린 기능을 활용해 혁신적인 비즈니스 모델을 창출했다. 전례 없는 주택 공유 플랫폼 에어비앤비는 개인이 소유한 숙소를 모바일 앱으로 공유해 새로운 숙박 시장을 창출했다. 에어비앤비 시가총액은 2024년 7월 기준 889억 달러다. 이는 세계에서 가장 큰 호텔 체인인 메리어트 인터내셔널의 시가총액 667억 달러보다 높은 수준이다. 에어비앤비는 단 1채의 호텔도 없는 기업인데 반해, 메리어트는 전 세계 131개국에 걸쳐 7,600개 이상의 호텔을 보유하고 있다. 네그로폰테가 말한 바로 그 '아톰이 지고 비트가 부상한' 장면이다.

빅테크를 견인한 샌드힐 로드

기업은 스스로 태어나지 못한다. 아이디어가 있다고 해서 곧장 사업을 시작할 순 없기 때문이다. 항상 그 뒤에는 아이디어를 평가하고 막대한 자금을 대 주는 벤처캐피털이 존재한다. 미국에서 벤처캐피털이 급부상한 배경에는 닉슨 대통령이 1971년 금본위제를 전격 폐지한 것이 한몫했다. 달러와 금이 연동되지 않자, 미국 정부는 막대한 달러를 찍어 냈다. 달러는 수많은 금융권에 매우 낮은 금리로 흘러 들어갔고, 이는 빅테크 기업의 마중물이 됐다.

벤처캐피털 역시 혁신 기업을 따라 실리콘밸리로 몰려들었다. 실리콘밸리에 있는 샌드힐 로드 Sand Hill Road 는 그 혜택을 톡톡히 봤다. 샌드힐 로드는 실리콘밸리의 심장인 팰로앨토, 멘로파크, 우드사이드를 가로지르는 약 9km의 도로를 가리킨다. 이 일대는 1960년대만 해도 모래 언덕에 불과했지만, 현재는 글로벌 주요 벤처캐피털 150곳이 밀집한 투자의 성지로 자리매김했다. 대표적인 곳이 세쿼이아 캐피털Sequoia Capital, 앤드리슨 호로위츠Andreessen Horowitz, 클라이너 퍼킨스Kleiner Perkins, 드레이퍼 어소시에이츠Draper Associates 다. 실리콘밸리에 둥지를 튼 모든 스타트업들은 벤처캐피털 앞에서 사업 발표를 하고, 투자 자금을 유치한다. 일론 머스크가 마이클 모리츠 세쿼이아 캐피털 회장을 테슬라의 첫 차량 로드스터에 탑승시키고 투자를 요청한 일화는 전설처럼 남아 있다.[6]

이런 이유로 샌드힐 로드는 스타트업 '순례자의 길'이라는 별명을 갖고 있다. 스타트업이 명망 있는 벤처캐피털로부터 투자를 받으면 축하를 받을 정도다. 이들은 단순히 투자만 하는 것이 아니라 스타트업을 가르치고, 육성하고, 네트워킹해 준다. 투자 유치 자체가 한 기업의 레퍼런스가 된다. 세쿼이아 캐피털은 구글, 오라클, 엔비디아, 페이팔, 유튜브를 길러 냈고, 앤드리슨 호로위츠는 에어비앤비, 코인베이스, 리프트를 육성했다. 실리콘밸리 소재 벤처캐피털의 투자 규모는 2023년 기준 약 493억 달러로 미국 전체 벤처캐피털 투자액 가운데 43%를 차지한다.[7] 그만큼 실리콘밸리는 벤처캐피털의 천국이다.

제조업에서 빅테크 기업의 시대로

미국이 세계의 제국으로 부상한 1920년대에는 '파이브 타이 탄Five Titan'이 존재했다. 전구와 발전소를 아우르는 전기의 제국 제너럴 일렉트릭GE, 자동차 산업을 일으킨 제너럴 모터스GM, 모든 철강사를 합병한 US 스틸, 탄산 왕국인 코카콜라, 우편 주문 판매업의 시조인 백화점 시어스Sears 다. GE는 뉴욕, GM은 미시간, US 스틸은 뉴저지주 펜실베이니아, 코카콜라는 조지아주 애틀랜타, 시어스는 미네소타에서 시작했다. 모두 동부에 자리잡은 이들 기업은 미국 제조업의 근간을 상징한다.

1980년대에는 정유 기업들이 급부상했다. 존 데이비슨 록펠러가 이끄는 스탠더드 오일이 반독점법으로 해체되면서, 정유업계는 엑슨 모빌Exxon Mobil, 쉐브론Chevron, 브리티시 페트롤륨BP, 로열 더치 쉘Royal Dutch Shell, 토탈 에너지스Total Energies, 코노코 필립스Conoco Phillips, 에니Eni 등 7개사로 재편됐다. 이탈리아의 에니 회장인 엔리코 마테이는 이들을 가리켜 '세븐 시스터즈Seven Sisters'로 불렀다. 1980년대 글로벌 시가 총액 상위 10대 기업 중 무려 6곳이 정유 업체였다. 그야말로 에너지의 시대였다.

40년이 흐른 2020년대는 디지털 기업이 패권을 장악했다. 글로벌 시가총액 상위 10개 기업 중 7곳이 디지털 기업이다. PC 운영체제를 넘어 인공지능 서비스로 진화하고 있는 마이크로소프트, 모바일 생태계를 장악한 애플, 인공지능 필수품으로 불리는 GPU

를 장악한 엔비디아, 전자상거래와 클라우드를 차지한 아마존, 전지구적 도서관이 된 구글, 전 지구적 광장으로 부상한 메타가 그 주인공이다. 여기에 더해 상위 10위에는 밀렸지만 전기차라는 새로운 영역을 창출한 테슬라가 있다. 뱅크오브아메리카의 애널리스트인 마이클 하트넷은 이들을 가리켜 '매그니피센트 7'으로 명명했다. 여기에 더해 인공지능을 앞세워 무섭게 이들을 위협하는 오픈 AI 역시 2023년 이후 주목받는 기업으로 부상했다.

이들은 여러 다양한 별명으로 불린다. CNBC 진행자인 짐 크레이머는 페이스북, 아마존, 넷플릭스, 구글의 앞 글자를 따 '팽 FANG'이라고 불렀고, 사토리 펀드의 댄 나일스 창업자는 인공지능 시대를 이끌고 있는 엔비디아, 메타, 마이크로소프트, 아마존을 가리켜 '판타스틱 4'로 명명했다. 이들은 빅테크로도 불린다. 미국에서 '빅 Big'이라는 표현은 때로 무서움과 두려움을 주는 기업에 붙는 접두어다.[8] 한때 환경을 파괴하는 세븐 시스터즈는 빅오일이라고 불렸고, 1990년대 건강을 해치는 담배 회사들은 빅토바코로 불렸다. 이기적인 대규모 제약 기업은 빅파마(Pharmacy의 약자)가 됐다. 테크 기업을 빅테크로 부르는 까닭 역시 부작용 때문이다. 이들이 커지면서 빅테크 기업이 제공하는 서비스의 데이터 수집, 사생활 침해, 중독성 등은 사회적 문제점이 됐다.

그러나 디지털 세상을 지배하는 테크 기업은 긍정적이든 부정적이든 오늘날 우리 삶에서 핵심적 위치를 차지한다. 빅테크 기업이 야기하는 사회적 문제에도 불구하고 이들 기업을 모르고서는

연도	1980년	2000년	2024년 7월
1위	IBM	마이크로소프트	애플
2위	AT&T	GE	마이크로소프트
3위	엑슨	시스코	엔비디아
4위	스탠더드 오일	월마트	알파벳(구글)
5위	쉘	엑슨 모빌	아마존
6위	모빌	인텔	사우디 아람코
7위	GM	NTT 도코모	메타(페이스북)
8위	텍사코	쉘	버크셔 해서웨이
9위	듀퐁	화이자	TSMC
10위	걸프 오일	노키아	일라이 릴리

시대별 전 세계 시가총액 상위 1~10위 기업[9][10]

미래의 부를 논하기 어려운 이유다. 2024년 7월 기준 이들 기업이 차지하는 시가총액은 총 14조 9,986억 달러로, 미국 전체 시가총액의 25~30%를 차지한다. 도이치뱅크는 이들 기업만 합하더라도 세계에서 두 번째로 큰 국가의 증권 거래소가 될 것이라고 주장했다. 미국, 중국, 일본만이 자국 내 상장 기업의 총 이익이 매그니피센트 기업 이익보다 크다. 2023년 S&P 500의 주가 상승 기여도를 살펴보면, 3분의 2는 매그니피센트 때문이었다. 그야말로 매그니피센트 시대인 셈이다.

달라진 부의 법칙

"애플은 우리가 소유한 어떤 기업보다
더 나은 기업입니다."

- 워런 버핏 -

버핏이 애플을 선택한 이유

'오마하의 현인Oracle of Omaha'으로 불리는 버크셔 해서웨이의 워런 버핏 회장은 철저하게 저평가된 가치주를 찾아 나선 투자 자였다. 기업이 추구하는 사업 내용을 투자자가 이해할 수 있고, 5~10년 뒤를 예측할 수 있는 사업이며, 경영진을 믿을 수 있고, 주식 매수 가격이 합리적인 종목이 그의 투자 대상이다. 버핏의 이런 투자 스타일은 스승 벤저민 그레이엄을 닮았다. 한마디로 정의하면 저평가 우량주에 대한 선호다. 이런 이유로 버핏은 테크놀로지 주식을 꽤 오랜 기간 멀리했다. 그는 주주총회에서 "애플이나 구글의 기업가치를 어떻게 평가해야 할지 모르겠다"라고 토로한 적이 있다. 사업 내용을 이해하기 힘들 뿐더러 5·10년 뒤 미래를 가늠하기 어려웠기 때문이다.

하지만 버핏은 2016년 투자 전략을 전면 수정한다. 애플이 가진 앱 생태계에 눈을 떴기 때문이다. 버핏은 그해 애플 주식 5,700만 주를 사들였고, 이후 보유 물량을 급격히 늘렸다. 2023년 말을 기준으로 버크셔 해서웨이가 보유한 애플 주식은 9억 556만 주에 달한다.[1] 버핏 회장은 2023년 버크셔 해서웨이 주주총회 무대에 올라 애플 투자에 대한 이유를 이렇게 설명했다. "소비자가 3만 5,000달러 상당의 두 번째 자동차와 1,500달러 상당의 아이폰 가운데 하나를 처분해야 하는 상황에 직면한다면 무엇을 택할까요. 아마 아이폰을 계속 보유할 것입니다."[2]

2024년 8월, 버핏이 애플의 주식을 대량 매도해 주목을 받았다. 다만 버핏은 2024년 5월에 열린 버크셔 해서웨이의 주주총회에서 애플 매도의 이유가 기업에 대한 전망이 바뀐 것이 아닌 세금 부담을 우려한 지분 축소라고 설명한 바 있다. 그는 "특별한 일이 일어나지 않는 한 애플, 코카콜라, 아메리칸 익스프레스를 계속 보유할 계획"이라고 밝혔다.

버크셔 해서웨이의 포트폴리오 가운데 30.09%는 애플 주식이다. 높은 배당과 고수익, 그리고 저평가로 상징되는 주식인 코카콜라를 강조한 이전 버핏과는 다른 모습이다. 버크셔 해서웨이의 전략 변경은 시사하는 바가 크다. 전통적인 기법을 구사하는 투자사는 주로 저평가된 우량주를 매수해 높은 가격에서 매도하는 방법을 추구했다. 이 방식을 추구하는 대표적인 투자 철학자가 윌리엄 번스타인이다. 그는 다양한 자산에 분산 투자하고, 복리를 활용해 장기 투자하며, 포트폴리오를 매번 바꾸면서 위험을 회피한다. 또한 저렴한 인덱스 펀드나 상장 지수 펀드ETF를 매입하는 것을 추천한다.[3] 지구에 봄, 여름, 가을, 겨울이라는 사계절이 있듯이 가격은 역사적으로 늘 평균으로 돌아가려는 성향이 있으니 낮으면 매수하고 높으면 매도하라고 한다. 평균 회귀 전략Mean Reversion Strategy을 토대로 하는 조언이다. 물론 이런 조언은 여전히 유효하다. 하지만 테크놀로지 시대에서는 빠른 속도의 시장점유율 확대와 같은 다른 접근 방법이 필요하다. 한 번 상승세에 올라탄 테크놀로지 주식은 좀처럼 떨어질 줄 모른다. 또 테크놀로지 주식이 아닌 주식은 크게 오르지 않는 경향이 있다. 주식 시장에서 종목간 부익부 빈익빈이 발생하는 이유는 오늘날 세계가 곧 디지털 세계이기 때문이다. 상장 기업 중 시가총액 상위 500개 기업의 주가를 기반으로 산출하는 S&P 500을 보면 이런 흐름이 포착된다.

S&P 500에서 테크놀로지 섹터가 차지하는 비중은 1980년대 8%에 불과했다. 하지만 1990년대 12%로 상승했고, 2010년대는 18%로 올라섰다. 오늘날에는 약 27~28%를 차지하고 있다.[4] 테크놀로지의 부상은 구경제의 몰락과 공동화를 시사한다. 2000년대 초반만 하더라도 해외 여행을 가고자 한다면 백화점이나 마트 앞에 수북이 쌓인 여행사 카탈로그를 살펴야 했다. 어떤 항공권이 저렴한지, 어떤 숙박 시설이 좋은지, 단체 관광 상품은 어떤 것이 있는지 소비자는 아날로그 세상에서 비교 분석해야 했다. 여행사는 성수기에 맞춰 여행 상품을 만들고, 카탈로그를 제작하고, 이를 신

문이나 잡지에 광고해 손님을 유혹했다.

하지만 오늘날은 이런 활동이 모두 디지털에서 이뤄진다. 에어비앤비나 호텔스닷컴으로 숙박 예약을 하고, 트립어드바이저에서 방문지를 찾고, 스카이스캐너나 호퍼 Hopper 등으로 항공권을 손쉽게 구매할 수 있다. 여행뿐 아니다. 4차 산업 혁명으로 격동하는 현대 사회에 100% 아날로그만으로 움직이는 경제는 사실상 사라졌다. 어류 양식업을 하는 곳에도 디지털 경제가 작동한다. 캐나다의 엑스퍼트시 XpertSea 는 머신러닝과 컴퓨터 비전 기술을 활용해 새우와 물고기의 건강 상태와 크기를 실시간으로 모니터링하고 분석하는 솔루션을 제공한다. 미국의 아쿠아바이트 Aquabyte 는 수중 카메라와 인공지능 기술을 활용해 양식장의 물고기 건강, 성장, 사료 효율 등을 모니터링하고 분석하는 플랫폼을 내놓았다. 디지털 테크놀로지 기업이 주목받을 수밖에 없는 이유다.

플라이휠이 만든 새로운 법칙

문제는 기업가치 평가 기법이 달라지지 않았다는 점이다. 그동안 투자자는 부채를 차감한 기업의 순자산가치 Net Asset Value 를 잣대로 유사한 종목과 비교 분석해, 주가가 저렴한지 아닌지를 판단했다. 대표적인 잣대가 주가 수익 비율 PER, Price Earnings Ratio 과 주가 순자산 비율 PBR, Price Book-value Ratio 이다. PER는 주가를 주당 순이익으로 나눈 값으로, 투자자들이 기업의 이익에 대해 기꺼이 지불할 용의가 있는 금액을 나타낸다. PBR은 주가를 주당 순자산가치로 나눈 값으로, 기업의 청산가치를 바라보는 시장의 평가를 반영한다. 일반적으로 PER과 PBR이 낮을수록 기업의 주식이 저평가되었다고 해석한다. 하지만 테크놀로지 주식에서는 눈 씻고 보아도 PER과 PBR이 낮은 기업을 찾기 어렵다. PER만 놓고 보면 아마존이 50.7배, 알파벳이 24.5배, 메타가 26.5배, 애플이 33.9배에 달한다.[5] 반면 에너지 기업의 PER는 크게 떨어진다. 엑슨모빌은 13배, 쉐브론은 14.5배 수준이다.

왜 이런 격차가 나타난 것일까? 그 이유는 디지털에는 국경도, 지역별 설비 투자도 필요 없기 때문이다. 디지털 신경제와 아날로그 구경제는 비즈니스를 대하는 접근 방식이 다르다. 특히 플랫폼 기업은 초기에 전 세계 잠재 고객을 대상으로 막대한 비용을 쏟아붓는다. 전 세계적으로 고객을 긁어 모을 때까지 적자를 감수하고 과감한 마케팅을 진행하는 경우가 많다. 장기적인 수익성을 위한 전략적 선택이다. 네트워크 효과를 통해 더 많은 이용자를 플랫폼으로 유인하고, 이용자들의 상호 작용을 활성화할수록 플랫폼의 가치는 기하급수적으로 증가한다. 이 과정에서 한계 비용은 점차 감소하고, 고객 한 명 한 명의 생애가치 LTV, Life Time Value 는 지속적으로 향상된다. 결국 고객 획득 비용 CAC, Customer Acquisition Cost 이 고객의 생애가치보다 낮아지는 임계점에 노달하면 플랫폼은 막대한 수익을 창출하기 시작한다.

넷플릭스는 2016년 한국 시장에 진출했을 당시 30일 무료 체험 이벤트를 펼쳤다. 처음에는 상당한 고객 획득 비용이 발생했다. 수십만 명에 달하는 사람들이 무료로 넷플릭스를 볼 때 발생하는 클라우드 사용료와 저작권 사용료를 넷플릭스가 오롯이 감당했기 때문이다. 하지만 일정 수준 이상의 고객을 확보하면 총 고객 생애가치는 상승한다. 디지털에는 국경이 없다. 이런 무료 마케팅은 전 지구적으로 펼쳐졌다. 이에 힘입어 넷플릭스 구독자는 2011년 2,150만 명에서 2018년 1억 2,430만 명으로 5배 이상 급증했고, 2024년 2분기에는 2억 7,440만 명으로 증가했다.[6]

아마존 역시 마찬가지다. 아마존은 낮은 가격과 무료 배송 등 공격적인 고객 유치 정책으로 오랜 기간 적자를 기록했지만, 시장 점유율 확대와 프라임 회원 기반 강화에 주력했다. 그 결과 아마존은 유통, 클라우드, 동영상 스트리밍 등 다양한 분야에서 독보적인 시장 지위를 확보하며 장기적인 성장세를 이어 가는 중이다. 아마존의 유료 구독 서비스인 아마존 프라임의 전 세계 사용자 수는 2억 명 이상으로 추정된다.

이 같은 법칙을 두고 제프 베이조스 아마존 CEO는 플라이휠 효과 Flywheel Effect 라고 명명했다.[7] 플라이휠 효과는 디지털 플랫폼 기업의 성장 메커니즘을 설명하는 핵심 개념이다. 플랫폼에 참여하는 이용자가 많아질수록 더 많은 가치가 창출되고, 이는 다시 더 많은 이용자를 끌어들이는 선순환 구조를 만들어 낸다. 거대한 수레바퀴를 한 번 돌리려면 엄청난 에너지가 필요하지만, 속도가 붙으면 관성에 따라 멈출 수 없는 속도에 도달하는 것과 비슷한 이치다. 아마존, 우버, 에어비앤비 등 성공한 플랫폼 기업들은 모두 초기 플라이휠을 가동하기 위해 막대한 자금을 투입했다. 우버는 창업 이래 줄곧 적자를 냈다. 누적 영업손실 규모만 315억 달러(약 43조 4,700억 원)에 달했다.[8] 흑자를 낸 것은 2023년이 처음이었다.

빅테크 기업은 소비자에게 새로운 가치를 부여함으로써 기업 가치를 높였다. 바로 시간 절약이다. 베이조스는 프라임 서비스를 이용하면 매장을 방문할 필요가 없기 때문에 1년에 평균 75시간을 절약할 수 있다고 강조한다.[9] 1시간당 1만 원으로 계산한다면 한 사람이 매년 75만 원을 절약하는 셈이고, 아마존 프라임 사용자 수를 2억 명으로 넓혀 잡으면 연간 150조 원을 절약한다는 메시지다. 구글은 도서관에 갈 시간을 줄여 주고, 페이스북과 인스타그램을 운용하는 메타는 커피숍에 갈 시간을 줄여 주며, 넷플릭스는 영화관에 갈 시간을 줄여 준다. 이것이 디지털의 새로운 가치다.

플라이휠이 작동하는 배경에는 멧커프의 법칙 Metcalfe's Law 이 존재한다. 네트워크의 가치는 이용자 수의 제곱에 비례한다는 이론이다. 100만 고객을 확보한 서비스와 1,000만 고객을 확보한 서비스 간 가치 차이는 10배가 아니라 100배로 벌어진다. 이처럼 일단 플라이휠이 완전한 속도에 이르게 되면, 이들 기업은 경쟁자들을 압도하는 시장 지배력을 확보할 수 있다. 따라서 디지털 기업에 대한 평가는 PER이나 PBR보다 사업 모델의 지속 가능성, 이용자 증가율, 시장점유율 등과 같은 지표가 더 중요하다.

'달리는 호랑이' 빅테크 기업에 올라타라

디지털 경제의 부상은 전통 자산을 위협할 수 있다. 그동안 한국의 제1자산은 부동산이었다. 자산에서 부동산이 차지하는 비중은 매우 높다. 한국은행에 따르면, 2021년 기준으로 가계 자산에서 부동산이 차지하는 비중은 64%에 달한다. 반면 일본은 37%, 미국은 29% 수준이다.[10] 우리나라는 인구가 많고 토지는 작다 보니 아파트 가격은 결코 떨어지지 않을 것이라는 믿음이 있다. 취업을 하고 월급을 모아 빚을 내서라도 집을 사는 것이 일반적인 재테크 방식이었다. 내 집 마련을 한 사람과 그렇지 않은 사람 간 자산 격차는 갈수록 벌어졌다.

문제는 한국이 고령화로 늙어 간다는 점이다. 통계청이 발표한 고령자 통계에 따르면, 2023년 한국의 65세 인구는 약 18.4%에 달한다. 2025년이면 20.6%로 초고령사회에 진입한다.[11] 한국 사회가 급속도로 늙고 있는 것이다. 한국은 고령사회에서 초고령사회로 진입하는 데 불과 26년밖에 걸리지 않았다.[1] 프랑스는 154년, 미국은 96년, 독일은 77년, 일본은 36년이 걸린 데 비해 엄청나게 빠른 속도다. 고령화가 진행되면 나이가 들어 사망하는 사람도 함께 늘 수

---

[1] 고령사회는 총인구 중 65세 이상 노인 인구 비율이 14% 이상인 사회다. 초고령사회란 이 비중이 20% 이상인 사회를 가리킨다. 초고령사회에 진입하면 노인 빈곤, 노인 소외, 연금 부담 증가, 노동력 감소라는 사회적 문제에 부딪힌다.

밖에 없다. 1960년 2,501만 명에 불과했던 한국의 인구는 베이비 붐 세대 탄생에 힘입어 2024년 5,175만 명으로 급증했다. 하지만 2072년에는 3,622만 명으로 하락이 예상된다.[12] 중위 연령(전체 인구를 1등부터 100등까지 줄 세웠을 때 한가운데인 50등에 해당하는 사람의 연령)은 급격히 높아지는 추세다. 1960년에 19세였던 중위 연령이 2024년 46.1세로 높아졌고, 2072년에는 63.4세가 된다. 2070년에는 60세도 사회적 청년이 되는 셈이다.

그렇다고 해서 집값이 한 순간에 폭락한다는 뜻은 아니다. 서울 강남 대치동이나 목동처럼 교육 수요가 몰리는 지역은 인구 구조의 영향을 덜 받을 수 있다. 하지만 인구 감소는 결국 총생산 감소, 소비 둔화, 주택 수요 위축으로 이어질 수 있다는 것이 한국개발연구원의 연구 결과다. 한국개발연구원은 미래 주택 시장의 잠재 성장률(물가 상승 없이 달성할 수 있는 성장률)이 2.4%를 웃돌 경우 부정적 영향을 덜 받겠지만, 2.4%를 밑돌 경우 타격이 불가피하다고 내다 봤다.[13] 인구 감소 자체가 부동산에 타격을 주는 것이 아니라, 고령화로 생산과 소비가 줄면서 주택 가격 역시 흔들릴 것이라는 설명이다. 일본 역시 노동 인구가 감소한 1990년도부터 주택 시장이 하락 압력에 시달렸고, 이후 2010년부터는 총인구가 줄어들면서 '지방 소멸'이 새로운 사회 문제로 부상했다.

인구 감소에 영향을 받는 것은 부동산뿐 아니다. 국민연금, 건강 보험도 악영향을 받는다. 납부할 사람은 줄어들고 지급해야 할 대상은 늘기 때문이다. 때문에 이들은 적극적으로 빅테크 기업 투자에 눈을 돌리고 있다. 2020년 국민연금 기금운용위원장인 박능후 보건복지부 장관은 이렇게 강조했다. "2024년까지 기금 운용 규모를 1,000조까지 늘리고, 이 가운데 절반을 해외 투자에 할애하겠습니다." 실제로 2023년 11월 국민연금 투자 내역을 살펴보면 자산 1,000조 원 가운데 해외 주식 비중이 30%, 국내 주식 비중이 14%인 것으로 나타났다. 해외 주식 중 빅테크 기업을 포함한 미국 주식 비중은 64%에 달했다. 연기금이 미국 주식 비중을 높이는 까닭은 실적 차이 때문이다. 미국의 우량주로 구성된 S&P 500은 2024년 7월 기준으로 5년 전 대비 74.4% 상승했다. 같은 기간 코스피가 32.2% 상승한 것보다 월등히 높은 실적이다.

한국 대기업과 금융권이 앞다투며 실리콘밸리에 사무소를 낸 까닭도 이 때문이다. 잠재적으로 빅테크 기업이 될 만한 스타트업에 일찌감치 투자해, 그 성장세에 올라타겠다는 전략이다. 한국투자공사 진승호 사장 역시 실리콘밸리 스타트업에 투자하는 3억 달러 규모 펀드를 신규 조성하겠다고 밝힌 바 있다. 실리콘밸리에 둥지를 튼 곳은 국민연금과 한국투자공사만이 아니다. 실리콘밸리에는 삼성벤처투자, 삼성넥스트, LG테크벤처스, 현대크래들, 한화임팩트파트너스, 롯데벤처스와 같은 국내 대기업 벤처캐피털뿐 아니라 한국벤처투자, 한국투자파트너스, KDB산업은행, 신한투자증권과 같은 금융 기관이 잇따라 진출한 상태다. 모두들 빅테크 기업이 될 만한 스타트업을 조기에 발굴해 투자하는 것이 목표다.

미국 주식에 투자하는 이른바 '서학 개미'가 늘어나는 것 역시 이와 무관하지 않다. 개인투자자의 해외 주식 계좌 수는 2020년 190만 개에 불과했지만, 2022년 727만 개로 3.8배 급증했다.

미국의 작가인 윌리엄 아서 워드는 이런 말을 남겼다. "기회는 일출과 같습니다. 너무 오래 기다리면 기회를 놓치게 됩니다." 기회가 다가오면 신속히 판단하고 행동하라는 메시지다. 한국의 금융 기관과 일반 투자자 모두 다가오는 기회를 놓치지 않으려고 필사적으로 뛰고 있다. 주식에는 오름과 내림이 있어 머뭇거릴 수밖에 없다. 우리는 준비가 필요하다. 어떤 빅테크 기업에 어떤 기회가 열릴 수 있을지 미리 파악해야 한다. 그래야 기업이 성장하는 순간인 일출과 같은 기회를 잡을 수 있다.

미래의 패권 AI

　　세계 최대 IT 가전 전시회로 꼽히는 미국의 소비자 가전 전시
회CES. 2024년 1월 미국 라스베이거스에서 열린 CES 2024 행사에
이색 제품 하나가 모두의 주목을 끌었다. 바로 '래빗R1'이라고 불
리는 정사각형 디바이스였다. IT 기자들은 이를 가리켜 '제2의 아
이폰 혁명'이라고 치켜세웠다. 199달러에 불과한 이 제품은 2.88인
치의 터치 스크린과 회전식 카메라, 휠로 움직이는 물리 버튼을 달
았다. 기기 곳곳에는 가격을 낮추려는 흔적이 엿보였다. 래빗R1이
주목을 끈 이유는 대규모 언어 모델을 뛰어넘어 대규모 행동 모
델LAM, Large Action Model 을 사용했기 때문이다. LAM 등장을 알리는 신
호탄이었다.[14]

래빗R1은 LAM 기반으로 작동하는 자체 운영체제 '래빗 OS'를 탑재했다. 래빗 OS는 웹사이트, 앱, 플랫폼, 데스크톱 상관없이 서비스를 작동할 수 있는 컨트롤러 역할을 한다. 래빗R1을 활용해 음악을 재생하고, 식료품을 구매할 수 있으며, 문자 메시지를 보낼 수 있다. 예를 들어, 휴대폰으로 택시를 부른다면 앱을 열어 위치를 입력하고 차량을 확인한 뒤 기사를 호출하는 등 수많은 클릭을 해야 한다. 하지만 래빗R1은 음성만으로 곧바로 택시를 호출할 수 있다.

2022년 11월 오픈AI가 챗GPT를 내놓으면서 전 세계에 인공지능 열풍을 일으킨 이래, 인공지능 기술은 매우 짧은 시간 동안 급속도로 발전하고 있다. LAM을 만들고 있는 기업은 또 있다. 오픈AI에서 부사장으로 근무했던 데이비드 루안이 2022년 창업한 스타트업 어뎁트ADEPT다. 어뎁트가 개발한 LAM 모델인 액션 트랜스포머 'ACT-1'은 웹 브라우저를 학습해 주목을 끌었다. 이 모델은 크롬 확장 프로그램에 연결되어 누구나 쉽게 쓸 수 있다. 사용자가 해당 웹 페이지에서 원하는 것을 입력하면 ACT-1이 알아서 나머지를 처리하는 방식이다. 예를 들어, 그동안 부동산 매물을 찾으려면 사람이 직접 웹사이트에 접속해 원하는 가격대, 지역, 방 개수 등을 입력하고 판단해야 했다. 하지만 ACT-1의 위젯 형태 챗봇은 사용자가 원하는 조건을 입력하기만 하면 원하는 매물을 콕 집어서 추천한다. 10회 이상 클릭해야 찾을 수 있던 부동산 매물을 문장 입력만으로 해결할 수 있게 된 것이다. 스페인 바르셀로

나에서 열린 모바일 월드 콩그레스에서는 도이치텔레콤이 인공지능 콘셉트폰을 전격 공개하기도 했다.[15] "바르셀로나에서 뮌헨으로 가는 비행기를 예약해 달라"라고 말하면, 앱이 등장하지 않아도 음성 명령만으로 비행기 표를 예약한다.

인공지능은 미래 기술의 패권으로 불린다. 의료, 금융, 제조, 교통, 유통과 같은 다양한 산업 분야에 접목돼 생산성을 극대화하고 있다. 앞서 사례를 든 LAM은 수많은 기술 중 한 장면일 뿐이다. 산업 곳곳에 침투한 인공지능의 성장세는 매우 가파르다. 분석 기관인 마켓앤마켓에 따르면, 전 세계 인공지능 시장 규모는 2023년 1,502억 달러에서 연평균 36.8% 성장해 2030년까지 1조 3,452억 달러 시장으로 커질 전망이다.[16] 인공지능이 산업의 핵심이 된 것이다.

기계 도입에 따라 공장이 자동화되었듯이, 인공지능은 사무실을 자동화할 것이다. ERP Enterprise Resource Planning 이라 불리는 전사적 자원관리 프로그램을 통해 계획을 수립하고, 이메일을 보내고, 보고서를 작성하며 업무를 지시하던 일반적 기업의 업무 프로세스를 모두 자동화한다면 효율성과 생산성을 높일 수 있다. 또 인공지능은 사람을 닮은 로봇인 '휴머노이드'와 맞물려 발전하고 있다. 종전의 휴머노이드는 사람의 언어를 잘 이해하지 못했다. 누군가가 "빨간 컵을 로봇 손으로 잡아 선반에 올려 둬라"라고 명령해도 사실상 수행이 불가능했다. 하지만 테슬라의 '옵티머스'나 피규어AI의 '피규어 01'은 대규모 언어 모델 LLM, Large Language Model 을 탑재해 사람의 명령어를 이해한다. 피규어AI는 휴머노이드와 대화하는 사람을 담은 영상을 공개하며 주목을 끌었다.[17] 한 사람이 "지금 뭐가 보이냐"라고 묻자 피규어01은 "테이블 중앙에 있는 접시 위에 놓인 빨간 사과가 보인다"라고 응답했다. 사람이 "먹어도 되냐"라고 묻자 "물론"이라고 대답하면서 사과를 집어 건넸다. 인공지능이 산업 전체를 재편할 단편적인 장면이다.

인공지능의 역사, 그리고 구글과 테슬라의 대결

인공지능의 역사는 계산기의 역사만큼 길다. 영국의 수학자 찰스 배비지가 1822년 시제품으로 제작한 차분 기관Difference Engine은 일류 최초의 컴퓨터로 꼽히는 기계다. 배비지는 천문학자답게 사칙 연산은 물론 미분과 적분까지 가능한 괴물 기계를 만들어 냈다. 기계는 2만 5,000개에 달하는 부품을 달았고 무게만 15t, 높이는 2.4m에 달했다. 배비지의 기계를 보고 인공지능을 떠올린 인물은 영국의 유명 작가이자 수학자인 에이다 러브레이스다. 그는 양산되지도 않은 배비지의 차분 기관을 위해 유리수 수열인 베르누이 수를 구하는 알고리즘을 써 내려갔다. 그리고선 1844년, 한 통의 편지에 이런 구절을 남긴다. "인간의 뇌가 생각하고 감정을 느끼는 신경계 알고리즘을 수학적으로 규명하고 싶다."[18] 인류가 처음으로 인공지능이라는 아이디어를 떠올린 순간이었다.

오늘날의 인공지능과 비슷한 인공신경망 알고리즘을 처음 만든 이는 프랑크 로젠블랫이다. 그는 뉴욕주에 있는 코넬항공연구소에서 인지 시스템 부문 책임자로 활동하면서 1957년 퍼셉트론 Perceptron 이라는 인공신경망 시스템 모델을 발표했다. 로젠블랫은 생물의 두뇌 작동 원리를 모방했다. 생물 시스템이 실제로 어떻게 정보를 감지하는지, 정보는 어떤 형태로 저장이 되는지, 저장된 정보는 우리 인식에 어떤 영향을 주는지를 깊이 연구했다. 당시에도 신경망 작동 방식은 여전히 미지의 세계였다. 하지만 로젠블랫은 신경망에 있는 연결 자체가 신호를 저장한다고 믿었다.

인간은 컵 모양이 제각각이더라도 순식간에 무엇이 컵인지 인식한다. 이 과정에는 뉴런이 중요한 역할을 한다. 일단 망막에 상이 맺히면 그 정보는 우리 두뇌에 있는 뉴런으로 이동한다. 신경계를 구성하는 세포인 뉴런은 정보의 강도에 따라 활성화되거나 비활성화되는 특징이 있다. 전달받은 정보로 활성화된 뉴런은 통로인 시냅스를 통해 결과 값을 다른 뉴런으로 전달하고, 이런 정보들이 모여 궁극적으로 최상위에 있는 추상화 뉴런에 도달한다. 추상화 뉴런은 이를 종합적으로 판별해 순식간에 컵인지 아닌지를 판단한다. 로젠블랫은 이러한 생물의 인식 체계를 연구해 인공신경망 시스템을 만들고자 한 것이다.

로젠블랫이 만든 퍼셉트론은 단일 뉴런을 달았다. 로젠블랫은 미국 해군연구소의 지원을 받아 퍼셉트론이 이미지를 보고 탱크인지 아닌지를 식별하게 하는 업무를 진행했다. 이 소식은 미국 미디어에 전해졌고, 당시 〈뉴욕타임스〉는 '스스로 배우는 전자 두뇌'라는 제목의 기사를 게재했다. 그러면서 '훗날 퍼셉트론은 사람을 인식하고 그들의 이름을 부르며 연설이나 글을 즉각적으로 작성할 것'이라고 소개했다. 하지만 퍼셉트론은 예상과 달리 탱크를 분류하는 데 너무 많은 시간을 소모하며 부족함을 보였다. 신경망이 하나에 불과했기 때문이었다.

인공지능의 성능을 비약적으로 끌어올린 인물은 토론토대학교 교수 제프리 힌턴이다. 그는 다층 퍼셉트론으로 불리는 MLP Multi-Layer Perceptron를 창안해 딥러닝 Deep Learning의 아버지라는 별명을 얻은 인물이기도 하다. 1950년대 급부상한 신경생물학계는 인간이 가진 뉴런의 갯수는 약 1,000억 개(혹은 860억 개)에 달하고, 뉴런끼리 신호를 주고받는 통로인 시냅스는 약 100조 개에 달한다는 사실을 새롭게 밝혀냈다. 이 시냅스에 해당하는 것이 인공지능의 파라미터 Parameter 다. 힌턴은 파라미터가 많으면 많을수록 인공지능의 성능이 빛을 발한다고 판단했다.

당시 인공지능은 보잘것없었다. 남성과 여성 사진을 보여 주고 성별을 맞추라고 명령하면 틀리기 일쑤였다. 하지만 힌턴과 그의 수제자인 일리야 수츠케버가 개발한 인공지능은 2012년 이미지넷 대회에 출전해 26~28%나 되었던 인공지능 인식 오류율을 16%까지 줄이는 기염을 토했다. 이후 AI 업계는 막대한 파라미터와 방대한 빅데이터만 갖춘다면 승산을 볼 수 있다는 믿음이 커졌다. 병렬 처리에 적합한 GPU가 주목을 받은 것도 이 무렵이다. 이후

2015년, 인공지능은 오류율 대결에서 처음으로 사람을 뛰어넘는다.

구글은 인공지능의 중요성을 단번에 간파한 몇 안 되는 빅테크 기업이었다. 구글은 힌턴과 수츠케버가 설립한 스타트업 DNN 리서치를 사들였고, 데미스 허사비스를 비롯한 천재 과학자들이 설립한 인공지능 연구 조직 딥마인드까지 인수했다.

분노한 것은 테슬라의 일론 머스크 CEO였다. 당시 일론 머스크는 구글의 공동 창업자 래리 페이지의 집에 자주 머무르며 미래 인공지능의 위협을 놓고 논쟁을 벌였다. 머스크는 "언젠가 인공지능이 인류를 지배할 수 있기 때문에 지금이라도 대비해야 한다"라고 주장했고, 페이지는 머스크를 '종차별주의자'라고 조롱했다. 인공지능이 발전하더라도 인류에 위협이 될지 아닐지는 알 수 없는 것 아니냐는 반박이었다.[1] 그런 페이지가 AI 기업을 잇달아 사들이자 머스크가 불쾌해 한 것이다. 결국 2015년 12월, 머스크는 와이콤비네이터의 샘 올트먼과 힌턴 교수의 수제자 일리야 수츠케버를 규합해 비영리 스타트업인 오픈AI를 공동 창업한다. 오픈AI는 비영리 기업으로서 인류의 이익을 위해 인공지능을 연구하겠다고 선언했다.[2] 이름에 열려 있다는 뜻인 '오픈'이 붙은 이유다.

---

[2] 공동 창업자로 머스크, 올트먼, 수츠케버 외에 그렉 브로크만, 존 슐먼, 보이치에흐 자렘바가 있다. 오픈AI 챕터에서 서술하겠지만, 머스크는 딥마인드의 알파고를 목격한 뒤 테슬라와 오픈AI 간 합병을 시도했다. 하지만 공동 창업자가 반대하면서 머스크는 오픈AI에서 손을 뗀다.

챗GPT 발명과 매그니피센트7의 참전

챗GPT의 근간이 되는 기술은 트랜스포머 모델이다. 2017년 구글 브레인의 수석 연구원 아시시 바스와니가 이끄는 팀이 발표한 『당신에게 필요한 것은 어텐션(집중)이 전부다 Attention is all you need』 라는 논문은 AI 업계를 놀라게 했다.[20] 이들이 발표한 트랜스포머 모델은 모든 인공지능의 토대가 된다는 뜻에서 '파운데이션(토대) 모델'이라는 별칭이 붙었다.

인공지능을 만드는 과정은 이렇다. 먼저 데이터를 수집하고 모델에 사용할 수 있도록 데이터를 전처리한다. 이후 인간의 두뇌를 닮은 신경망 모델을 만들어 데이터를 넣고 학습시킨다. 교차 검증을 통해 모델의 정확도를 평가하고 성능을 개선하기 위해 파인 튜닝해서 배포한다.

문제는 입력 문장이 길어지면 인공지능이 그 중 어떤 단어가 중요한지 판단하지 못한다는 데 있었다. 트랜스포머 모델은 이 문제를 해결하고 정교함을 극대화하고자 '셀프 어텐션 Self Attention'이라는 기능을 포함했다. 셀프 어텐션은 말 그대로 '스스로 집중한다'는 뜻이다. 우리 두뇌를 생각하면 쉽다. 한 사람이 가게 문을 열고 들어와 "아… 그, 저 말인데요. 저기 있는 빵이 얼마인가요?"라고 묻는다면, 점원은 '아… 그, 저 말인데요'보다는 '저기 우유 얼마인가요?'라는 문장 속 주요 단어를 재빠르게 간파해 낸다. 인간의 두뇌에는 핵심만 추려 집중하는 능력이 있기 때문이다. 마찬가지로 셀프 어텐션은 긴 문장 속에서 가장 중요하고 관련 있는 정보를 집어내는 일을 한다. 문장인 시퀀스Sequence(순서대로 정렬된 데이터의 연속)가 입력되더라도 '하지만' '그러나' '결론적으로'와 같은 주요 단어인 토큰Token(텍스트를 작은 단위로 나누는 과정에서 생성되는 개별적인 요소)에 집중해 핵심을 파악한다.

트랜스포머 모델은 구글이 만들었지만 서비스에 먼저 도입한 것은 오픈AI였다. 오픈AI는 2022년 11월, 파라미터 수를 1,750억 개로 늘려 추론 능력을 극대화했고, 트랜스포머 모델을 탑재했으며, 이를 챗봇 형식의 사용자 인터페이스로 만든 새로운 인공지능 모델을 발표했다. 바로 챗GPT였다. 챗GPT는 불과 1년이 채 안 돼 한 달에 16억 명이 사용하는 서비스로 성장했다.

이후 모든 빅테크 기업은 생성형 인공지능 개발 전쟁에 뛰어들었다. 생성형 인공지능을 만들지 못한다는 것은 곧 시장에서 죽는다는 것을 뜻했기 때문이다. 그동안 빅테크 기업은 각자 고유의 영역에서 세계 최강 기업으로 경쟁 없이 군림했다. 테슬라는 전기자동차를, 마이크로소프트는 PC 운영체제를, 알파벳 자회사 구글은 검색 엔진과 광고 기술을, 메타는 소셜미디어를, 애플은 모바일 기기를, 아마존은 전자상거래를, 그리고 엔비디아는 반도체 설계로 세상을 제패했다. 하지만 인공지능의 부상은 이들 사이에 전쟁을 촉발하고 있다.

챗GPT를 개발한 오픈AI는 군침이 도는 상대였다. 마이크로소프트가 분주히 움직인 이유다. 마이크로소프트는 오픈AI가 챗

GPT를 내놓은 지 두 달 만에 선뜻 100억 달러를 투자했다. 그리고 한 달 만에 챗GPT를 접목한 새로운 검색 엔진 빙 Bing 을 선보였다. 빙은 구글의 검색 엔진과 달리 채팅창에 문장을 입력하면 광고 노출 없이 사용자가 원하는 정보만 골라 안내했다. 구글이 장악한 검색 산업을 정면에서 공격한 것이다.

인공지능 모델의 학습과 추론에 반드시 필요한 GPU를 독점하고 있는 엔비디아는 가장 주목받는 빅테크 기업으로 도약했다. 특히 엔비디아는 AI 파운데이션 모델까지 직접 개발했다. 젠슨 황 엔비디아 CEO는 연례 컨퍼런스인 GTC 2023을 통해 "오늘날 우리는 제2의 아이폰 모멘트에 서 있다"라고 강조했다. 그러면서 개발 능력이 부족한 회사들이 자체적으로 초거대 인공지능을 구축할 수 있도록 클라우드 서비스를 제공하겠다고 말했다. 엔비디아의 칩을 구입하는 인공지능 모델 고객사와 경쟁을 하더라도 시장 전체를 석권하겠다는 메시지였다.[21]

아마존의 클라우드 서비스인 AWS 역시 2023년 연례 컨퍼런스 AWS 리인벤트를 통해 대규모 언어 모델인 타이탄 Titan 과 생성형 인공지능 챗봇 아마존Q를 공개했다. 클라우드 시장을 놓고 경쟁 중인 2위 업체 마이크로소프트가 애저 Azure 에 인공지능을 속속 탑재하자 이에 대해 전면 반격한 것이다.[22] 또 인공지능 추론용 칩인 인퍼런시아 Inferentia 를 내놓으면서 AI 칩 전쟁에도 가세했다.

메타는 오픈 소스 언어 모델 시리즈 라마 LLaMA 를 내놓고 이를 메타가 운영하는 페이스북과 인스타그램에 속속 탑재했다. 메타

CEO 마크 저커버그는 "메타AI는 이용자 질문에 답하고 애니메이션을 만들고 이미지를 생성할 수 있다"라며 "라마는 자유롭게 이용할 수 있는 가장 지능적인 인공지능 비서"라고 강조했다. 다른 빅테크 기업이 폐쇄형으로 방향을 잡았다면, 메타는 개방형 시장에서 1위에 오르겠다는 메시지였다.[23]

가장 큰 타격을 입은 것은 구글이다. 그동안 구글은 곧 인공지능의 상징이었기 때문이다. 구글은 시행착오 끝에 인공지능 조직을 딥마인드로 일원화했다. 그리고 제미나이 Gemini 라는 새로운 인공지능을 공개하며 문장과 이미지를 모두 생성하는 멀티모달 Multimodal AI로 반전을 꾀하는 중이다.[3]

테슬라와 애플도 각자의 전략으로 인공지능 경쟁에 참여하고 있다. 테슬라는 자율주행에 필요한 비전 AI에 강한 기업이다. 머스크는 인공지능 개발 축을 자신이 설립한 별도 기업인 xAI로 옮기는 중이다. 애플은 음성 비서인 시리를 무기로 한때 인공지능 산업을 군림했지만, 현재는 LLM 경쟁에서 뒤쳐진 상태다. 하지만 삼성전자가 갤럭시에 제미나이를 탑재하자, 애플 역시 오픈AI와 손잡고 아이폰16에 인공지능을 탑재하기로 했다.[24] 완벽함을 노리는 애플마저 인공지능 전쟁에 뛰어든 것이다.

---

[3]   멀티모달은 텍스트, 이미지, 오디오, 비디오 등 다양한 유형의 데이터를 함께 고려해 처리하는 인공지능을 가리킨다.

오늘날 세상을 지배하는 빅테크 기업은 기성 질서를 흔드는 것을 넘어 부수는 방식으로 급성장했다. 마이클 하트넷은 애플, 마이크로소프트, 엔비디아, 아마존, 알파벳, 메타, 테슬라를 놓고 '매그니피센트 7'이라고 명명했다. 탁월한 7개 기업이라는 뜻이다. 여기에 더해 아직은 작지만 잠재력이 큰 오픈AI가 있다. 이들의 시가총액은 총 14조 9,986억 달러에 달하며, 미국 전체 시가총액의 30%를 차지한다. 도이치뱅크는 이들 기업만 합하더라도 세계에서 두 번째로 큰 국가의 증권 거래소가 될 것이라고 주장했다. 2부에서는 각 기업의 창업 과정, 역사, 경영 철학, 기술, 비즈니스 모델, 미래 투자를 하나씩 살펴보면서 빅테크가 이끈 부의 흐름을 추적한다.

2부

빅테크 컴퍼니 전쟁

1장

애플:
생태계를 송두리째 장악하라

"전략이란 무엇을 하지 않을 것인가를
결정하는 일입니다.
멋지게 해낼 수 있는 것 하나만 선택하십시오.
우리는 그것이 맥임을 알았습니다."
- 스티브 잡스 -

애플

2024년 6월, 팀 쿡 애플 CEO는 쿠퍼티노 애플파크에 있는 스티브 잡스시어터 무대에 올랐다. 애플 세계 개발자 대회에서 중대 발표를 하기 위해서였다. 그는 아이폰에 인공지능을 탑재하는 대대적인 업데이트를 하겠다고 선언했다. 2022년 11월 챗GPT가 등장한 이래 마이크로소프트, 구글 등 수많은 빅테크 기업이 인공지능 전쟁에 참전했다. 하지만 애플은 달랐다. 이를 지켜볼 뿐이었다. 그런 애플이 마침내 참전을 결심한 것이다. 특히 쿡은 인공지능이라는 표현 대신 '애플지능 Apple Intelligence'이라는 단어를 꺼내 들었다.[1] 쿡은 "애플 지능은 스마트폰 운영체제인 iOS, 맥 OS, 아이패드 OS 전반에 걸쳐 사용자 경험을 향상시키기 때문에 단순한 인공지능이 아니다"라고 강조했다. 시장은 열광했다. 다음날 애플 주가는 7% 이상 상승하며 높은 기대감을 드러냈다. 2007년 아이폰 출시 17년 만의 큰 변화였다.

혁신의 아이콘으로 부상한 애플

아이폰은 혁신의 상징이다. 아이폰의 등장으로 전통적인 피처폰 제조사들이 시장에서 밀려났고, 사람들의 생활 방식마저 변화했다. 아이폰은 거대한 생태계 그 자체. 2023년 기준 14억 6,000만 명 이상이 아이폰을 사용하고 있으며, 2023년 가장 많이 판매된 스마트폰 상위 10개 제품 중 7개가 아이폰일 정도다.[2]

잠시 2007년으로 돌아가 보자. 스티브 잡스는 그해 1월 9일 맥월드 2007을 열고 열광적인 관객 앞에서 이렇게 말했다. "오늘 발표할 것은 3가지입니다. 터치로 조작할 수 있는 와이드스크린의 아이팟, 혁신적인 휴대전화, 그리고 인터넷 통신 기기입니다. 우리는 이 새로운 제품을 아이폰이라고 부릅니다." 2007년 1세대 아이폰에는 전화, 메시지, 이메일, 브라우저인 사파리 등 애플이 직접 제작한 앱들이 주로 탑재됐다.

애플은 이듬해 '앱스토어'를 전격 선보였다. 앱스토어는 사실 마케팅과 CRM 소프트웨어 시장에서 군림하는 세일즈포스 Salesforce 창업자 마크 베니오프가 잡스에게 헌정한 지식 재산권이다. 여기에는 한 일화가 있다. 애플 인턴 출신인 베니오프는 창업 5년 차를 맞아 스승 잡스를 만났다. 그는 잡스에게 창업에 대한 조언을 구했다. 잡스는 이렇게 말했다. "3가지만 기억하면 된다. 회사 규모를 2년 내로 10배 이상 키우고, 대규모 고객을 한 번에 모으며, 앱 경제를 구축해야 한다." 베니오프는 가르침에 따라 생태계를 만들었다. 기업용 소프트웨어를 공유할 수 있는 '앱스토어닷컴'이었다.[3] 그러나 2008년, 베니오프는 앱스토어라는 인터넷 주소를 잡스에게 헌상한다. 잡스에 대한 존경의 표시였다.

잡스는 앱스토어를 애플의 미래로 내다봤다. 앱스토어 발표 첫해의 앱 다운로드 수가 음원 거래 플랫폼인 아이튠즈의 음원 다운로드 수보다 무려 30%나 많았기 때문이다. 아이폰 생태계는 무섭게 뿌리내렸다. 2022년 앱스토어 내 거래액만 1조 1,000억 달러(약 1,518조 원)에 달했다. 네덜란드 국내총생산 GDP인 1,560조 원에 육박하는 시장이 된 것이다. 최대 30%라는 수수료는 애플에게 막대한 부를 안겼다.

스티브 잡스가 남긴 위대한 유산

애플은 수많은 스타트업을 태동시켰다. 숙박 공유 서비스 에어비앤비(2008년), 차량 호출 서비스 우버(2009년), 간편 결제 스트라이프(2010년), 식료품 배송 서비스 인스타카트(2012년), 배달 서비스 도어대시(2013년), 주식 거래 플랫폼 로빈후드(2013년)와 같이 기업가치가 100억 달러 이상인 스타트업을 가리키는 데카콘Decacorn이 아이폰 위에서 태어나 성장했다.

그렇다면 애플은 어떻게 성장했을까. 애플은 크게 세 시기에 걸쳐 성장했다. 1976~1996년 창업 초기, 그 다음으로 1997~2006년 위기와 재기 시기, 마지막으로 2007년 이후 글로벌 리더 자리를 굳힌 시기다. 스티브 잡스와 스티브 워즈니악이 1976년 애플을 창업하며 주목한 것은 컴퓨터였다. 당시 컴퓨터는 비싸고 무거웠다. 1977년에 내놓은 애플II는 개인용 컴퓨터로는 처음으로 컬러 그래픽을 지원했고, 슬롯이 8개라 다양한 주변 기기를 연결할 수 있었으며, 키보드를 본체에 통합해 편의성을 한층 높였다. 애플II는 출시 첫해에 5,000대 이상 팔리며 다크호스로 부상했다. 1984년 내놓은 매킨토시는 그래픽 사용자 인터페이스를 장착해 시대를 바꿔 놓았다. 당시만 하더라도 컴퓨터는 텍스트로 명령어를 입력해 조작했는데, 애플은 아이콘과 메뉴만 눌러 쉽게 조작할 수 있도록 혁신을 일으킨 것이다.

하지만 잡스는 경영 스타일이 독단적이었다. 그는 부서를 애플 팀, 맥킨토시 팀, 리사 팀 등 컴퓨터별로 나눠 경쟁시켰다. 서로 비슷한 일을 했지만 맥킨토시 팀의 연봉이 크게 높았다. 뒤늦게 이 사실을 알게 된 다른 팀원은 분노했고 잡스는 이 화살을 공동 대표인 존 스컬리에게 돌려 위기를 넘기려고 했다.[1] 잡스는 이사회를 소집해 스컬리 퇴출 안에 대한 표결을 강행했다. 하지만 역으로 자신이 해고되는 사태에 직면한다.⁴ 1985년이었다.

애플은 잡스 퇴출 이후 CEO를 자주 교체하며 기나긴 늪에 빠진다. 경쟁사인 마이크로소프트에 밀린 것은 물론, 1996년에는 PC 운영체제를 외부에서 조달해야 할 정도로 기술력마저 낙후됐다. 그 해 매출액은 93억 달러, 순손실은 8억 1,600만 달러에 달했다. 다섯 번째 CEO 길 아멜리오는 특단의 대책을 내린다. 창업자인 잡스를 불러오는 것이었다. 아멜리오는 잡스가 설립한 전문가용 컴퓨터 기업 넥스트NeXT를 4억 2,900만 달러에 인수하는 방식으로 잡스를 고문으로 영입했다.⁵ 하지만 다시 애플에 합류하게 된 잡스는 잡스는 1997년 이사진을 설득해 아멜리오를 축출하고 자신이 임시 CEO에 자리에 오른다. 그는 아멜리오의 말을 인용해 이렇게 말했다. "애플은 바닥에 구멍이 뚫려 물이 새는 배와 같으며, 나의 임무

---

[1] 스컬리는 펩시콜라 대표 출신으로 콜라 전쟁에서 코카콜라를 따라잡은 인물이다. 잡스는 마케팅에 뛰어난 인재가 필요하다는 조언을 받아들여 수차례에 걸쳐 스컬리 영입을 시도했다. 잡스가 맨해튼에 있는 자신의 콘도에서 스컬리를 초대해 한 섭외 제언은 여전히 전설처럼 남아 있다. "설탕물이나 팔면서 남은 인생을 보내고 싶습니까? 아니면 나와 함께 세상을 바꾸고 싶습니까?"

는 배를 올바른 방향으로 향하게 하는 것입니다."

잡스는 애플을 부활시켰다. 복잡한 제품 라인업을 소비자용과 전문가용 두 제품군으로 나눴고, 자금난을 타개하고자 마이크로소프트와 손을 잡았다. 마이크로소프트가 애플에 1억 5,000만 달러를 투자하는 대신, 애플이 생산성 소프트웨어인 오피스와 인터넷 익스플로러를 채택하는 조건이었다. 이후 애플은 1998년 아이맥, 2001년 아이팟, 2003년 아이튠즈 스토어를 잇따라 선보이면서 다시 혁신의 아이콘으로 발돋움한다.

특히 2001년에 공개된 아이팟은 애플이 디지털 생태계에 단단히 뿌리내리는 계기가 되었다. 애플은 1,000곡을 저장할 수 있는 5GB 하드 드라이브에 클릭 휠을 탑재해 물리적 버튼을 최대한 없앴다. 또 아이튠즈 스토어를 통해 개별 곡을 0.99달러에 구매할 수 있도록 만들었다. 아이폰이 태동하기 직전, 애플은 이미 스마트폰의 어슴푸레한 미래를 보았던 것이다. 하지만 또 다시 위기가 찾아온다. 잡스가 2004년 8월 췌장암이라는 시한부 선고를 받게 된 것이다. 잡스는 투병 중에도 2007년 아이폰, 2011년 아이패드를 잇따라 성공시키며 애플을 가장 위대한 테크놀로지 기업의 반석 위에 올려놓았다. 2011년 애플의 시가총액은 3,776억 달러에 달했다. 엑슨 모빌에 이어 2위를 차지할 정도로 성장한 것이다.[6]

팀 쿡은 어떻게 애플을 테크 리더로 만들었나

스티브 잡스는 영웅이다. 영웅은 그 자체로 위대하기 때문에 또 다른 영웅을 필요로 하지 않는다. 조력자만 필요할 뿐이다. 잡스가 진두지휘하던 2000년대 애플에는 크게 5명의 임원이 있었다. 아이맥, 아이팟, 아이폰, 아이패드 등 애플의 주요 제품 디자인을 담당한 수석디자인책임자 조너선 아이브, 애플의 마케팅 전략을 주도하는 마케팅수석 부사장 필립 실러, iOS 개발을 이끌며 아이폰과 아이패드의 운영체제를 책임지는 소프트웨어수석 부사장 스콧 포스톨, 앱스토어 같은 인터넷 서비스를 총괄하는 인터넷 소프트웨어 및 서비스수석 부사장인 에디 큐, 애플 스토어의 설계와 운영을 책임지는 소매 부문 부사장 론 존슨이 대표적이다. 빼놓을 수 없는 인물이 한 명 더 있다. 공급망 관리와 운영 효율성을 극대화해 애플의 생산성과 수익성을 높인 최고운영책임자COO 팀 쿡이다.

쿡은 잡스와 여러모로 정반대의 인물이다. 잡스는 실리콘밸리 토박이인 데 반해 쿡은 남부 앨라배마주 로버츠데일이라는 마을에서 성장했고, 잡스는 다혈질인 데 반해 쿡은 냉정했다. 쿡의 이력은 애플 내에서 눈에 띄지 않았다. 그는 전형적인 노력파다. 오번대학교에서 산업공학을 전공한 뒤 IBM에 입사한 쿡은 이곳에서 16년간 근무하며 틈을 내 듀크대학교 야간 MBA를 졸업했다. 이후 컴퓨터 기업인 컴팩COMPAQ으로 자리를 옮겨 최고운영책임자로서 이력을 쌓았다. 쿡은 컴팩에서 필요한 제품을 필요한 시점에 필요한 만큼만 생산하는 적시생산시스템Just in time을 주도했다. 잡스가 1998년 쿡을 애플로 부른 이유다.[7]

당시 잡스는 애플의 제조 부문을 혁신하고 싶었지만 엄두를 내지 못했다. 잡스는 천성적인 디자이너이자 창조자였다. 하지만 애플이 성장할수록 생산 설비가 함께 커졌다. 애플의 공장은 캘리포니아주 새크라멘토부터 아일랜드 코크까지 전 세계에 뻗어 있었다. 제조 시스템 혁신이 시급했다.

쿡은 잡스가 못하는 일을 척척 해내며 신임을 쌓았다. 쿡은 애플의 모든 공장을 폐쇄하고 아웃소싱 방식을 도입했다. 이후 폭스콘Foxconn, 페가트론Pegatron과 같은 새로운 기업이 애플의 생산을 맡았다. 또 부품 공급 회사를 100개에서 20개로 감축하고, 재고를 종전 70일에서 10일로 크게 낮췄다. 쿡은 이렇게 말했다. "재고는 기본적으로 나쁜 것입니다. 재고는 유제품을 다루는 사람들처럼 다뤄야 합니다. 재고의 유통 기한이 지나면 큰 문제가 발생합니다."

《인사이드 애플》에 따르면 쿡이 일하는 방식은 잡스와 사뭇 달랐다. "514째 줄의 D칸에 있는 차액은 어떻게 나온 것이죠?'라는 질문에 제대로 설명하지 못하면 담당자는 그 자리에서 수모를 당해야 했습니다." 전 온라인스토어 담당 임원 마이크 제인스의 설명이다. 전설 같은 일화도 있다. 쿡은 중국 생산 현지에서 문제가 발생하자 긴급 회의를 열었다. 그리고 한 직원에게 "중국에 직접 가서 문제를 해결하라"라고 명령했다. 회의가 30분 정도 진행됐을 즈음 쿡이 다시 입을 열었다. "당신은 왜 아직도 여기 있는 건가?"

쿡은 잡스와 달리 비상한 기억력을 가졌고, 매우 사소한 것까지 챙길 줄 아는 인물이었음을 보여 주는 일화다.

잡스가 경영을 멀리할수록 쿡은 더 많은 권한을 받았다. 처음에는 세일즈 부분을, 이후에는 고객 응대 부분을, 그 이후에는 매킨토시 하드웨어 부분을 넘겨받았다. 아이폰이 등장한 뒤 전 세계 이동 통신 기업과 협상을 벌인 것도 쿡이었다. 2004년 잡스가 췌장암 수술을 위해 두 달간 자리를 비웠을 때, 그는 잡스를 대신해 회사를 이끌며 입사 6년 만에 명실상부한 2인자로 부상했다.

쿡의 능력은 경영에 있었다. 애플의 영업이익을 어떻게 높일 수 있을지, 경쟁자를 어떻게 압박할지 알았다. 2005년 애플은 더 가벼운 아이팟과 맥북 에어를 만들고자 저장 공간을 하드디스크에서 플래시 메모리로 교체할 준비를 서둘렀다. 쿡은 플래시 메모리가 품귀 현상을 겪을 것으로 내다보고, 10억 달러 이상을 들여 부품을 한꺼번에 조달했다. 대량 주문으로 가격 협상력을 확보하고, 경쟁사가 해당 부품을 구매하기 어렵도록 만든 선제적 대응이었다.

건강이 쇠약해진 잡스는 물러났고 쿡이 CEO 바통을 이어받았다. 2011년 8월의 일이다.[8] 그 해 10월 4일 애플파크에서 열린 '아이폰을 이야기하자 Let's Talk iPhone'라는 행사는 쿡의 데뷔 무대였다. 쿡은 이날 '시리'라는 개인 비서를 공개하며, 베타 제품임을 강조했다. 사용자를 대상으로 반응을 테스트하지 않는 애플의 전통을 깬 것이다. 또 2010년 애플이 인수한 기업의 이름인 시리를 서비스명에 그대로 사용했다. 리더십의 변화가 제품에도 투영된 것이었다.

잡스는 이튿날 눈을 감았다. 애플은 온라인 성명을 냈다. "스티브 잡스가 타계한 것을 알려드립니다. 우리 애플 임직원은 깊은 슬픔에 빠졌습니다. 스티브의 명석함과 열정, 에너지는 우리 세계의 삶을 윤택하게 해 준 끝없는 혁신의 근원이었습니다. 세계는 스티브 덕분에 진보했습니다."[9]

〈포브스〉는 애플의 성공을 잡스와 쿡의 공으로 돌렸다. "잡스와 쿡은 강력한 파트너십을 구축했다. 매출이 1995년 110억 달러에서 1998년 60억 달러로 감소한 죽음의 소용돌이에서 회사를 구해 냈다.[10] 그들의 리더십 아래 회사의 매출은 최저점에서 오늘날 놀라운 1,000억 달러로 성장했다." 〈타임〉은 2012년 세계에서 가장 영향력 있는 인물 100인에 쿡을 포함시키기도 했다.

비밀스러운 애플, 고객을 열광시키다

2022년 9월 애플파크에서 열린 스페셜 이벤트 행사는 잘 짜인 한 편의 영화였다. 현지 시각 10시부터 11시까지는 팀 쿡 CEO와 임원들이 무대에 올라 아이폰 14 시리즈를 발표했다. 이어 전 세계에서 초대받은 기자와 유튜버 수백 명이 아이폰 14를 체험할 수 있는 별도 행사장으로 이동했다. 놀라운 점은 브리핑이었다. 실리콘밸리 특파원들은 임원 2명과 약 30분 남짓 인터뷰할 기회가 있었는데, 이들은 철저히 익명 인터뷰를 요구했다. "인용문은 반드시 오늘 무대에서 발표한 분들이 직접 한 말만 써 주세요. 저희가 말씀 드리는 것은 참조용일 뿐입니다." 이럴 거면 왜 군이 인터뷰를 했나 생각이 들었다. 그 이유는 훗날 알았다. 바로 애플의 문화인 비밀주의였다.

지름이 1.6km에 달하는 우주선을 본 따 만든 애플파크는 밖에서 보아도 매우 폐쇄적이다. 몇몇 입구를 빼면 그 넓고 긴 빌딩으로 진입할 수 있는 길은 없다. 일론 머스크는 이를 두고 '비밀에 둘러싸인 정원'이라고 조롱하기까지 했다. 실제로 애플파크 내에는 직원들도 모르는 공간이 많다. 애플 본사에 근무했던 한 지인은 "특정 구역은 그 앞을 지나갈 수도 없도록 복도를 설계했다"라고 귀뜸했다. 창문조차 없는 비밀의 방마저 존재한다. 그곳에서 직원들이 알아서는 안 될 프로젝트가 진행되고 있기 때문이다. 애플 직원들은 특정 프로젝트에 참여할 때 비밀 유지 협약에 서명할 것을 강요받는다." 이러한 폐쇄성은 잡스가 만든 유산이다. 잡스는 사내 방송을 통해 이런 말을 한 적이 있다. "무언가가 유출된다면 당사자를 해고하는 것으로 끝내지 않고, 회사 변호사들을 동원해 최대한 응징할 것입니다."[12] 직원들이 듣기에 무서운 소리다.

왜 애플은 비밀스러운 것일까. 정답은 고객 중심주의에 있다. 폐쇄성은 '고객의 기대감을 사전에 꺾지 않는다'라는 경영 철학에 기반한다. 잡스는 이런 말을 남긴 적이 있다. "우리의 일은 고객이 욕구를 느끼기 전에 그들이 무엇을 원할 것인가를 파악하는 것입니다. 사람들은 직접 보여 주기 전까지 무엇을 원하는지 모릅니다."[13] 기밀 유지를 강조하는 것은 이 때문이다. 누군가가 잘못 말했을 경우 고객의 기대치가 달라지고, 이로 인해 애플이라는 브랜드 전체가 피해를 받는다는 설명이다. 때문에 정보는 위로만 가고, 아래로는 잘 흐르지 않는다. 비밀주의는 조직 문화를 하향식으로 만들었다. CEO는 임원들의 보좌를 받고, 임원들은 직원들이 올린 정보를 갖고 임원 회의에 참여한다. 다른 기업 역시 마찬가지겠지만, 애플은 유달리 심하다.

비밀주의는 디자인 중심주의와 깊게 연결돼 있다. 애플은 제품군이 다양하지 않다. 때문에 특정 제품에 대한 정보가 누설될 경우 처음부터 디자인을 다시 해야 할 위험성이 상존한다. 스컬리 전 CEO는 "'애플의 모든 것은 디자인'이라는 렌즈를 통해 보면 잘 이해할 수 있다"라고 말하기도 했다. 잡스는 1995년 스미소니언 재단과의 인터뷰에서 "예술성이란 자신의 주변에 있는 사물을 꿰뚫어 보는 능력"이라며 "애플 임직원을 하나로 묶어 준 것 역시 세상을 바꿀 물건을 만들 수 있다는 믿음에 있다"라고 강조했다.[14] 애플에서 디자인은 그만큼 중요하다는 메시지다. 지금도 애플의 디자인 팀은 2인자인 제프 윌리엄스 최고경영책임자에게 직접 보고한다.[2]

애플에서 디자인은 모든 작업에서 우선시된다. 디자인은 업무의 시작이며, 디자인 팀이 방향을 정해야 다른 팀이 움직이기 시작

[2]   스티브 잡스 재임 기간에는 디자인 팀이 CEO 직할이었다. 쿡의 시대에서는 2인자인 최고경영책임자에게 디자인 총괄 업무를 일임했다.

한다.[15] 애플 신제품 프로세스는 이렇게 발동된다. 디자인 팀이 제품 외형을 정의하면, 엔지니어링 프로그램 매니저와 글로벌 공급 매니저가 곧 제조·생산 과정을 점검한다. 엔지니어링 프로그램 매니저는 엔지니어 간 업무를 조율하고, 글로벌 공급 매니저는 전 세계에서 부품 조달을 결정한다. 둘의 피드백은 디자인 팀에 전달되고, 다시 디자인 팀이 신제품 개발 프로세스를 수정하는 반복 작업이 이어진다. 디자인 팀 중심의 신제품 개발 과정은 전 직원을 개미처럼 단결시킨다. 디자인팀이 CEO나 최고경영책임자 직할에 있어야 하는 이유다.

애플은 이를 통해 다른 기업이 흔히 저지르는 기능주의의 함정에 빠지지 않는다. 애플 제품이 군더더기 없이 깔끔한 것은 기술이 있다고 해서 즉각 반영하지 않는 데 있다. 디자인이 앞서다 보니 각종 기술에 대해 돌다리를 두드리고 건널 때가 많은 것이다. 애플은 초창기 때부터 그랬다. 1984년 출시된 매킨토시에는 다른 기기에 연결할 수 있는 포트가 단 2개였다. 공동 창업자인 스티브 워즈니악이 확장성이 떨어진다고 지적했지만 잡스는 "사람들이 그 많은 포트를 다 이용하지도 않을 뿐더러, 미적으로 별로"라며 반대했다. 단적인 사례다.

애플에서 한 번 결정된 사안은 전 조직을 일사불란하게 움직이도록 만든다. 애플은 이를 '통합의 문화'라고 강조한다. 애플은 제품에 수많은 기능을 반영하지만 하드웨어와 소프트웨어가 따로 놀지 않고 조화를 이룬다. 잡스는 이를 두고 "애플에서는 통합이

전부"라면서 "진짜 통합은 운영체제에서부터 당신이 터치스크린 위에서 보고 사용하는 것까지 세부적인 모든 것을 통제할 수 있어야 제대로 이뤄질 수 있다"라고 말했다.

애플의 생태계 비즈니스

애플은 매출 규모에 비해 제품군이 매우 단조롭다. 문어발식으로 사업을 확장하기보다 한 생태계를 송두리째 장악하는 것을 선호한다. 2023년 기준 애플의 매출액은 총 3,832억 달러(약 528조 원)에 달한다.[3][16] 영업이익률은 매년 30% 안팎으로 수익성이 높다. 하지만 제품군은 약 30개에 불과하다. 대표 제품으로 아이폰, 맥, 아이패드, 애플 워치가 전부다. 서비스는 애플 뮤직, 애플 TV+, 애플 뉴스+, 애플 피트니스+, 애플 페이, 아이클라우드 정도다. 2024년 2분기 자료를 토대로 수익 사업을 분해해 보면 다음과 같다.

[3] 애플의 회계연도는 10월 1일부터 다음 해 9월 30일까지다. 달러당 원화 값은 1380원으로 가정했다.

- **아이폰**: 매출 비중 50.6%. 대표 제품군이다. 혁신적인 디자인, 강력한 성능으로 젊은 층에서 큰 인기다. 아이폰은 애플의 핵심 수익원이다. 통상 아이폰은 프로세서와 디스플레이 크기에 따라 구분된다. 2023년 발표한 아이폰 15의 경우 A16 바이오닉 칩과 A17 프로 칩을 탑재한 제품군으로 나뉜다. 디스플레이 또한 6.1인치와 6.7인치로 나뉜다. 고객 수요에 맞춰 스마트폰을 4개로 한정한 것이다.

- **맥**: 매출 비중 8.2%. 데스크톱 및 노트북 제품군이다. 맥북, 아이맥, 맥 미니 등이 있다. 보급형 노트북이 맥북 에어, 고급형 노트북이 맥북 프로다. 맥북 프로는 주로 크리에이티브 전문가나 개발자, 그리고 비즈니스 사용자들이 고객이다.

- **아이패드**: 매출 비중 6.1%. 교육, 엔터테인먼트, 비즈니스 등 다양한 용도로 사용할 수 있는 태블릿이다. 성능과 가격에 따라 프로, 에어, 미니로 구분된다. 애플 펜슬과 키보드 등 액세서리를 추가 판매해 수익을 극대화한다.

- **웨어러블·홈 액세서리**: 매출 비중 8.7%. 웨어러블은 아이폰에 연동되는 제품군이다. 애플 워치, 에어팟이 대표적이다. 연동형 제품군은 가까운 미래에 서비스로 그 영역이 넓어질 가능성이 크다. 애플 워치는 헬스케어와 연결되며, 에어팟은 애플 뮤직 고객 증대에 도움을 준다. 그 외 홈 액세서리로 스피커 제품인 홈팟이 있다.

- **서비스**: 매출 비중 26.3%. 애플 뮤직, 아이클라우드, 애플 TV+, 애플 페이 등 하드웨어에서 구동할 수 있는 서비스를 가리킨다. 애플 뮤직과 애플 TV+는 월간 구독료를 통해 수익을 내는 서비스다. 아이클라우드

는 스토리지 서비스로 수익을 내며, 애플 페이는 결제 수수료로 부가가치를 창출한다. 특히 이 가운데 수익의 절대다수를 차지하는 것은 앱스토어다. 무려 20% 남짓을 차지한다. 미국과 유럽의 반발에도 불구하고 애플이 앱스토어 수수료 지키기에 안간힘을 쓰는 이유가 바로 여기에 있다.

애플의 매출 구조를 단순화해 보면 아이폰이 약 50%다. 이어 다른 하드웨어 제품군이 25%, 소프트웨어 제품군이 25%를 차지한다. 파괴적 혁신 이론의 주창자인 클레이튼 크리스텐슨 하버드대학교 교수는 애플의 비즈니스 모델에 대해 일찌감치 면도기를 역설계한 사업이라고 분석한 바 있다.[17] 크리스텐슨 교수는 이렇게 말했다. "애플의 진정한 혁신은 디지털 다운로드를 쉽고 편리하게 만드는 것이었습니다. 이를 위해 애플은 하드웨어, 소프트웨어, 서비스를 결합한 획기적인 비즈니스 모델을 구축했습니다." 애플의 사업은 마치 면도기 기업 질레트Gillette의 모델과 유사하다. 다만 방향이 반대다. 면도기 기업은 면도기를 값싸게 제공하는 대신, 면도날을 비싸게 판매한다. 한 번 면도기를 집에 갖다 놓으면 잘 바꾸지 않는 소비자 습성을 이용한 것이다. 프린터 기업 역시 비슷한 비즈니스 모델을 갖고 있다. 프린터를 싼 가격에 공급하는 대신, 잉크 가격을 높게 책정한다. 하지만 애플은 정반대다. 아이폰을 매우 비싼 가격에 판매하는 대신 여기에 붙는 서비스들을 비교적 저렴한 가격에 제공한다. 값비싼 스마트폰 하나만 갖추고 있다면, 사용자들은 매우 편리하고 윤택한 생활을 누리게 된다. 때문에 아이폰은 곧 혁신이다.

생태계 확장은 곧 매출 증대로 이어졌다. 애플이 아이폰을 출시한 뒤 가장 크게 도약한 해는 2015년이다. 당시 애플은 첫 번째 스마트워치인 애플 워치를 선보였고, 이와 동시에 음악 스트리밍 구독 서비스인 애플 뮤직을 공개했다. 애플 워치는 아이폰을 꺼내지 않고서도 조작할 수 있도록 만들었고, 애플 뮤직은 월 5.99달러만 내면 자유롭게 고음질 음악을 들을 수 있도록 했다. 그해 매출액은 어땠을까? 2015년 매출액은 2,337억 달러로 전년 대비 27% 급증했다. 시가총액은 서서히 상승했다. 2014년 3,817억 달러에서 3년 뒤인 2017년에는 6,599억 달러로 72%나 올라갔다.

생태계는 선순환 구조를 이룬다. 아이폰 구매자는 곧 서비스 구독자가 되기 쉽다. 아이폰 사용자라면 앱스토어, 애플 TV+, 아이클라우드, 보증 서비스를 받을 가능성이 높다. 막대한 구독자는 더 많은 제3자 개발사를 참여시킨다. 이는 또 다른 수익으로 연결된다. 앱스토어에서 유료 앱을 내려받거나 유료 아이템을 구매할 경우, 개발사는 애플한테 최대 27% 아니면 최대 17%에 달하는 수수료를 지급해야 한다.[4] 애플 카드와 애플 페이 역시 생태계의 한

---

[4] 애플은 유럽 연합의 빅테크 규제에 대응해 유럽 연합 지역 내 앱스토어 결제 수수료를 30%에서 17%로 인하했다. 또한 개발자가 애플 자체 결제 시스템 밖에서 결제할 수 있도록 문을 열었다.

축을 담당하고 있다. 애플 카드는 아직 미국에서밖에 사용할 수 없지만, 애플 페이는 전 세계에서 사용할 수 있다. 소비자가 애플 페이를 사용할 때마다 가맹점들은 수수료 0.15%를 내야 한다. 이러한 비즈니스 모델은 불경기 때 빛을 발한다. 경기가 침체되면 아이폰 판매량은 줄어들지만, 상당한 부가 서비스가 있어 안정적인 수익 유지가 가능한 것이다.

구글과 삼성이라는 거대 라이벌

생태계에 대한 애플의 욕심은 경쟁자와의 충돌을 부른다. 애플이 개발한 모바일 운영체제 iOS는 구글 안드로이드와 정면 충돌하고 있고, 컴퓨터 노트북 사업군인 맥은 마이크로소프트 윈도우 계열과 경쟁한다. 또 스트리밍 시장에서는 넷플릭스, 디즈니 플러스, 아마존 프라임 비디오와 치열한 접전을 펼치고 있다.

특히 애플의 생태계를 가장 위협하는 곳은 구글과 삼성의 안드로이드 동맹 진영이다. 2024년 1분기 출하량 기준 전 세계 스마트폰 점유율은 삼성이 20.8%로 가장 높고 이어 애플 17.3%, 샤오미 14.1%, 트랜션 9.9%, 오포 8.7% 순이다. 삼성과 애플이 치열한 1위 다툼을 벌이고 있는 것이다.

친구이면서도 동시에 적인 프레네미 Frenemies (친구를 뜻하는 영단어 'Friend'와 적을 뜻하는 영단어 'Enemy'의 합성어)는 애플에 존재하지 않는다. 생태계를 독점하는 전략을 사용하기 때문이다. 2011년 4월 애플이 삼성전자를 상대로 캘리포니아 북부지방법원에 지식재산권 침해 소송을 건 것이 대표적 사례다. 애플은 갤럭시S를 정조준했다. 품목은 방대했다. 문서 끌기, 멀티 터치, 글래스와 스피커 간 경계, 홈버튼, 아이콘 등 대다수를 망라했다. 소송은 무려 7년이나 지속됐다.[5] 구글의 순다르 피차이 CEO는 이를 두고 "애플과 삼성은 사과와 오렌지 같은 관계"라고 규정했다.[18] 제품과 서비스는 얼핏 비슷해 보이지만, 근본적으로 비즈니스 모델이 완전히 다르다는 메시지다. 애플은 모바일 운영체제 기업인 팜Palm이 아이폰과 유사한 기능을 담은 새로운 스마트폰을 내놓자 공개 석상에서 소송으로 대응하겠다고 으름장을 놓기도 했다. 반면 아이폰을 대놓고 복제한 샤오미에 대해서는 유달리 관대한 태도를 보여 대조를 이뤘다.[6]

애플은 PC 부문에서도 적들에게 매우 공격적이다. 윈도우 기반 PC를 상대로 조롱하는 광고를 선보인 것이 대표적이다. 애플은 2006년부터 2009년까지 무려 3년간 미국, 캐나다, 호주, 뉴질랜

---

[5] 애플과 삼성은 2018년 소송을 취하하는 데 합의했다. 내용은 공개되지 않았지만, 삼성이 1조 원 가까운 금액을 지급한 것으로 추정된다.

[6] 샤오미 창업자인 레이쥔 CEO는 스티브 잡스와 똑같은 의상을 입고 등장해 운영체제 미유아이, 이어폰 에어닷, 스마트폰 홍미, 스마트워치 미워치 등을 잇따라 선보인 것으로 유명하다. 쿡 CEO는 심지어 2015년에 이렇게 말하기도 했다. "샤오미에 대해선 걱정하지 않습니다." 중국이라는 큰 시장을 놓치지 않으려고 중국 정부를 의식했던 것일까. 아니면 애플은 고급 스마트폰에만 집중하고 있으니, 샤오미가 오히려 삼성전자를 잡는 수단이 됐으리라 믿었던 것일까. 알 수 없다.

드, 영국 시청자를 상대로 '맥을 삽시다 Get a Mac'라는 카피를 내세운 텔레비전 광고를 대대적으로 내보냈다.[19] 캐주얼한 옷을 입은 스마트한 남성이 자신을 소개하며 이렇게 말한다. "안녕하세요. 저는 맥입니다." 뒤이어 펑퍼짐한 정장을 입은 우둔해 보이는 남성이 스스로를 소개한다. "그리고 저는 PC입니다." 광고는 맥북과 PC 노트북을 서로 교차해 보여 주면서 끝을 맺는다. 맥을 사용하는 사람은 똑똑하고 여유로운 데 반해, 윈도우 PC를 사용하는 사람은 우둔하다고 선을 그은 것이다. 애플이 자신의 생태계를 지키기 위해 필사적으로 몸부림치는 장면이다.

애플의 끊임없는 실험: 반도체, 디스플레이, 자율주행차, 그리고 증강현실

애플 특유의 생태계 장악 전략은 제품 개발에서도 유감없이 나타난다. 대표적인 것 중 하나가 애플 실리콘 프로젝트다. 애플은 아이폰 발표 3년 뒤인 2010년부터 자체적으로 반도체를 설계하고 있다. 애플이 설계한 반도체는 크게 스마트폰에 탑재하는 A시리즈, 노트북에 탑재하는 M시리즈다. 처음 공개한 것은 A4 칩이다. A4 칩은 첫 번째 아이패드에 탑재됐다. A시리즈는 현재 A17 프로까지 개발한 상태다.[20] A17 프로는 6개의 CPU 코어, 6개의 GPU 코어, 16개의 NPU 코어를 갖추었으며, 첨단 메모리는 물론 가속 엔진까지 탑재했다.[7] PC용 칩을 선보인 것은 다소 늦은 2020년부터다. 첫 제품은 M1 칩이다. 8개의 CPU 코어, 최대 8개의 GPU 코어를 장착했고, 총 160억 개의 트랜지스터를 달았다. M시리즈는 오늘날 M3까지 개발된 상태다.

애플은 자체 칩을 갖추면서 주변 생태계를 수직 계열화하는데 성공했다는 평가를 받고 있다. 소프트웨어는 물론 하드웨어까지 직접 통제할 수 있는 데다, 반도체 설계 기업을 거치지 않아 비용을 낮출 수 있으며, 아이폰 등 자사 제품군의 성능을 높일 수 있어서다. 직접 칩을 개발한 애플에 가장 반발한 빅테크 기업은 그동안 애플에 반도체를 제공한 기업이었다. 퀄컴의 크리스티아노 아몬 CEO는 "애플 실리콘과 경쟁할 칩을 개발하겠다"라고 선언했고, 인텔은 '맥을 삽시다' 광고에서 마이크로소프트를 공격했던 배우를 고용해 맥보다 인텔 칩 기반 PC에 열광하는 모습을 광고로 내보내며 맞대응했다.[21]

애플이 칩 설계로 얼마나 비용을 절감했는지는 알려지지 않았다. 하지만 퀄컴이 라이선스 비용으로 스마트폰 1대당 약 16달러를 받고, 애플이 연간 2억 대 이상 아이폰을 판매하는 것을 고려할 때 37억 달러 이상의 비용을 반도체 기업에 지급했던 것으로 추정할 수 있다. 애플은 이에 그치지 않고 2017년부터 마이크로LED

---

[7]　　코어는 가장 기본적인 처리 단위다. 개수가 늘면 늘수록 더 많은 멀티 태스킹을 할 수 있다. 트랜지스터는 논리 게이트를 구성하는 반도체 소자다.

디스플레이를 자체 설계하는 데 도전했다. 캘리포니아 쿠퍼티노 본사 인근에 자체 테스트 시설을 구축했고, 연구 시설은 아시아에 설립했다. 그동안 삼성 디스플레이나 LG 디스플레이를 통해 디스플레이를 조달했는데 이마저도 끊어 버릴 계획이었던 셈이다. 애플은 자체 설계한 차세대 디스플레이를 애플 워치에 시범 탑재한 뒤 이를 서서히 확대한다는 방침을 세웠다. 하지만 해당 프로젝트는 7년 뒤 전면 보류됐다.[22] 투자 대비 효용이 낮았기 때문으로 풀이된다.

부품 자체 개발이 비용 절감을 위한 수직 통합이라면, 신제품 개발은 수익 확대를 위한 수평 확장이다. 대표적인 프로젝트가 전기 자동차 프로젝트 '타이탄'이다. 애플이 자동차에 관심을 갖게 된 계기는 잡스가 CEO로 재임하던 2010년으로 거슬러 올라간다. 당시 잡스는 브이 비히클 V-vehicle 의 CEO이자 디자이너인 브라이언 톰슨을 만나 흥미로운 이야기를 듣게 된다. 브이 비히클은 폴리프로필렌과 유리 섬유로 차체를 설계하는 프로젝트를 추진하는 중이었다. "1만 4,000달러라는 낮은 가격에 매력적인 디자인으로 무장할 것"이라는 톰슨의 설명은 잡스를 매료시키기 충분했다.[23]

이후 애플은 서서히 자동차라는 새로운 프로젝트를 시작한다. 2013년에는 iOS를 차량용 소프트웨어에 통합한 카플레이 Carplay 를 공개했다. 2년 뒤에는 라이다 LiDAR [8] 센서를 부착한 채 시내를 주행

---

[8]　라이다(Light Detection and Ranging)는 레이저 광을 이용해 물체와의 거리를 측정하

하는 애플 차량이 미국 곳곳에서 목격됐다. 프로젝트 타이탄에서 활동했던 한 엔지니어는 애플이 당시 매년 10억 달러 이상을 애플카 연구개발에 투자했다고 설명했다. 그만큼 전기차 개발에 진심이었던 것이다.

불과 몇 년 전만 하더라도 자율주행차는 제2의 스마트폰으로 불렸다. 역사가 조금만 달라졌다면 오늘날 애플이 테슬라를 생산했을지도 모르는 일이다. 애플에서 인수합병과 전략적 파트너십을 담당한 에이드리언 페리카 부사장은 2014년 일론 머스크를 만나 테슬라 인수를 타진한 적이 있다. 당시 테슬라는 모델3 생산에 어려움을 겪고 있었고 애플은 자율주행 진출에 적극적이었다. 하지만 GM 출신으로 최고재무책임자를 맡은 루카 마에스트리가 난색을 표명했다. 그는 "자동차 산업이 얼마나 어려운 사업인지, 자칫하면 애플이 큰 리스크를 떠안게 될 것"이라고 염려했다. 인수합병은 없던 일이 됐다. 애플은 포기하지 않았다. 이후 현대차, 기아차, 도요타, LG, 스바루, 닛산, 미쓰비시, 혼다, 마쓰다 등을 만난 것으로 알려졌다. 디자인과 마케팅은 애플이 맡고, 설계와 생산은 전문 자동차 기업이 하자는 제안을 던진 것이다. 하지만 이마저도 실패했다. 역사가 수십 년 이상인 정통 자동차 기업한테 하루아침에 특정 기업의 위탁업체를 하라는 것은 무리한 요구였다. 이에 애플은 다시 연구소를 부활시키고 자체 개발로 선회한다.[24] 하지만 3년 뒤 애플

는 기술로, 주로 자율주행 자동차와 지도 제작 로봇 등에 활용되는 부품이다.

은 프로젝트 타이탄을 중단했다. 수익을 내기에 시장이 상당히 포화됐기 때문이다. 프로젝트에 참여한 직원은 대부분 인공지능 팀에 재배치됐다.[25]

애플 내부에서는 무수히 많은 프로젝트가 움직이고 있다. 칩, 전기 자동차를 잇는 또 다른 프로젝트 가운데 하나가 증강현실AR이다. 애플은 2023년 6월 비전 프로Vision Pro를 전격 공개했다.[26] 쿡 CEO는 무대에 올라 이렇게 외쳤다. "이날을 위해 수년간 기다려 왔습니다. 증강현실은 심오한 의미를 지닌 기술입니다. 오늘 벅찬 마음으로 완전히 새로운 증강현실 플랫폼과 혁신적 신제품을 공개합니다." 애플은 마케팅의 달인답게 증강현실을 '공간 컴퓨팅'이라고 규정했다. 헤드셋을 착용하고 공간의 제약 없이 마음껏 업무를 하라는 메시지였다. 비전 프로는 가상현실VR 헤드셋을 빼닮았다. 헤드셋을 착용하고 바라보면 모든 앱이 공중에 떠 있고 손으로 터치해 조작할 수 있다. 애플이 강조한 포인트는 입력 방식의 혁명이다. 맥은 마우스, 아이패드는 클릭 휠, 아이폰은 멀티 터치라는 영역을 개척했다. 비전 프로는 공간 컴퓨팅이기 때문에 컨트롤러 없이 손동작만으로 공간 컴퓨팅을 사용할 수 있다는 설명이다. 5개의 센서와 12개의 카메라, 디스플레이가 달린 비전 프로는 최소 가격이 3,499달러에 달하는 고가 제품이다.

애플이 헤드셋 시장에 뛰어든 까닭은 무엇일까. 바로 생태계 때문이다. 메타버스의 근간이 되는 VR·AR 헤드셋 시장은 메타가

81%의 점유율로 독점하고 있다. 헤드셋은 아직 시장 규모가 크지 않다. 하지만 헤드셋 전용 앱스토어, 운영체제, 소셜미디어와 같은 거대한 메타버스 생태계는 이미 움트고 있다. 애플 전문 분석가인 궈밍치 대만 TF 증권 애널리스트는 "현재로서는 VR·AR 헤드셋이 가까운 미래에 소비자 가전 분야의 차세대 스타 제품이 될 수 있다는 증거가 충분하지 않다"라면서도 "하지만 애플의 발표는 투자자들에게 VR·AR 헤드셋에 대한 믿음을 실어 줄 수 있는 희망이 될 수 있다"라고 말했다.

뒤늦게 뛰어든 인공지능 군비 경쟁

애플의 공동 창업자인 워즈니악을 만나 인터뷰한 적이 있다. 그에게 만약 20대로 돌아가면 또 다시 창업을 할 것이냐고 질문을 던졌다. 워즈니악은 이렇게 답했다. "만약 오늘 내가 20대라면, 저 역시 AI 스타트업을 창업할 것입니다. 하지만 에너지 소모가 적은 친환경적인 AI 스타트업을 만들고 싶습니다." 애플 공동 창업자의 염원이 애플에 전달됐던 것일까. 인공지능 후발주자인 애플이 2024년 6월 10일 경쟁에 뛰어들겠다고 선언했다. 애플은 이날 인공지능를 가리켜 '애플 지능'이라고 명명했다.[27] 인공지능은 인공지능인데 애플을 위한 인공지능이라는 작명법이다. iOS 18, 아이패드 OS 18, 맥 OS 등 애플 운영체세 생태계 깊숙이 인공지능을 통합했다는 메시지다.

개발 과정은 녹록지 않았다. 애플은 개발 과정에서 텍스트 작성 및 수정, 알림 우선순위 설정과 요약, 가족·친구와의 대화를 위한 이미지 생성, 앱간 상호 작용, 앱 내 액션 수행 등을 최우선 과제로 잡았다. 그 결과 메모 앱과 전화 앱으로 녹음한 오디오를 텍스트로 바꾸고 요약받을 수 있도록 했다. 또 애플이 자체 개발한 앱을 음성으로 조작할 수 있도록 설계했다.[28]

애플은 이날 유달리 보안을 강조했다. 모델을 훈련할 때 사용자의 개인 데이터를 절대 사용하지 않았으며, 저질 콘텐츠가 학습에 포함되지 않도록 욕설 콘텐츠 등을 사전에 차단했다는 설명이었다. 보안을 위해 철저히 암호화했고, 이를 애플만의 서버에 관리자도 알 수 없도록 보관하겠다고 강조했다. 삼성이 선보인 갤럭시 AI는 구글 제미나이를 기반으로 하는데, 이 과정에서 데이터를 양사가 주고받으니 개인 정보가 취약하다는 공격적 메시지였다.

하지만 애플 역시 취약하기는 마찬가지다. 애플은 인공지능의 일부는 직접 개발했지만 전체를 모두 직접 개발하지는 못했다. 부족한 대규모 언어 모델에 대한 기술은 오픈AI와 손을 잡는 방식으로 해결했다. 작동되는 AI 엔진은 크게 2개다. 30억 개 파라미터 규모의 소형 대규모 언어 모델 sLLM과 오픈AI의 인공지능을 토대로 애플 서버에서 실행되는 대규모 언어 모델이 바로 그것이다. 애플은 이날 향후 구글의 제미나이와 같은 타사의 인공지능도 아이폰에 탑재할 수 있다고 말했다. 매우 이례적으로 인공지능 기술에 대해 개방형 전략을 취한 장면이다. 다양한 인공지능 모델을 활용하되, 이를 애플이 아울러 안전하게 서비스로 제공하겠다는 포부다.

오픈AI CEO인 샘 올트먼은 이날 맨 앞자리에서 쿡 CEO의 발표를 바라봤다. 통상 양 사가 협업을 발표할 때면 파트너를 무대에 불러 소개하기 마련이다. 하지만 애플은 한 편의 잘 짜여진 쇼를 포기할 생각이 없었다. 일부에서는 오픈AI가 막대한 기술 사용료를 받았을 것으로 추측하기 시작했다. 하지만 올트먼은 이에 대해 선을 그었다. 애플 하드웨어에 오픈AI의 챗GPT를 탑재하는 것만으로 만족했다는 것이다.

애플과 오픈AI 간 동맹은 동상이몽으로 보인다. 애플은 오픈AI 기술을 활용해 아이폰 사용자의 스마트폰 교체를 유도할 심산이었고, 오픈AI는 오랫만에 열린 애플이라는 생태계에 뛰어들고자 무료 배포를 결심한 것이다.[29] 실제로 애플은 애플 인텔리전스를 사용하려면 A17 프로 칩이 필요하다고 강조했다. 즉 아이폰15 프로 이상 스마트폰이나 M1 칩이 탑재된 아이패드·맥북 이상 제품만 애플 인텔리전스 사용이 가능하다. 2023년 이전 출시한 아이폰 시리즈와 2024년 출시한 아이폰 15 보급형 모델에서는 물리적으로 애플 인텔리전스를 사용할 수 없다. 아이폰에서 인공지능을 쓰고 싶으면 교체하라는 메시지다. 발표 이튿날 애플 주가가 7% 급등하며 기염을 토한 것은 전부 이 때문이다. 투자자들이 아이폰 판매량이 급증할 것으로 기대했기 때문이다.

이에 반해 오픈AI는 아이폰 사용자를 챗GPT 사용자로 끌어들일 심산이다.[30] 애플용 챗GPT는 애플 클라우드에서 작동되는데,

사용자가 늘면 늘수록 클라우드 사용량이 늘어나는 구조다. 전기 요금과 서버 비용을 애플이 대는 셈이다. 애플에 있어 오픈AI가 당장은 위협적이지 않겠지만, 자칫하면 애플이 인공지능 영역에서 오픈AI에 의존적으로 바뀔 수 있는 대목이다. 때문에 오픈AI와 동맹이 애플에 있어 축배일지 독배일지는 알 수 없다.

분명한 것은 애플이 가만히 지켜만 보지는 않을 것이라는 점이다. 애플은 구글과 달리 스타트업에 적극적으로 투자하지 않는다. 하지만 특별한 기술이 필요한 경우 적극적인 인수 행보를 나서는 것으로 유명하다. 2010년을 전후해 반도체 기업을 집중 공략했다. 2008년 펠로앨토 반도체 P.A. Semi를 2억 7,800만 달러에 사들인 것이 대표적이다. 또 2012년에는 지문 인식 센서 개발업체인 오센텍 AuthenTec을 3억 5,600만 달러에 인수한 뒤, 지문 인식 기능을 아이폰에 탑재했다. 음성 인식 기술을 보유한 시리를 2억 달러에 인수한 뒤 음성 비서 시리를 내놓은 것은 유명한 일화다.

애플은 2020년 이후 빠른 속도로 AI 기업을 빨아들이고 있다. 모바일 기기에 있는 데이터를 클라우드로 전송하지 않고 처리할 수 있도록 지원하는 엑스노AI XNOR.AI, 데이터 정제에 특화된 머신러닝 스타트업 인덕티브 Inductive, AI를 활용해 이미지 품질을 높여 주는 카메라이 Camerai 등을 인수했다. 애플은 이들 기업이 선보인 기술을 하나씩 아이폰에 탑재할 것으로 보인다.

애플 역시 기술 전쟁의 한복판에 있다는 증거다. 하지만 정체성은 변하지 않을 것이다. 애플은 경영 철학을 기반으로 움직이기 때문이다. 잡스는 이런 말을 남겼다. "디자인은 단지 외형과 감각적인 측면에 그치는 것이 아닙니다. 디자인의 본질은 그것이 어떻게 작동하는가에 있습니다." 애플은 앞으로도 복잡한 기능을 단순하고 직관적으로 정제하고, 모든 제품에서 일관된 사용자 경험을 제공하며, 작은 디테일까지 신경 쓰는 설계를 계속할 것이다. 애플의 향후 성장 여부는 기술 하나하나에 달려 있지 않다. 자신의 정체성을 세상에 얼마나 더 잘 보여 주느냐에 달렸다.

애플 연도별 매출액 및 시가총액 (단위: 억 달러)

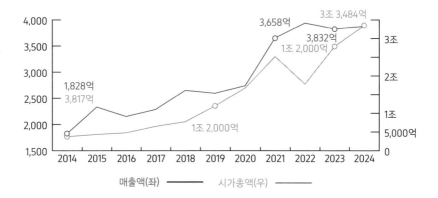

매출액(좌) ━━━━━ 시가총액(우) ━━━━━

※ 매출은 각 회계연도 말 기준(2024년은 야후파이낸스 전망치), 시가총액은 각 년도 말 기준
(2024년은 8월 1일 기준) 출처: 애플, 야후파이낸스, 스태티스타

※ 애플의 회계연도는 매년 10월 1일부터 다음 해 9월 30일까지다. 즉 2024년 실적은
2023년 10월 1일부터 2024년 9월 30일까지를 기준으로 한다.

마이크로소프트:
퍼스널 디지털 에이전트를 꿈꾸다

"앞으로 등장할 인공지능 비서는
사람들이 필요로 하는 것을 자동으로
이해하기 때문에, 검색 사이트에
방문할 필요가 사라질 것이다."
- 빌 게이츠 -

마이크로소프트

마이크로소프트가 창립된 해인 1975년, 빌 게이츠와 폴 앨런은 고작 20살과 22살 청년이었다. 당시는 PC가 막 상용화되던 시점이었다. 실리콘밸리에서 마이크로프로세서가 잇따라 등장했고, 방안을 가득 채우는 크기의 진공관 컴퓨터 대신 알테어Altair 8800, IBM 5100, IMSAI 8080, SCELBI-8H와 같은 비교적 작은 크기의 트랜지스터 컴퓨터들이 속속 등장했다. 게이츠와 앨런은 머지않은 미래에 소프트웨어가 하드웨어보다 비싸질 것으로 내다보고 창업을 결심했다. 하드웨어처럼 물리적인 제약이 없을 뿐더러 유통이 편리해, 앞으로 큰 시장이 창출될 것이라는 믿음이었다. '마이크로소프트'라는 사명은 창업자의 비전을 잘 표현하고 있다. '작은' '소형'이라는 뜻을 지닌 '마이크로Micro'에 '소프트웨어Software'를 덧붙인 이름은 PC 시대 소프트웨어의 승자가 되겠다는 뜻을 품고 있다.

소프트웨어 시대의 승자

마이크로소프트 창업에 얽힌 유명한 일화가 있다. 게이츠는 세계 첫 PC로 알려진 알테어 제조사 사장 에드 로버츠에게 무작정 전화를 걸었다. "알테어에서 구동되는 소프트웨어를 만든 게 있어요." 알테어 사장은 감탄하면서 이렇게 말했다. "어서 와서 시연해줄래?" 하지만 개발했다는 말은 새빨간 거짓말이었다.[1] 게이츠와 앨런은 두 달 간 밤새워 소프트웨어를 만들어 이를 알테어에 납품했다. 마이크로소프트는 이 일을 계기로 PC업계에서 베이직 프로그래밍 언어로 이름을 날리게 된다. 행운의 여신은 두 청년의 편에 섰다. 당시 컴퓨터 제국이었던 IBM은 PC 운영체제를 개방형으로 만들기로 결정하고 이를 만들어 줄 하청업체를 물색하고 있었다. 마이크로소프트가 크게 성장할 절호의 기회였다. 게이츠는 이 기회를 보기 좋게 낚아챘다.

　PC가 태동할 무렵 PC 운영체제 시장은 게리 킬달이 창업한 디지털 리서치 Digital Research 가 석권하고 있었다. 킬달은 게이츠와 달리 정통 컴퓨터공학을 배운 인재였으며, 그가 개발한 CP/M은 PC 운영체제 가운데 가장 독보적이라는 평가를 받았다. IBM은 맨 처음 킬달과 접촉했다. 하지만 협상은 순탄하지 않았다. 비용을 놓고 견해차가 너무 컸던 것이다. 마이크로소프트는 이 기회를 놓치지 않았다. 당시 마이크로소프트는 시애틀 컴퓨터가 개발한 Q-DOS의 판권을 보유하고 있었다. 마이크로소프트는 이참에 Q-DOS 개발자인 팀 패터슨을 영입해 MS-DOS라는 운영체제를 내놓으며 IBM을 사로잡았다.[2] 하지만 MS-DOS와 CP/M은 여러모로 유사했고, 복제품이라는 평가마저 나왔다. 분노한 킬달은 IBM에 특허권 침해를 주장했다. IBM은 킬달을 달래고자 MS-DOS와 CP/M을 나란히 팔겠다고 제안한다. 품질만큼은 자신 있던 킬달은 가격을 무려 250달러로 책정했다. 패착이었다. 마이크로소프트가 40달러라는 파격적인 가격을 책정했기 때문이다. PC 운영체제 시장은 곧 마이크로소프트로 기울어진 운동장이 된다.

　마이크로소프트는 시장에 뛰어든 PC 제조업체에 MS-DOS를 판매하며 시장을 장악했다. 디지털 리서치는 훗날 1억 2,000만 달러에 매각됐고, PC 운영체제 전쟁은 마침내 막을 내린다. 마이크로소프트는 쾌속 질주했다. 1985년 윈도우 1.0 출시, 이듬해 주식 시장 상장, 1989년 오피스 발표와 같은 굵직한 이벤트가 쏟아졌다. 컴퓨터 비즈니스의 표준인 오피스 제품군과 프로그램을 구동하기 위해 필요한 운영체제는 마이크로소프트라는 제국을 디지털 반석 위에 올려놓기에 충분했다. 지나친 자만심이었을까. 마이크로소프트는 운영체제라는 플랫폼으로 막대한 권력을 행사했다. 윈도우에서 경쟁사 제품이 제대로 돌아가지 않도록 방해 코드를 삽입하거나, 제품 구매력을 활용해 맥베이직 MacBasic 과 같은 경쟁 소프트웨어가 출시하지 못하도록 방해한 것이 대표적이다. 실리콘밸리에서는 마이크로소프트를 향해 '실리콘밸리의 악마'라고 지탄했다.

마이크로소프트는 아랑곳하지 않고 전선을 웹 브라우저로 넓혔다. 1990년대 들어 인터넷이 태동하면서, 일반인이 인터넷 콘텐츠에 쉽게 접근할 수 있게 하는 웹 브라우저들이 속속 등장했다. 마이크로소프트가 이를 놓칠 리 없었다. 초창기 웹 브라우저 시장은 매년 판이 뒤집혔다. 1994년 태어난 넷스케이프가 이듬해 1등 기업이었던 모자이크를 제쳤고, 1997년에는 마이크로소프트가 인터넷 익스플로러를 출시했다. 이 과정에서 마이크로소프트는 90%라는 PC 운영체제 시장점유율을 무기로 끼워 팔기를 거리낌 없이 했다. 윈도우 98에 기본 브라우저로 익스플로러를 탑재한 것이다. 결국 넷스케이프가 쓰러지고, 마이크로소프트는 브라우저 시장의 90%를 차지했다.

새로운 리더십이 태어나다

미국은 독점을 용납하지 않았다. 법무부는 2000년에 윈도우와 오피스 사업부를 쪼개라는 기업 분할 명령을 내렸다. 위기에 휩싸인 빌 게이츠는 다시는 끼워 팔지 않겠다고 약속하고 그해 CEO에서 물러났다. 그렇게 마이크로소프트의 한 시대가 막을 내렸다.

게이츠의 뒤를 이어 스티브 발머가 CEO 자리에 올랐다. 발머는 하버드대학교 경제학과, 스탠퍼드대학교 MBA 출신으로 마이크로소프트의 초기 멤버다. 게이츠가 제품을 진두지휘하는 전형적인 개발자형 리더라면, 발머는 수익을 안정적으로 다지는 관리형 리더였다. 문제는 디지털 세계의 시간이 갈수록 빨라졌다는 점이다. 발머의 재임 기간인 2000년에서 2014년은 디지털 세계에 회오리바람이 몰아치는 시기였다. 애플은 아이폰을 앞세워 모바일 생태계를 구축했고, 구글은 크롬이라는 새로운 브라우저로 시장을 평정하기 시작했다. 웹 브라우저 시장에서 인터넷 익스플로러 점유율은 갈수록 하락해 2009년 63.9%에서 2014년 15.2%까지 떨어졌다.[3] 마이크로소프트는 모바일용 운영체제인 윈도우 모바일을 내놓았지만 참담하게 실패했고, 2013년 윈도우 모바일은 역사 속으로 사라진다. 발머에 대한 평가가 엇갈리는 이유다. 게임 콘솔인 엑스박스를 성공적으로 출시해 새로운 수익원을 확보했지만 모바일 전환에는 실패했고, 재임 기간에 순이익을 3배나 높였지만 주가는 오히려 하락했다. 투자자들한테 발머의 재임 기간은 암흑기나 다름없었을 것이다. 그의 재임 14년간 마이크로소프트 주가는 주당 49달러에서 주당 47달러로 후퇴했기 때문이다.

발머의 후임이자 위기를 타개할 인물로 사티아 나델라가 발탁됐다. 하지만 2014년의 마이크로소프트는 예전의 마이크로소프트가 아니었다. 미국의 명문 스타트업 액셀러레이터인 와이콤비네이터의 창업자 폴 그레이엄은 "마이크로소프트는 죽었고, 아무도 그 회사를 두려워하지 않는다"라고 비판했다. 딕 브래스 전 마이크로소프트 부사장마저 "GM이 트럭에만 의존할 수 없는 것처럼, 마이크로소프트 역시 MS 오피스에만 의존할 수 없다"라고 한탄했다. 마이크로소프트에 있어서 가장 큰 적은 자기 자신이었다. 운영체제 기업이다 보니 별다른 노력 없이 꾸준히 수익을 거둘 수 있었고, 혁신할 동력조차 없었던 것이다. 나델라는 당시 상황을 이렇게 적었다. "관료주의가 혁신을, 사내 정치가 팀워크를 대체했다."

나델라는 실리콘밸리에 진출하는 천재형 인도계 인재는 아니다. 일반적으로 미국 빅테크에서 승승장구하는 인도계 엔지니어는 한국의 카이스트에 해당하는 인도공과대학교 출신들이지만, 나델라는 10~20위권의 마니팔공과대학교를 졸업했다. 또 그는 인도 중남부 하이데라바드의 텔루구족으로 인도의 지배 민족인 힌두스탄인이 아니다. 대신 그는 공감할 줄 알고, 안목이 있고, 성실했다. 그는 1990년 위스콘신대학교에서 컴퓨터과학으로 석사 학위를 받은 뒤 잠시 썬마이크로시스템즈에서 근무한 것을 빼고는 한평생 마이크로소프트에 몸을 담았다. 이후 엔터프라이즈 및 클라우드 사업부

부사장을 맡으면서 클라우드에서 구동되는 오피스인 MS 365를 성공적으로 이끌었다. 서비스를 위해 사내에 구축한 클라우드는 훗날 외부에 공개된다. 바로 마이크로소프트의 애저다. 그는 저서 《히트 리프레시》를 통해 취임 당시의 마음을 담담히 써 내려갔다. "마이크로소프트의 존재 이유는 무엇인가. 모든 조직에서 모든 이가 스스로 답을 찾아야 할 질문이었다."[4]

그는 그 해법을 개방에서 찾았다. 비전부터 수정했다. 그가 제시한 '지구상의 모든 사람과 모든 조직이 더 많은 것을 성취할 수 있도록 힘을 실어 주자'라는 메시지는 수많은 직원을 감동시켰다. 창업자 게이츠가 제시한 '모든 책상과 가정에 컴퓨터를…'이라는 모토에 비해 더 숭고했기 때문이다. 나델라는 공감, 협업, 성장 마인드라는 3가지 키워드를 직원들한테 줄곧 강조했다. 고객의 이야기에 귀 기울이고, 다양성과 포용성을 추구하며, 하나의 마이크로소프트를 만들자는 외침이었다.

나델라는 이를 곧 실천으로 옮겨 사내 문화를 혁신하는 데 주력했다. 발머가 CEO로 재임할 동안에는 부서마다 벽이 존재했다. 직원을 성과에 따라 5등급으로 나누고, 최하위 등급을 해고하는 '스택 랭킹'이라는 시스템마저 존재했다. 서로가 자기 부서만의 성과를 만들지 않으면 생존할 수 없는 조직 문화가 똬리를 틀었던 것이다. 나델라는 스택 랭킹 시스템을 폐지하고 '커넥트 미팅'을 도입했다. 관리자가 직원을 직접 만나 업무 우선순위를 파악하고, 약속한 성과를 달성했는지 점검했다. 이뿐인가. 그는 약 180명에 달하는 임원을 수많은 그룹으로 쪼개고, 그룹별로 성장 마인드를 어떻게 가질 수 있을지 끝없이 토론시켰다. 협업 문화는 이렇게 싹트기 시작했다.

폐쇄에서 개방으로, 경쟁에서 공감으로

개방 정신은 제품에도 반영됐다. 그는 곧 폐쇄적인 윈도우 시스템을 무너뜨리기로 결심한다. 리눅스용 윈도우 하위 시스템wSL을 도입한 것이 단적인 예다. 리눅스는 무료로 사용할 수 있는 개방형 운영체제인 데 반해, 윈도우는 상업용 운영체제로 서로 대립하는 관계였다. 하지만 나델라는 리눅스용 윈도우 하위 시스템을 도입해 리눅스 개발자가 윈도우 환경에서도 명령줄 도구, 유틸리티, 애플리케이션을 실행할 수 있도록 지원했다. 또 오픈소스 커뮤니티와 끊임없이 협업했다. 윈도우 프로그램 개발 환경인 닷넷 프레임워크NET Framework를 오픈소스로 개방한 것이 그 예다. 프로그래머가 환경마다 따로따로 개발할 필요 없이 한꺼번에 윈도우, 맥OS, 리눅스를 개발할 수 있도록 지원한 것이다. 또 2018년에는 세계 최대 규모의 소프트웨어 개발 플랫폼 깃허브GitHub를 인수했다. 깃허브는 오늘날 대표적인 개방형 인공지능 배포 창구가 됐다.

나델라는 사업부도 대폭 통폐합했다. 그가 취임하기 이전 마이크로소프트의 사업 부서는 크게 윈도우, 오피스, 데이터 센터, 엔터테인먼트(게임), 디바이스로 나눠져 있었다. 그는 이를 3개로 통폐합했다. 클라우드, 생산성 소프트웨어 및 비즈니스 프로세스, 개인용 컴퓨팅이 그것이다. 그러면서 그는 클라우드 사업을 집중 육성했다. 나델라가 외친 모토는 '모바일 퍼스트, 클라우드 퍼스트'였다. 오늘날 대다수 서비스는 클라우드 컴퓨팅을 기반으로 한다. 하지만 당시에는 클라우드용 서버를 보유하고 있더라도 서버를 외부인에게 빌려주는 기업은 흔치 않았다. 아마존 AWS 정도였다. 나델라는 취임과 동시에 AWS 따라잡기에 나섰다. 그 후, 윈도우 서비스를 위해 구축한 클라우드인 '윈도우 애저'의 이름을 '마이크로소프트 애저'로 변경했다. 대다수 제품 역시 클라우드로 옮겨졌고, 패키지 판매에서 구독 모델로 전환했다. 오피스 패키지를 놓고 보면 개인과 소규모 비즈니스를 위한 제품 가격은 249.99달러에 달하지만, 클라우드를 기반으로 하는 MS 365는 연간 99.99달러다. 클라우드 기반 소프트웨어는 물리적 저장 장치와 유통망이 필요 없을 뿐더러, 고객을 장기간 묶는 '락인Lock-in 효과'를 기대할 수 있다.[1] 나델라는 마이크로소프트를 긴 호흡으로 바라본 셈이다.

[1] 구독 모델을 다른 말로 '물고기 모델(The fish model)'이라고 부른다. 소프트웨어 패키지를 팔면 한 번에 목돈을 받지만, 고객이 그 소프트웨어를 연거푸 산다는 보장은 없다. 만약 한 기업이 소프트웨어를 패키지로 팔다 매달 요금을 받는 구독 모델로 전환하면, 초기에는 수익이 크게 줄고 비용도 치솟을 것이다. 투자는 많고 구독자는 적기 때문이다. 하지만 어느 정도 구독자가 늘어나면 비용은 감소하고 수익이 늘어난다. 유통 비용이 없고, 고객 이탈이 패키지 상품보다 적기 때문이다. 이를 그래프로 그리면 물고기 모양을 닮게 된다.

B2C에서 B2B로, 달라진
비즈니스 모델

나델라가 CEO로 취임한 2014년부터 2023년까지 마이크 로소프트의 수익은 어떻게 달라졌을까.[2] 매출액은 868억 달러에서 2,119억 달러로 2.4배 늘어났고, 영업이익은 278억 달러에서 884억 달러로 3.17배 증가했다. 이를 우리 돈으로 환산하면 2023년 매출액은 약 292조 원, 영업이익은 약 122조 원 정도다. 같은 해 삼성전자 매출액이 258조 원, 영업이익이 6조 5,000억 원인 점을 고려할 때, 두 기업의 덩치는 비슷하지만 사업은 마이크로소

---

[2] 마이크로소프트 회계 연도는 7월 1일부터 6월 30일까지다. 즉 2023년 실적은 2022년 7월 1일부터 2023년 6월 30일까지를 기준으로 한다.

프트가 20배 더 잘한 셈이다.[3] 나델라가 키운 마이크로소프트는 크게 3개 사업부로 구성돼 있다.

1. 지능형 클라우드

- **애저**: 마이크로소프트의 클라우드 컴퓨팅 플랫폼이다. 가상 머신, 스토리지, 데이터베이스, 기계 학습 등 다양한 서비스를 제공한다.
- **애저AI 머신러닝** Machine Learning : 개발자와 데이터 사이언티스트가 AI 애플리케이션을 구축·배포·관리할 수 있는 도구와 서비스를 제공한다.
- **애저IoT**: 사물인터넷 IoT 솔루션을 개발·배포·관리하기 위한 도구와 서비스를 제공한다.
- **깃허브**: 소프트웨어 개발 플랫폼이다. 코드 호스팅, 버전 관리, 협업 도구 등을 제공한다. 오늘날 AI 소프트웨어 배포 창구로 자리매김했다.

2. 생산성 및 비즈니스 프로세스

- **마이크로소프트 365**: 워드, 엑셀, 파워포인트, 아웃룩, 팀즈를 담당하는 사업 부서다. 클라우드 기반 생산성 도구 제품군을 다룬다.
- **다이나믹스 365**: 고객 관계 관리 CRM, ERP 등을 포함한 클라우드 기반 비즈니스 애플리케이션 제품군을 다룬다.

---

[3] 삼성전자 영업이익이 가장 높았던 해는 2021년으로 51조 6,338억 원에 달했다. 규모는 비슷하지만 마이크로소프트 영업이익이 더 높았는데, 이는 물리적 장치가 상대적으로 덜 필요하기 때문이다.

- **파워 플랫폼**: 파워 BI, 파워 앱스, 파워 오토메이트 등을 포함해 비즈니스 사용자가 자체적으로 애플리케이션, 워크플로우, 분석을 생성할 수 있는 도구 제품군이다.
- **링크드인**: 비즈니스 HR 중심의 소셜 네트워킹 플랫폼이다.

3. 개인용 컴퓨팅
- **윈도우**: 개인용 컴퓨터, 태블릿, IoT 디바이스 등을 위한 운영체제다.
- **서피스**: 마이크로소프트에서 설계 또는 제조하는 하드웨어 기기 제품군이다.
- **엑스박스**: 게임 콘솔, 엑스박스 라이브 서비스, 엑스박스 게임 스튜디오를 다루는 게이밍 사업부다.
- **빙**: 웹 검색 엔진 및 광고 플랫폼이다.

　　5년 전과 비교하면 마이크로소프트가 어떤 사업을 무기로 성장했는지 단번에 알 수 있다. 2019년 3분기 매출액은 개인용 컴퓨팅 사업부가 106억 달러로 가장 컸고, 이어 생산성 및 비즈니스 프로세스 102억 달러, 지능형 클라우드 96억 달러 순이었다. 하지만 2024년 3분기에는 지능형 클라우드가 267억 달러로 무려 178% 성장했고, 이어 생산성 및 비즈니스 프로세스 195억 달러, 개인용 컴퓨팅 155억 달러 순인 것으로 나타났다.[5]

　　비즈니스 모델이 기업 간 소비자B2C에서 기업 간 기업B2B으로 확 달라진 셈이다. 5년 전만 하더라도 3개 사업부의 매출 비중은

각각 35%, 33%, 32%로 순위를 매기기 어려울 정도였지만, 오늘날
엔 지능형 클라우드가 43%로 압도적 1위를 차지하고 있다. 반면
윈도우나 PC, 게임 콘솔, 검색 엔진과 같은 소비자와 직접 맞닿은
사업이 차지하는 비중은 갈수록 줄어들고 있다.

퍼스트 무버, 패스트 팔로워

마이크로소프트는 B2B 비즈니스 모델로 전환하면서 다방면에
서 다른 빅테크 기업과 충돌하기 시작했다. 마이크로소프트의 호
적수를 꼽는다면 단연 구글과 아마존이다. 구글 모회사인 알파벳
의 비즈니스 모델은 크게 3가지다. 검색 광고 및 유튜브 광고를 담
당하는 구글 서비스, 클라우드 컴퓨팅을 하는 구글 클라우드, 그리
고 자율주행·생명과학·바이오테크 등을 다루는 기타 투자 사업군이
다. 마이크로소프트는 광고와 클라우드에서 구글과 충돌하고 있다.
마이크로소프트에게 소비자를 대상으로 하는 B2C 사업은 '빼앗긴
봄'과 같은 존재다. 한때는 윈도우 익스플로러를 앞세워 인터넷 세
상을 호령했건만, 이제는 구글에 완전히 밀린 상태다. 디지털 광고
시장과 다름없는 웹이라는 큰 비즈니스를 놓친 것이다.
　　아마존과는 클라우드 컴퓨팅 영역을 놓고 첨예하게 대립하고
있다. 아마존 사업군은 크게 전자상거래인 아마존닷컴, 클라우드
컴퓨팅인 AWS, 미디어 및 엔터테인먼트, 기타 사업으로 구성된다.

이 가운데 아마존의 가장 큰 수익 창구는 클라우드 서비스인 AWS 다. 나델라가 애저 성능을 강화하고, 윈도우와 오피스 제품군을 클라우드로 옮기고, 인공지능에 막대한 투자를 한 까닭 역시 구글과 아마존에 대항하기 위한 포석이다.

비즈니스 모델로서 마이크로소프트의 가장 큰 장점은 창업자 게이츠가 구축한 윈도우와 MS 오피스 생태계다. 두 서비스 모두 디지털 시대에 없어서는 안 될 제품이다. 윈도우 10은 전 세계 14억 대 이상의 컴퓨터에서 사용되고 있으며, 워드·엑셀·파워포인트를 패키지로 담은 MS 365는 전 세계 구독자가 3억 4,500만 명에 달한다. 또 화상 회의 프로그램 팀즈는 한 달에 한 번이라도 접속하는 월간 활성 사용자MAU 수가 2억 7,000만 명에 달하며, 〈포춘〉에서 선정한 글로벌 500대 기업 중 95%가 애저를 사용하고 있다. 때문에 나델라는 PC 운영체제와 비즈니스 소프트웨어 시장에서는 압도적 1위를 유지하는 퍼스트 무버 First Mover 전략을 구사한다. 그와 동시에 아마존 AWS가 1위를 차지한 클라우드 시장과 구글이 장악한 모바일 운영체제 및 디지털 광고 시장은 빠른 속도로 추격하는 패스트 팔로워 Fast Follower 전략을 추구하고 있다.

마이크로소프트는 클라우드 영역에서 줄곧 AWS를 추격했다. 나델라는 《히트 리프레쉬》에서 애저 초기 시절에 대해 "AWS는 경쟁자가 없는 방대한 클라우드 비즈니스를 구축했다"라며 "아마존은 혁명을 주도하고 있었고 우리는 아직 군대도 소집하지 않은 상태였다"라고 토로했다. 때문에 나델라는 AWS가 갖추지 못한 곳을

파고드는 전략을 사용했다. 바로 '하이브리드 클라우드'다. AWS가 고객의 서버를 클라우드로 옮기는 데 집중한 반면, 마이크로소프트는 보안을 미심쩍어하는 고객을 상대로 온-프레미스On-premises(기업이 자체적으로 IT 인프라를 소유하고 직접 유지·관리하는 것) 인프라와 클라우드를 함께 활용할 수 있는 '애저 스택Stack'과 같은 서비스를 제공했다. 또 마이크로소프트는 애저와 함께 오피스 같은 소프트웨어를 번들로 묶어 단일 가격으로 제공했다. 마이크로소프트는 이를 통해 AWS보다 최대 80% 저렴한 가격으로 클라우드 서비스를 이용할 수 있다고 강조한다.[6]

클라우드에서 패스트 팔로워 전략은 지위를 유지하는 데 충분했다. 오늘날 클라우드 시장은 AWS가 31%로 여전히 1위지만, 그 뒤를 이어 애저가 26%, 구글 클라우드가 10% 순으로 1위와 2위 사이의 간격이 좁혀진 상태다.[7] 고객 중심의 사고방식은 마이크로소프트의 애저가 성장하는 데 큰 힘이 됐다.

인공지능 시대 승기를 잡다

마이크로소프트는 인공지능 시대를 맞아 승기를 잡았다. 2018년 한 때 시가총액에서 알파벳에게 밀렸지만 오늘날 두 회사 간 격차는 크다. 그 이유에는 사연이 있다.

2019년 6월 12일, 마이크로소프트의 공동 창업자 빌 게이츠와 사티아 나델라는 케빈 스콧 최고기술책임자CTO로부터 '오픈AI에 대한 생각'이라는 제목의 경고 이메일을 받았다. 스콧은 이메일을 통해 "구글의 노력을 '게임 플레이 퍼포먼스'로 경시했던 것이 큰 실수였다"라며 현 상황이 매우 걱정된다고 적었다. 그는 "구글은 검색 분야에서 훨씬 더 효과적으로 경쟁하고 있다. 그들은 주먹구구식으로 하는 대신 이미 성과를 내는 중요한 인프라를 구축했다"라고 설명했다. 특히 그는 인공지능의 메일 자동완성 기능을 염려하며 "오픈AI를 유심히 지켜봐 달라"라고 조언했다. 나델라는 이메일을 읽자마자 에이미 후드 최고재무책임자 CFO에게 오픈AI에 대한 투자 검토를 지시한다. 스콧이 이메일을 보낸 지 불과 몇 주 뒤 마이크로소프트는 오픈AI에 10억 달러를 투자했다.[8]

마이크로소프트가 구글을 꺾을 수 있었던 이유가 여기에 있다. 구글은 인공지능에 있어서 도대체 어떤 기업인가. 2011년 이미 구글 브레인을 설립해 텐서 플로우 Tensor Flow와 같은 오픈소스 기반 머신러닝 프레임워크를 개발했고, 2014년에는 영국의 AI 스타트업 딥마인드를 인수해 이세돌 9단을 꺾은 알파고를 만든 기업이다. 구글의 이런 기세를 단숨에 꺾을 수 있었던 데는 오픈AI에 대한 막대한 투자가 핵심 역할을 했다.

마이크로소프트는 2019년 7월 처음 오픈AI에 10억 달러를 투자한 이래, 2023년까지 수차례에 걸쳐 총 130억 달러를 투자했다.[9] 오픈AI 기술을 이식받은 마이크로소프트는 서비스 전체를 인공지능으로 변경하는 데 돌입했다. 마이크로소프트는 인공지능 서비스를 '사람과 함께 일하는 부조종사'라는 뜻에서 '코파일럿 Copilot'이라는 이름으로 통일하고 이를 순차적으로 서비스에 접목했다. 처음에는 검색 엔진 빙에, 그 다음에는 워드·엑셀·파워포인트 제품군인 MS 365에, 그다음에는 윈도우에, 마지막으로 클라우드 서비스 애저에 잇따라 탑재했다. 제품 전체를 인공지능으로 탈바꿈하면서 구글 따라잡기에 나선 것이다. 인공지능으로의 전환, 'AIX AI Transformation'를 달성하기 위한 하나였다.

대표적으로 검색 엔진 빙의 상단 메뉴는 검색, 코파일럿, 이미지, 동영상, 지도, 뉴스 탭이 순서대로 배열되어 있다. 코파일럿을 누르면 인공지능 챗봇을 바로 마주할 수 있다. 뉴스 검색과 요약 분석을 요청하거나 그림을 그릴 수 있고, 외부 서비스를 연동해 주는 플러그인을 눌러 음악을 작곡할 수도 있다.

인공지능을 활용한 검색은 머신러닝 모델을 사용해 데이터를 분석하고 패턴을 학습해 결과를 도출한다. 반면 일반 검색은 기본적인 데이터 검색 알고리즘을 사용해 정보를 검색한다. 이 때문에 인공지능 검색은 일반 검색에 비해 비용이 5~10배 더 든다. 하지만 마이크로소프트는 검색 엔진 점유율이 낮아 인공지능 검색을 도입하더라도 비용 면에서 구글보다 우위에 설 수 있다. 구글을 향한 도발이었던 셈이다. 존 헤네시 알파벳 회장은 2023년 진행한 인터뷰에서 "우리가 반드시 할 일은 추론 비용을 줄이는 것"이라며 "최악의 경우 2년간 비용이 문제가 될 수 있다"라고 한탄했다.[10]

아직 구글의 아성을 무너뜨리기에는 힘이 부족하지만 서서히 효과는 나타나고 있다. 2024년 6월 구글의 전 세계 검색 시장점유율은 91.06%로 1년 전 92.64%보다 1.58%포인트 하락했다. 반면 마이크로소프트의 검색 엔진 점유율은 같은 기간 2.77%에서 3.72%로 상승했다.[11]

마이크로소프트는 이에 그치지 않고 2023년 5월 연례 개발자 대회에서 코파일럿을 모든 서비스에 부착하겠다고 선언했다. 꿈의 웹인 '퍼스널 디지털 에이전트Personal Digital Agent'로 진화하겠다는 메시지였다. 퍼스널 디지털 에이전트는 개인의 일정을 관리하고, 여행 서비스를 예약하고, 금융을 관리하고, 정보를 제공하는 것과 같은 다양한 작업을 수행할 수 있는 인공지능으로, 1990년대 웹이 태동하면서부터 사람들이 상상한 웹의 미래다. 마이크로소프트는 당장은 먼 미래겠지만, 이를 위한 프로젝트를 추진하겠다는 포부를 밝혔다. 다음은 주요 메시지다.

- **윈도우 11에 코파일럿 부착**: 윈도우 11 작업 표시줄에 인공지능을 부착해 사람들이 편하게 사용할 수 있도록 지원한다. 윈도우 10 고객을 윈도우 11로 유인한다.
- **MS 365 코파일럿 플러그인**: 외부 서비스를 연동할 수 있는 플러그인을 제공해 MS 365에 다양한 인공지능 서비스를 활용할 수 있도록 한다. 예를 들어 포토샵을 파워포인트에서 곧바로 사용할 수 있다.
- **브라우저와 MS 365 통합**: 워드, 엑셀을 마이크로소프트 브라우저인 엣지에서 사용할 수 있도록 지원한다. 예를 들어 작성하던 이메일을 브라우저인 엣지로 불러와 추가 작업을 할 수 있다. 구글 지메일을 염두에 둔 포석이다.
- **깃허브 코파일럿**: IT 개발자가 깃허브 코파일럿에서 직접 인공지능 챗봇을 사용할 수 있도록 지원한다. 이를 통해 구글과 차별화한다.
- **챗GPT와 빙 통합**: 오픈AI 챗GPT에서 검색을 할 경우 마이크로소프트 검색 엔진 빙을 통해 검색하도록 한다. 빙을 확장한다.

퍼스널 디지털 에이전트로 간다

마이크로소프트는 끝으로 클라우드 서비스인 애저에 인공지능을 도입했다. 마이크로소프트의 존 몽고메리 부사장은 "애저 AI 스튜디오에 접속하면 클릭 몇 번 만으로 GPT-4.0와 같은 모델을 각사가 보유한 데이터와 결합해 사용이 가능하다"라면서 "데이터를 모델에 추가 학습시킬 필요가 없다"라고 장점을 설명했다. 예를 들어 헬스케어 기업이 자신만의 인공지능 챗봇을 구축하고 싶다면, 애저에 데이터만 올려놓으면 된다는 것이다. 프롬프트 창에 질문을 입력하는 것만으로 데이터를 토대로 답변을 얻을 수 있다. 대표적인 사례가 미국의 온라인 중고차 기업인 카맥스CarMax다. 아울러 애저 위에서 머신러닝을 직접 돌릴 수 있도록 했다. 에픽 Epic이라는 헬스케어 기업은 이를 통해 전자 건강 기록 시스템을 만들었다.

빌 게이츠는 이를 두고 "인공지능 비서를 제대로 만드는 기업이 미래의 승자가 될 것"이라고 예고했다. 그는 미국 캘리포니아주 샌프란시스코에서 개최된 인공지능 포워드 2023에 참석해 "앞으로 찾아올 미래의 최고 기업은 퍼스널 디지털 에이전트를 만드는 회사가 될 것"이라고 예언했다. 오늘날 생성형 인공지능은 문장과 이미지를 자유자재로 만들어 내지만 특정 업무 전체를 대신하지는 못하는데, 발전을 거듭하면 어느 순간 이가 가능해진다는 주장이다.[12] 게이츠는 "어떤 기업이 퍼스널 디지털 에이전트 기술을 획득하느냐가 관건이 될 것"이라면서 "앞으로 등장할 인공지능 비서는 사람들이 필요로 하는 것과 패턴을 자동으로 이해하기 때문에, 검색 사이트나 아마존에 방문할 필요 자체가 사라진다"라고 설명했다. 이 발언은 구글의 존립인 검색 사이트를 흔들겠다는 우회적인 발언으로 들렸다. 다만 게이츠는 "완전한 인공지능 비서가 나타나려면 시간이 걸릴 것이다. 그때까지는 기업들이 챗GPT와 유사한 생성형 인공지능을 자사 제품에 연계하는 작업을 계속해 나갈 것 같다"라고 말했다.

마이크로소프트는 인공지능 서비스를 토대로 수익 창출에 나선 상태다. 워드 엑셀과 같은 오피스 프로그램을 클라우드에서 마음껏 사용할 수 있는 MS 365에는 코파일럿 서비스가 부착됐다. 엑셀 자료를 분석해 요약하고, CRM이나 ERP와 연동된 자사의 데이터를 활용해 작동하는 인공지능 에이전트다. 해당 프로그램을 추가로 이용하려면 1인당 월 30달러를 내야 한다. 마이크로소프트는 2026년까지 해당 프로그램을 통해 매년 100억 달러 이상의 추가 수익 창출이 가능할 것으로 전망한다.[13]

나델라는 "고객들은 코파일럿을 사용해 본 후, 코파일럿이 없는 업무는 상상할 수 없다고 말했다"라고 자평했다. 글로벌 연구조사 기업 가트너의 애널리스트 제이슨 웡은 "시간을 소중히 여기는 연봉 높은 임원을 중심으로 코파일럿을 사용할 가능성이 크다"라고 진단했다. 마이크로소프트는 2024년 5월 행사에서 코파일럿 PC를 공개하며, 인공지능 접목 영역을 소프트웨어에서 하드웨어로 확대했다. 나델라는 "우리는 인공지능이 우리를 이해하는 것 뿐만 아니라 우리의 의도를 알고 예측하는 시대로 가고 있다"라면서 "마이크로소프트 코파일럿은 우리의 일상생활 비서로 모든 기기와 모든 산업에서 작동할 것"이라고 강조했다. 코파일럿 PC는 애플의 맥을 정조준한 제품이다. 신경망 칩인 NPU는 초당 40조에 달하는 연산을 할 수 있고, 맥북 에어보다 AI 워크로드 처리 속도가 58% 더 뛰어나다. 또 오픈AI가 개발한 모델인 GPT-4o를 윈도우에 탑재해 인공지능과 함께 마인크래프트를 플레이하는 영상을 시연하기도 했다.

마이크로소프트는 인공지능 겨울[4]을 깬 챗GPT가 등장한 이래, 가장 적극적으로 인공지능을 서비스에 도입한 빅테크 기업이다. 실제로 이는 수익으로 이어지고 있다. 마이크로소프트 제품에 부착한 인공지능은 모두 클라우드 기반으로 작동한다. 고객이 마이크로소프트 제품군을 활용하면 할수록 클라우드 애저에 수익이 집중되는 구조다. 나델라는 "우리는 이제 5만 3,000개 사에 달하는 애저 인공지능 고객을 보유하고 있다"라고 강조했다. 거대한 규모를 자랑하는 시가총액 기업이 될 수밖에 없는 설명이다. 마이크로소프트는 시가총액 3조 달러 클럽에 가입하면서 애플과 치열한 1, 2위 다툼을 벌이고 있다.

[4] 인공지능 겨울(AI Winter)은 인공지능 연구에 대한 자금과 관심이 급격히 줄어들면서 사람들이 인공지능을 멀리한 시기를 말한다. 1984년 미국 인공지능협회 연례 회의에서 처음 사용됐다. 1996년 기계 번역 실패, 1969년 첫 인공신경망인 퍼셉트론 실패 등으로 1990년까지 수많은 프로젝트가 중단됐다.

마이크로소프트가 인공지능 투자에 전력투구를 하는 까닭은 분명하다. 인공지능과 함께라면 마이크로소프트가 구글에 빼앗긴 웹의 미래로 부상할 수 있기 때문이다. 게이츠는 한 경제지와의 대담을 통해 "생성형 인공지능은 현 시점에서 가장 중요한 혁신"이라며 "인공지능 챗봇인 챗GPT의 등장은 인터넷의 발명만큼 중대한 사건이 될 수 있다"라고 강조했다.[14]

또 한 번의 도약을 위해

마이크로소프트 주가가 또 한 차례 도약을 하려면 플랫폼 확장이 필요하다. 마이크로소프트는 이를 위해 전 영역에 걸쳐 신규 투자를 단행하고 있다. 특히 초기부터 후기 단계까지 다양한 스타트업에 투자하고, 이곳에서 기술을 조달한다. 마이크로소프트의 벤처 펀드 계열인 M12는 초기 스타트업마다 100만 달러에서 1,000만 달러를 투자하는 기업형 벤처캐피털이다. MSI Microsoft Strategic Investment 는 보다 큰 기업을 공략한다. 한 번 투자를 하면 1,000만 달러에서 1억 달러를 투자한다. 또 사내에는 인수합병 조직이 따로 있고, 투자한 스타트업과 기술 연계를 주도하는 사내 프로그램을 별도로 운영하고 있다.

마이크로소프트가 오늘날 가장 중점적으로 투자하는 분야는 인공지능이다. 오픈AI에 지금껏 130억 달러를 투자한 데 이어 데이터 인텔리전스 플랫폼인 데이터브릭스Databricks, AI 컴퓨팅 플랫폼인 디매트릭스d-Matrix, AI 칩 업체인 신티언트Syntiant, 프랑스에 본사를 둔 대규모 언어 모델 스타트업 미스트랄Mistral, 인간을 닮은 휴머노이드 스타트업 피규어AI Figure AI 등에 투자를 단행했다.[15] S&P 글로벌에 따르면 마이크로소프트가 2023년 실행한 전략적 투자의 절반이 인공지능에 집중된 것으로 나타났다. 2022년 이후에는 총 27개의 AI 기업에 실탄을 쏘았다. 나델라는 이렇게 말한다. "우리는 인공지능에 대해 말하는 것을 넘어 대규모로 인공지능을 적용하는 단계로 나아갔습니다. 기술 스택의 모든 계층에 인공지능을 도입해 새로운 고객을 확보하고 새로운 혜택과 생산성 향상을 이끌고 있습니다." 단순히 기술 조달을 위해 AI 기업에 투자하는 것이 아니라는 메시지다. 투자한 스타트업의 서비스를 클라우드 애저로 옮기고, 핵심 AI 기술이 애저에서 구동되도록 해 락인 효과를 노린다. 서비스가 커지면 커질수록 애저의 매출이 함께 상승하는 구조다.

대표적인 곳이 캐나다 밴쿠버에 본사를 둔 휴머노이드 스타트업 생츄어리AI Sanctuary AI 다. 생츄어리AI는 대규모 언어 모델을 기반으로 로봇을 만들며 현실 세계를 이해하는 대규모 행동 모델을 만드는 것을 목표로 한다. 조디 로즈 생츄어리AI CEO는 "인간처럼 생각하고 이해하는 시스템을 만드는 것은 인간이 직면할 가장 큰 문명 차원의 기술적 문제이자 기회 중 하나"라면서 "마이크로소프트와 함께 범용 로봇을 구동할 차세대 인공지능 모델을 개발할 수 있게 되어 기대가 크다"라고 말했다.

중요한 것은 생츄어리AI가 만든 휴머노이드의 두뇌가 마이크로소프트 애저에 존재한다는 점이다. 프랭크 쇼 마이크로소프트 최고커뮤니케이션책임자cco는 이에 대해 이렇게 설명한다. "인공지능은 새로운 도구이자 역량의 집합체입니다. 마이크로소프트는 사람들이 모든 영역에서 인공지능을 활용해 꿈을 이룰 수 있도록 하고 싶습니다." 일각에서는 마이크로소프트가 오픈AI 기술에 지나치게 의존하는 것 아니냐고 지적하기도 한다. 하지만 그는 "마이크로소프트는 고객이 원하는 어떤 대규모 언어 모델이든지 애저를 통해 사용 가능하게 만들어 주는 플랫폼 기업"이라고 선을 그었다. 오픈AI의 구애 없이 인공지능으로 서비스 전체를 업데이트하고, 클라우드에 고객을 묶는 전략을 펼치는 셈이다.

마이크로소프트는 플랫폼 확장을 위해서도 공격적으로 투자하고 있다. 개인용 컴퓨팅 사업부에는 윈도우 부문과 하드웨어 제품군인 서피스 외에도 엑스박스가 있다. 마이크로소프트는 2023년 10월 액티비전 블리자드를 인수했다. 미국 IT 업계 역사상 최대 금액인 687억 달러를 투입해 엔터테인먼트 부문의 덩치를 확 키운 것이다. 월드 오브 워크래프트, 오버워치, 디아블로, 스타크래프트 등 인기 게임 프랜차이즈를 보유한 블리자드의 매출액은 약 87억 달러다. 마이크로소프트로서는 12조 원에 가까운 매출액이 추가로 늘어나는 셈이다.[16] 이러한 강력한 지식재산권IP은 마이크로소프트의 개발 역량을 높이는 것은 물론 클라우드 애저와 접목해 더 큰 시너지를 낼 것이다. 실제로 마이크로소프트는 베데스다Bethesda 게임 스튜디오를 75억 달러에 인수합병하면서 게임 프랜차이즈를 넓히기도 했다. 또 어린이용 게임으로 유명한 마인크래프트 운영사인 모장Mojang을 25억 달러에 인수하기도 했다. 인수합병을 통해 부족한 영역을 보충하고 있는 셈이다. 마이크로소프트는 이전에도 산업별 플랫폼을 인수합병하면서 시너지를 낸 저력이 있다. 대표적인 것이 2016년 260억 달러를 주고 인수한 인적자원HR 소셜미디어인 링크드인이다. 2016년 당시 매출액이 3억 달러에 불과했지만, 2023년에는 15억 달러로 증가한 상태다.[17]

시장에서는 마이크로소프트가 중국의 바이트댄스 계열인 틱톡을 인수할지, 그 여부에 시선을 보내고 있다. 실제로 마이크로소프트는 2020년 틱톡 인수합병을 추진했지만 협상이 결렬된 바 있다. 당시 시장에 나온 매각 예상 가격은 300억 달러였다. 아마 현재 가격은 더 높아졌을 것이다. 2024년 미국 상원은 바이트댄스를 상대로 틱톡의 미국 사업권을 매각하지 않는 한, 미국에서 영구 퇴출하겠다는 내용의 법안을 가결했다.[18] 마이크로소프트는 또 한 번 인수에 도전할 것으로 보인다. 윈도우와 오피스 영역을 공고히 하고, 다른 기업의 클라우드로 전환을 가속화하며, B2C 플랫폼을 인수해 영역을 더욱 넓히는 것이야말로 수익을 추가로 창출할 수 있는 길이기 때문이다.

마이크로소프트의 투자 전략은 크게 미래 기술 선점, 사업 포트폴리오 확장 및 시너지 창출, 신규 시장 진출이라는 3가지 목적 아래에서 이뤄진다. 특히 확고한 B2B 시장에 대한 자신감을 토대로, B2C로 끝없이 영역 확장을 시도하는 것이 마이크로소프트의 전략이다. 창업자 게이츠는 이렇게 말했다. "비즈니스는 지난 50년보다 향후 10년 동안 더 많은 변화를 겪을 것이기 때문에, 바로 지금이 비즈니스 세계에 뛰어들기에 환상적인 시기입니다."

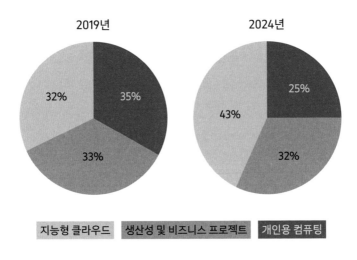

마이크로소프트 사업부별 매출 비중 변화
※ 각 년도 3분기 기준

마이크로소프트 연도별 매출액 및 시가총액 (단위: 억 달러)

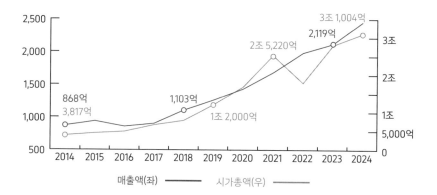

※ 매출은 각 회계연도 말, 시가총액은 각 년도 말 기준 (2024년은 8월 1일 기준) 출처: 마이크로소프트, 야후파이낸스, 스태티스타

※ 마이크로소프트의 회계연도는 매년 7월 1일부터 다음 해 6월 30일까지다. 즉 2024년 실적은 2023년 7월 1일부터 2024년 6월 30일까지를 기준으로 한다.

3장

엔비디아:
AI 칩 전쟁의 승자

"소프트웨어가 세상을 먹어 치우고 있지만,
인공지능이 소프트웨어를 먹어 치울 것이다."

- 젠슨 황 -

엔비디아

엔비디아는 매그니피센트의 중심에 서 있다. 2024년 8월 기준으로 시가총액만 2조 8,787억 달러(약 3,972조 원)에 달해, 500조 8,648억 원인 삼성전자 시가총액의 약 8배다. 폭풍 성장의 핵심은 GPU에 있다. 인공지능 시대를 맞아 모든 빅테크 기업이 초거대 인공지능 구축에 나섰다. 소프트웨어에 인공지능이 속속 탑재되면서, 인공지능을 구축하지 않으면 순식간에 도태될 수 있다는 염려 때문이다. 초거대 인공지능은 인간 두뇌의 시냅스에 해당하는 파라미터 수가 1,000억 개를 넘어서는 인공지능을 가리킨다. 파라미터 수는 곧 성능에 직결된다. 이런 모델에 반드시 필요한 것이 GPU다. GPU는 인공지능 모델을 학습시키는 학습용과 완성된 인공지능을 다시 호출해 서비스할 수 있는 추론용에 모두 필요하다. 이런 점에서 엔비디아는 절대 강자다. GPU를 처음 개발한 기업이자, GPU 시장을 80% 장악한 독점 기업이기 때문이다.[1] 인공지능 시대에 엔비디아가 강력해진 이유다.

냅킨에서 반도체의 미래를 그리다

    스티브 잡스를 빼고 애플을 이야기할 수 없듯, 엔비디아 역시 젠슨 황 CEO 없이 설명할 수 없다. 공동 창업자인 젠슨은 1963년 대만에서 태어나 9살 때 미국으로 이민 간 대만계 미국인이다. 화학 기업에서 엔지니어로 일하던 부친이 우리 아이도 이런 멋진 나라에서 키우고 싶다고 결심한 것이 계기였다. 처음에는 켄터키주 오네이다에서 지냈다. 인종 차별이 심할 때였다. 어린 젠슨은 그럴 때마다 주머니 칼을 들고 다니면서 또래들의 폭력에 맞섰다. 이후 동양인이 비교적 많은 서부 오리건주 포틀랜드로 이사했다. 젠슨은 15살에 미국 전역의 레스토랑 체인점 데니즈Denny's에서 일을 했다. 그는 훗날 겸손과 근면을 배울 수 있었다며 "첫 직업으로 레스토랑 일을 추천한다"라고 말했다. 자신감이 넘치는 그다운 말이다.

젠슨은 학비 문제로 오리건주립대학교 전기공학과에 진학했고, 같은 과의 유일한 여학생이었던 로리 밀스와 결혼을 한다. 졸업 후 첫 진로는 반도체 스타트업이었다. 그는 신생 반도체 기업 LSI코퍼레이션에서 이사로 근무하며 반도체에 눈을 떴다. 이후 젠슨 황은 훗날 엔비디아의 경쟁자가 되는 AMD Advanced Micro Devices 의 칩 디자이너로 자리를 옮긴다. 오늘날 엔비디아 위상을 고려할 때, 청출어람인 셈이다. 젠슨의 20대는 분주했다. 결혼과 이직에 더해 짬을 내서 스탠퍼드대학교 경영학 석사 학위를 밟았다. 젠슨은 "노력은 했지만 정상을 향한 지름길은 아니었다"라고 회고했다.

1993년 추수감사절, 젠슨과 그의 동료인 크리스 말라코스키, 커티스 프림은 젠슨이 아르바이트를 했던 데니스에 모였다.[2] 각자 커피 10잔을 먹기 전까지는 자리를 뜨지 않을 계획이었다. 이들은 새로운 사업 계획을 냅킨에 써 내려가며 토론했다. 이들이 노렸던 것은 막 부상하기 시작한 3D 그래픽 산업이었다. 게임 업체를 위한 전용 반도체를 설계하겠다는 포부였다. 1993년은 게임 역사에서 기념비적인 한해였다. 캡콤 Capcom 이 스트리트 파이터 2를 내놓은 지 2년 만에 세가 SEGA 가 버추어 파이터를 내놓았고, 소니는 3D 게임의 잠재력을 깨닫고 플레이스테이션을 준비 중이었다. 젠슨과 그의 동료들은 주머니를 털어 4만 달러를 밑천으로 내놓았고, 이후 실리콘밸리 전설의 투자사인 세쿼이아 캐피털로부터 2,000만 달러를 투자받았다. 젠슨은 사명을 '넥스트 Next'와 '비전 Vision'에서 한 글자씩 따 NV로 정했다. 미래 비전이 되겠다는 포부였다. 이후 NV

라는 사명은 '부러움'을 뜻하는 라틴어 '인비디아 Invidia'와 결합해 엔비디아로 바뀌게 된다.[3]

3D 그래픽 칩에서 GPU, 그리고 AI 칩까지

엔비디아는 수차례 혁신적인 제품을 내놓으면서 매그니피센트 기업으로 성장한다. 반도체는 수직적 기술에서 수평적 기술로 확산해 온 대표 제품이다. 1957년 텍사스 인스트루트먼트의 잭 킬비가 처음으로 집적회로IC 칩을 만들었을 때, 칩은 전자계산기 연산용으로 쓰이는 것이 고작이었다. 하지만 서서히 용도가 확산되어 오늘날에는 모든 디지털 기기에 IC 칩이 들어간다. 엔비디아 역시 비슷한 과정을 겪었다.

젠슨을 포함한 공동 창업자들은 게임 산업이 2D에서 3D로 넘어가는 것을 목격하고 게임용 3D 칩 설계 사업을 시작했다. 첫 야심작은 1995년 내놓은 'NV1'이다. 이 제품은 이미지를 생성하는 렌더링 능력은 탁월했지만 가격이 상대적으로 비쌌다. 엔비디아는 2년 뒤 'NV3'을 내놓고서야 호평을 받기 시작한다. 이 과정에서 숱한 위기도 겪었다. 초창기 엔비디아는 일본 게임 업체인 세가의 콘솔 제작에 참여했다. 수백만 달러 상당의 사업 자금을 받는 조건이었다. 하지만 문제가 터졌다. 납품이 임박할 무렵 구성에 문제가 있다는 사실을 뒤늦게 발견한 것이다. 세가로부터 잔금을 받지 못하면 문을 닫아야 할 판이었다. 젠슨은 상대방을 속이거나 정면 돌파를 해야 하는 양자택일의 기로에 섰다. 그는 세가를 찾아갔다. "다른 파트너를 찾으셔도 좋습니다. 하지만 잔금을 먼저 주신다면 반드시 좋은 반도체로 보답하겠습니다." 세가는 정직한 그를 보고 흔쾌히 응했다. 젠슨은 훗날 "우리의 실수를 직시하고 겸손하게 도움을 요청한 것이 우리를 살렸다"라고 회고했다.[4]

오늘날 엔비디아의 토대를 닦게 한 제품은 1999년 내놓은 지포스GeForce 256이다. 인공지능을 존재하게 한 GPU의 탄생을 알리는 신호탄이었다. 지포스 256은 엔비디아가 설계하고 대만 TSMC가 220나노미터 공정에서 제조한 칩으로, 오늘날 3나노미터 공정 제품과 비교할 때 무려 73배나 큰 칩이다. 하지만 당시에는 파격 그 자체였다.[1] 지포스 256은 한 번에 256비트 3D를 구현하고, 빛이 변하는 광원을 실시간으로 반영하는 동적 조명 엔진을 탑재했다. 한 번에 4개 픽셀을 처리하는 '통합 4픽셀 렌더링 파이프라인'을 붙여 3D 그래픽이 매우 부드럽다는 평가도 받았다. 가격은 25만 원을 웃돌았다.

엔비디아의 지포스 256 출시는 경쟁사에 치명타를 안겼다. 엔비디아는 이에 그치지 않고 보급형 3D 라인업으로 리바RIVA,

[1] 나노미터(㎚)는 머리카락 두께의 10만분의 1 크기를 가리킨다. 반도체 원재료인 웨이퍼 위에 그려 넣는 회로 간 폭을 10억분의 1m 간격으로 줄였다는 것을 뜻한다. 회로 폭을 10나노미터 단축할 경우, 웨이퍼 한 장당 나오는 칩은 약 60% 늘어난다. 미세할수록 반도체 생산성이 늘어나는 것이나.

TNT2, M64를 내놓으며 경쟁사를 압박했다. 당시 실리콘 그래픽스Silicon Graphics 출신이 설립한 그래픽 카드 제조사 3dfx가 3D 칩 시리즈 부두Voodoo를 내놓으며 엔비디아와 경쟁을 벌였다. 하지만 고급형과 보급형 라인업이 모두 밀리면서 3dfx는 쇠퇴하고 만다. 엔비디아는 이 여세를 몰아 1999년 주당 가격 0.82달러에 상장했다. 경쟁사인 3dfx를 인수한 것은 그 이듬해였다. 엔비디아는 2007년 게임용이 아닌 범용 연산GPGPU을 위한 테슬라Tesla라는 AI 칩을 발표한다.[2]

이후 엔비디아는 파죽지세로 성장한다. 2024년 8월 1일 기준으로 엔비디아의 주당 가격은 상장 당일 대비 29만 2,450% 상승한 117.2달러에 달한다. 만일 1999년 엔비디아 주식에 1,000만원을 투자했다면, 자산이 300억 원이 넘었을 것이다.

[2] 테슬라라는 브랜드는 2020년 5월 공식 폐지된다. 일론 머스크가 설립한 테슬라와 혼동되기 쉽다는 것이 공식 답변이다. 엔비디아가 자율주행 칩을 제작하면서, 자동차 회사들에 경쟁사인 테슬라와 혼동하기 쉬운 칩을 공급한다는 것이 여간 어렵지 않았을까 추정한다.

엔비디아에 없는 3가지:
연간 계획, 현황 보고, 점유율 관리

엔비디아가 급속도로 성장한 배경에는 젠슨 황의 리더십이 크게 작용했다. 엔비디아에는 없는 것이 몇 가지가 있다. 바로 연도별 계획, 현황 보고, 시장점유율 관리다. 리더로서 가장 중요한 덕목을 '직관Intuition'으로 꼽은 젠슨 황 CEO의 영향이다.[5]

"기술 중심 산업에서 일한다면, 기술의 근간을 이해해 산업이 어떻게 변화할지 직관적으로 내다보는 것이 필수적입니다. 기술들은 서로 사촌 관계에 있는데, 어떤 기술은 또 다른 기술의 돌파구로 이어질 수 있기 때문입니다. 결국 이러한 연관 관계를 이해할 수 있어야지만 새로운 지평을 열 수 있습니다." 순간마다 급변하는 기술의 속성에 대해 통찰력을 가진 리더만이 산업 전체를 혁신할 수 있다는 메시지다. 엔비디아는 젠슨 황의 경영 철학을 토대로 움직인다. 여기에는 2가지 원칙이 있다.

우선 기성 질서가 똬리를 튼 산업에는 진입하지 않는다는 원칙이다. 때문에 시장점유율과 같은 수치를 강조하지 않는다. 젠슨 황은 "다른 사람들과 똑같은 일을 한다면 그 일을 하는 것에 의미를 주기 어렵다"라면서 "재능 있는 뛰어난 사람들의 인생을 낭비하고 싶지 않다"라고 강조했다. 그는 어렵게 구한 우수한 인재를 레드오션에 투입하는 것만큼 바보 같은 짓이 없다고 생각한다. 남들과 똑같은 일을 시키면 인재들의 이탈이 빨라진다는 논리이다.

엔비디아 조직 구조에는 이러한 철학이 고스란히 반영돼 있다.[6] 젠슨 황에게 직접 보고하는 인물은 40명 남짓으로 알려졌다. 홈페이지에 등록된 경영진과 관리자는 20명에 불과하다. 엔비디아 전 직원 수가 2만 9,000명인 점을 고려할 때, 매우 적은 수준이다. 젠슨 황은 "나는 더 작은 회사를 원한다. 일을 잘하기 위해서 필요한 만큼은 커야 하지만, 가능한 작아야 한다"라고 강조했다. 불필요한 직제를 만들지 않고, 불필요한 현황 보고를 받지 않는 것이야말로 기하급수적 성장을 달성할 수 있는 지름길이라는 설명이다.

젠슨 황은 업계의 현황을 담은 현황 보고를 싫어한다. 그는 현황 보고서에는 정보가 거의 없다면서 "정제돼 있고 편견이 있으며 관점이 있는 보고서는 실체적 진실을 담고 있지 않다"라고 비판했다. 대신 엔비디아 직원은 '톱5'라는 문서를 작성하도록 강요를 받는다. 내가 해야 할 우선순위 5가지를 매번 작성하고 회람하면서 동기를 부여받는다. 마케팅 팀의 직원이라면 스스로 해야 할 5가지 목표를 설정하고 이를 끝없이 추진하는 것이다. 때문에 엔비디아에는 5개년 계획이니 연도별 계획이니 하는 장밋빛 청사진조차 없다. 다만 연도별 계획이 없다고 해서 계획이 없는 것은 결코 아니다. 젠슨 황은 톱5를 '지속 가능한 계획'이라고 규정했다. 끝없이 계획을 세워야 하기 때문이다.

그는 투명 경영 신봉자다. 스스로를 추론하는 경영자라고 설명한다. 젠슨 황의 말이다. "직원들은 리더가 현재 직면한 문제를 어떻게 생각하고 있는지, 이를 어떻게 헤쳐 나갈지에 매우 깊은 관심을 갖고 있습니다. 모든 회의에서 현재 우리는 어디에 위치해 있고, 왜 이렇게 나아가야 하는지, 종전 아이디어와는 어떻게 다른지 설명하는 것은 관리에 큰 힘이 됩니다."

이런 철학을 토대로 그는 일대일 면담이나 직원과의 개별적인 대화를 멀리한다. 대신 가급적 많은 직원이 참여해 모든 회사의 결정을 파악할 수 있도록 하고 있다. 사내에 한 번 전략이 수립되면 소수의 사람만 그 전략을 이해하는 것이 아니라 관계된 모든 임직원이 참여하고, 이들에게 피드백을 듣는 것이 엔비디아의 문화다.

인공지능 생태계의 뿌리가 된 엔비디아

젠슨 황의 비전에 힘입어 엔비디아는 2024년 회계연도 기준[3] 연간 매출액 609억 달러를 기록했다. 놀라운 점은 이익률이다. 영업이익은 329억 달러, 순이익은 297억 달러다.[7] 영업이익률이 무려 54.1%에 달하는 괴물 실적을 달성한 것이다. 특히 매출액은 1년 전 269억 달러에서 2.2배 폭풍 성장했다. 달러당 원화 값을 1380원으로 고려했을 때 매출액은 약 84조 원, 영업이익은 약 45조 원, 순이익은 약 40조 원 수준인 셈이다. SK하이닉스가 매출액 67조 원에 영업이익 19조 원을 달성해 영업이익률 28%를 기록한 점을 고려할 때, 엔비디아가 월등히 사업을 잘한 대목이다. 엔

[3] 엔비디아는 매년 1월에 결산해, 2024년 회계연도는 2023년 2월부터 2024년 1월까지다.

비디아 실적을 견인하는 사업군은 크게 5개로 분리할 수 있다.

- **데이터 센터**: 매출 비중 83.2%. 데이터 센터 부문은 데이터 센터·슈퍼 컴퓨터·인공지능·딥러닝 등 대규모 컴퓨팅 워크로드를 대상으로 하는 GPU 사업을 총칭한다. 엔비디아에서 가장 큰 수익 창출 부문이다. 클라우드 컴퓨팅, 인공지능의 발전과 함께 지속 성장이 기대된다.
- **게이밍**: 매출 비중 13%. 게이밍 및 멀티미디어 PC를 대상으로 하는 지포스 GPU 제품군이 대표적인 프로젝트다. 전통적인 주력 사업 부문이었지만, 현재는 데이터 센터에 자리를 내줬다. 게이밍 수요가 사업부 실적과 직결돼 있다.
- **전문 시각화**: 매출 비중 2.1%. 3D 디자인·영상 제작·AI 워크로드 등 전문 그래픽 워크스테이션에 사용되는 쿼드로 Quadro GPU 제품군이다.
- **자율주행**: 매출 비중 1.3%. 자율주행·ADAS·인포테인먼트 등 자동차 산업을 대상으로 하는 부문이다. 미래 자동차 기술 발전과 연동돼 있어 성장 가능성이 높다.
- **주문자상표부착생산 OEM & 기타**: 매출 비중 0.4%. 델, HP 등에 제공하는 칩셋 부문이다.

엔비디아 수익의 핵심은 데이터 센터용 칩이다. 오늘날 디지털 세상은 클라우드 안에 있다고 해도 과언이 아니다. 클라우드가 있기 때문에 우리는 방대한 서버를 직접 구매할 필요 없이, 컴퓨팅 자원을 구독해 사용할 수 있다. 인공지능 서비스 역시 마찬가지다. 오픈AI의 챗GPT, 구글의 제미나이를 스마트폰과 태블릿에서 마음껏 쓸 수 있는 이유 역시 클라우드 덕분이다. 초거대 인공지능 역시 클라우드에서 구동된다. 이 과정에서 데이터 센터를 운영하는 아마존 AWS, 마이크로소프트 애저, 구글 클라우드와 같은 클라우드 서비스 제공 기업 csp은 엔비디아 GPU를 구매해 설치하고, 인공지능 서비스를 고객사에 공급한다. 엔비디아는 이런 점에서 인공지능 생태계의 뿌리인 셈이다.

처음부터 인공지능에 GPU가 필수였던 것은 아니다. 초기 인공지능은 이미지를 보고 남성인지 여성인지 분간하지 못할 정도로 실력이 형편없었다. 하지만 스탠퍼드대학교의 페이페이 리 교수가 발상을 전환하며 실마리가 풀린다. 인공지능의 성능이 형편없는 것은 알고리즘 문제가 아니고 데이터 양이 부족하기 때문이라고 판단한 것이다. 그는 2007년 이미지넷 Image Net 이라는 프로젝트를 시작한다.[8] 그와 연구진들은 1,500만 장에 달하는 이미지를 모으는 데 성공했고 이를 모두 2만 2,000개 범주로 분류했다. 리는 막대한 이미지 데이터베이스를 구축한 뒤 이를 세상에 공개했다. 이어 인공지능 경진 대회를 열었다. 어떤 인공지능의 이미지 인식 오류율이 낮은지 판별하는 대회다. 당시 이 대회에 참가한 일리야 수츠케버는 뉴럴 네트워크에 필요한 병렬 연산에는 GPU가 효과적이라는 사실을 간파했다. 수츠케버와 그의 지도 교수 제프리 힌턴이 꾸린 팀은 이미지 인식 오류율 16%를 기록하며 그해 대회에서 당당히 1등을 차지한다. 이전 우승 팀의 이미지 인식 오류율이

26~28%에 달했던 점을 고려하면 엄청난 성장이었다.

젠슨 황은 이미지넷의 출연을 보고 생태계의 핵심이 되기로 결심했다. 하드웨어뿐 아니다. 엔비디아는 2007년부터 쿠다CUDA 라는 이름의 병렬 컴퓨팅에 특화된 소프트웨어를 개발하기 시작했다. 이후 2010년대 들어서 데이터 센터 전용 GPU인 테슬라를 공개하며 본격적으로 데이터 센터 시장에 뛰어들었다. 해당 제품군은 오늘날 인공지능 개발에 절대 없어서는 안 될 H100, H200 시리즈로 진화했다.

투자 전문지 〈팁랭크스〉는 미즈호증권 보고서를 인용해 "엔비디아가 인공지능 분야에서 확실한 선두 지위를 차지하고 있다는 데 의심의 여지가 없다"라고 강조했다. 앞으로 5년간 엔비디아가 해당 시장의 75~90%를 꾸준히 차지할 것이라는 메시지다.[9]

AI 칩 시장에 도전장을 던진 경쟁자들

엔비디아는 반도체를 설계만 할 뿐 직접 제조하지 않는다. 웨이퍼 위에 회로를 그려 반도체 칩을 생산하는 전공정은 TSMC나 삼성전자가 담당하고, 여기에 데이터 저장용 고대역폭메모리HBM 반도체와 같은 다른 종류의 반도체를 연결하는 패키징 작업인 후공정은 또 다른 기업들이 맡는다. 후공정 업체에는 ASE, 앰코 테크놀로지, JCET, SPIL 등이 있다. 엔비디아가 위대한 까닭은 여

러 기업에 위탁하면서도 불량 없이 고객사에 높은 품질의 제품을 공급하는 데 있다.[10]

AI 칩은 크게 두 종류로 구분된다. 하나는 학습용, 또 하나는 추론용이다. 인공지능은 방대한 데이터를 투입해 수없이 연산을 반복하는 과정을 통해 학습한다. 중요한 것은 방대한 양을 동시에 연산할 수 있는 능력이다. 이에 필요한 것이 학습용 칩이다. 추론용 칩은 완성된 모델을 구동하는 데 필요한 칩이다. 예를 들어 챗 GPT를 상대로 좋은 책을 추천해 달라고 요청하면 연산 과정이 필요하다. 이 부분을 추론용 칩이 담당한다. 모델을 만들 때는 학습용 칩이, 모델을 만들고 나서 사용할 때는 추론용 칩이 필요하다.

AI 칩 수요의 폭증은 병목 현상을 불렀다. 한 인공지능 개발업체 대표가 엔비디아로부터 데이터 센터용 칩 H200을 공급받는 데 주문부터 도착까지 50주 이상 소요된다고 하소연했을 정도다. 공급이 수요를 따라잡지 못하자 곧 수많은 경쟁자들이 뛰어들었다.

학습·추론용 칩 시장에서 엔비디아의 경쟁 상대는 AMD와 인텔이다. AMD는 2023년 12월 자사의 최신 AI 칩인 인스팅트Instinct MI300 시리즈를 출시했다. 해당 칩은 GPU와 CPU를 결합한 칩으로, 엔비디아 H100과 대적할 수 있는 제품으로 꼽혔다.[11] 인텔 또한 미국 애리조나주에서 열린 인텔 비전 2024를 통해 학습과 추론 속도를 끌어올리는 데 특화된 가우디Gaudi 3을 내놓았다. 인텔은 자사의 AI 칩이 엔비디아의 H100보다 학습 속도가 50% 빠른 데 반해 가격은 더 저렴하다는 사실을 강조했다.[12]

클라우드 공급 기업들도 추론용 칩으로 엔비디아를 추격하고 있다. 마이크로소프트는 2019년부터 아테나Athena라는 프로젝트를 추진했다. 이후 인공지능 반도체를 직접 설계해 마이아MAIA 100, 코발트Cobalt 100과 같은 칩을 출시했다. 아마존 클라우드인 AWS는 추론용 칩인 인퍼런시아 2를 공개했다. 구글의 텐서처리장치TPU 역시 위협적인 경쟁 상대다.

물론 경쟁만 있는 것은 아니다. 협력 업체를 중심으로 제품 고도화 물결이 일고 있다. 대표적인 제품군이 고대역폭메모리 반도체인 HBM이다. HBM은 대용량의 데이터 처리와 고속 데이터 전송에 최적화한 메모리다. SK하이닉스는 일찌감치 HBM에 투자해 HBM 시장을 50% 이상 차지한 상태다. 엔비디아에 물량을 공급하고 있어, 엔비디아 주가가 상승할수록 SK하이닉스 주가 역시 올라가는 구조다.

엔비디아가 그리는 미래

인공지능 생태계를 수직 통합하라

엔비디아는 경쟁사들의 거센 도전에 어떻게 대항할까. 2024년 3월 18일. 엔비디아 개발자를 위한 연례행사인 GTC 2024 무대에 젠슨 황이 올랐다. 이 자리에서 젠슨 황은 새 GPU인 블랙웰Blackwell B200과 이를 기반으로 만든 AI 슈퍼 칩 GB200을 전격 공개했다.

블랙웰 B200은 연산 단위인 트랜지스터가 2,080억 개로 20페타플롭스Peta Flops(1초당 1,000조 번의 수학 연산 처리를 할 수 있음을 뜻하는 컴퓨터 처리 속도 측정 단위) 성능을 내는 GPU다. 초당 2,000조에 달하는 연산이 가능한 것이다. GB200은 GPU인 B200 2대에 자체 개발한 CPU인 그레이스 1대를 결합한 슈퍼 칩이다. 오픈AI의

GPT-3.5를 기준으로, GB200은 종전 버전인 H100보다 성능이 7배 뛰어난 것으로 집계됐다. 인공지능 학습 속도 역시 4배나 우수하다고 엔비디아는 설명했다.

여기서 끝나지 않는다. GB200 72개를 연결하면 하나의 슈퍼 컴퓨터가 된다. 엔비디아는 이를 'GB200 NVL72'로 명명했다. GPU인 블랙웰 B200이 슈퍼 칩인 GB200으로 확장되고, 다시 GB200이 슈퍼 컴퓨터인 GB200 NVL72로 확장되는 것이다. 이런 슈퍼 컴퓨터 여러 대를 연결하면 GPT-3.5와 같은 초거대 인공지능을 학습하는 데 필요한 데이터 센터가 된다. 마치 세포가 조직이 되고 조직이 장기가 되고 장기들이 모여 생물이 되는 원리와 비슷하다. 그만큼 GPU가 인공지능의 핵심이라는 사실을 거듭 강조한 대목이다. 또 엔비디아는 아마존, 구글, 마이크로소프트, 오라클에 GB200 NVL72을 공급한다고 밝혔다.

젠슨 황은 GTC 2023에서 엔비디아가 AI 업계의 풀스택Full-stack 기업이라는 사실을 강조했다. 풀스택이란 주로 개발자들 사이에서 사용되는 용어로, 웹사이트나 애플리케이션을 만들 때 화면에 보이는 부분인 프론트엔드Front-end부터 서버 프로그래밍인 백엔드Back-end까지 모든 영역을 다룰 수 있는 엔지니어를 가리킨다. 젠슨 황은 "오늘날의 시장은 매우 빠른 속도로 발전하고 있다"라면서 "엔진은 가속 컴퓨팅이고 그 연료는 인공지능"이라고 설명했다.

같은 날 엔비디아는 프로그램 제작에 필요한 코드인 소프트웨어 라이브러리 300개, 인공지능 모델 가속 컴퓨팅 400개, 인공지능을 향상시킬 업데이트 100개를 발표했다.[13] 컴퓨터 설비가 없더라도 생성형 인공지능을 손쉽게 구축할 수 있는 슈퍼 컴퓨터 클라우드 구독 서비스인 DGX 클라우드도 공개했다. 엔비디아 스스로 풀 스택이라고 규정한 까닭이 여기에 있다. 모델을 학습시키려는 AI 기업 입장에서는 늘 고민이 따르기 마련이다. 오늘날 디지털 서비스에는 인공지능이 반드시 필요하지만, 자체 서버를 구축하려면 막대한 투자 자금이 필요하기 때문이다. 그런데 월 3만 6,999달러를 내면 A100 칩을 활용한 클라우드 서비스를 구독할 수 있다. 엔비디아 클라우드 서비스를 활용해 인공지능을 구축하라는 메시지다. 엔비디아는 해당 서비스를 클라우드 제공 기업인 아마존, 마이크로소프트, 구글에게 공급하겠다는 뜻을 밝혔다.

아울러 'AI 파운데이션'이라는 새로운 서비스 역시 공개했다. 그동안 수많은 디지털 기업은 자사의 서비스에 인공지능을 붙이려고 노력했다. 인공지능 서비스는 기반 시설과 같다. 오픈AI, 구글, 아마존과 같은 기업은 막대한 자금을 투입해 자체적인 인공지능 모델을 완성하고, 이를 애플리케이션 프로그래밍 인터페이스API 형태로 수많은 고객사에 공급했다. 문제는 인공지능을 학습시키려면 방대한 데이터가 필요하고, 데이터를 학습하는 과정에서 저작권 침해 이슈가 끊이지 않는다는 점이다. 엔비디아는 이 점을 파고들었다. AI 파운데이션 모델을 제공해 게티이미지, 어도비, 셔터스톡과 같은 이미지 및 비디오 데이터 기업들이 손쉽게 인공지능을 응용한 서비스를 구축할 수 있도록 지원하겠다고 한 것이다.

이 같은 풀스택 전략은 상징하는 바가 매우 크다. 엔비디아의 주된 고객사는 클라우드 기업이다. 인공지능을 직접 구축하려는 빅테크 기업 역시 엔비디아의 고객사다. 이들은 엔비디아 칩을 활용해 인공지능과 클라우드 서비스를 만들고, 이를 고객사에 제공해 수익을 낸다. 엔비디아의 DGX 클라우드와 AI 파운데이션 모델은 이러한 AI 기업을 제치고 엔비디아가 직접 고객의 고객에게까지 서비스를 제공하겠다는 뜻을 담고 있다.

데이터 센터를 뛰어 넘어라

GPU 생태계를 장악한 엔비디아지만 숙제는 있다. 바로 데이터 센터에 대한 수요의 지속 여부와 전력 공급의 지속 가능 여부다. 우선 데이터 센터는 2027년까지 지속 성장할 것으로 보인다. 〈포춘 비즈니스 인사이트〉에 따르면, 글로벌 데이터 센터 인프라 시장 규모는 2019년 945억 달러에서 매년 5.5%씩 성장해 2027년 1,423억 달러에 도달할 전망이다.[14] 문제는 전력이다. 메타의 창업자인 마크 저커버그는 인공지능의 발전에 에너지가 걸림돌이 될 것이라고 주장했다. 그는 장기간 지속된 GPU 가뭄은 이제 끝났다면서 "앞으로 에너지 제약이 IT 산업의 병목 현상이 될 것"이라고 지적했다. 그동안 기업들이 GPU를 잇따라 구매해 데이터 센터를 지었는데, 이제는 정작 전력 부족에 직면할 것이라는 경고다.[15]

일반 데이터 센터는 통상 50~100메가와트MW를 소비한다. 하지만 대규모 데이터 센터는 150~500메가와트를 사용한다. 인공지능을 과도하게 쓰는 몇몇 데이터 센터는 1기가와트GW까지 사용하는 것으로 알려졌다. 1기가와트는 약 10만 가구가 사용할 전력의 양이다. GPU 생산과 데이터 센터 건축에는 오랜 시간이 걸리지 않는다. 하지만 발전소는 상황이 다르다. 인허가에서 건설까지 상당한 과정이 필요하다. 통상 화력 발전소는 3~5년, 수력은 10년, 원자력은 15년이 걸린다. 전체 전력 소모에서 데이터 센터가 차지하는 비중 역시 커질 전망이다. 컨설팅 기업 BCG는 미국 전력 소모에서 데이터 센터가 차지하는 비중이 향후 7.5%에 달할 것으로 내다 봤다. 엔비디아로서는 데이터 센터 사업 외에 또 다른 사업을 육성해야 할 시기가 다가 오고 있는 셈이다.

엔비디아가 찍은 차세대 산업은 자율주행과 로봇 산업이다. 자율주행 분야는 엔비디아 매출액의 1.3%에 불과하다. 하지만 향후 성장 가능성이 크다. 맥킨지에 따르면, 자율주행 칩 시장 규모는 2019년 110억 달러에서 2030년 290억 달러로 성장할 전망이다.[16] 자율주행 칩 시장에는 모빌아이Mobileye, 암바렐라Ambarella, 테슬라와 같은 반도체 설계 기업뿐 아니라 삼성전자, TSMC와 같이 반도체의 생산 공정만 전담하는 파운드리Foundry 기업도 있다.

엔비디아는 드라이브Nvidia Drive라는 플랫폼을 전면에 앞세우고 있다. 자율주행 차에 달린 카메라 레이더와 라이다에서 보내 오는 방대한 데이터를 실시간으로 처리하고 의사 결정할 수 있는 솔루션이다. 플랫폼은 드라이브 오린Orin, 쏘르Thor, 하이페리온Hyperion 이라는 칩을 포함한다. 오린은 초당 254조 회 연산이 가능한 성능을 자랑하는 자율주행 전용 칩이다. 또 차량 내 미디어인 인포테인먼트에 최적화한 칩인 쏘르와 자동차 센서와 연결돼 있는 하이페리온도 있다. 하이페리온은 12대의 외부 카메라, 3대의 내부 카메라, 10대의 레이더, 2대의 라이다를 동시에 지원한다. 여기에 더해 자율주행 컴퓨터 운영체제인 드라이브와 자율주행 개발에 필요한 툴인 드라이브 웍스Drive Works 까지 패키지로 내놓은 상태다.

엔비디아 칩에 구애를 보내는 곳은 아무래도 유럽 자동차 기업이다. 자율주행 기술과 데이터 확보에 뒤처져 있다 보니 유럽 완성차 업체들이 엔비디아 자율주행 플랫폼에 깊은 관심을 보이고 있다. 벤츠와 볼보가 대표적이다. 2024년에는 미국의 루시드 모터스Lucid Motors, 2025년에는 재규어와 랜드로버가 엔비디아 칩을 활용하겠다고 밝혔다.

자율주행 칩 분야에서 가장 큰 호적수는 퀄컴이다.[17] 퀄컴은 세계 최대 가전 행사인 CES 2024에 참석해 차량용 플랫폼인 '스냅드래곤 디지털 섀시'를 공개했다. 퀄컴은 엔비디아와 달리 오토바이와 특수 차량용 자율주행 플랫폼까지 내놓아 맞불을 놓았다.

엔비디아의 또 다른 성장 축은 인간을 닮은 휴머노이드 로봇이다. 오늘날 로봇 기업은 생성형 인공지능을 로봇에 속속 탑재하고 있다. 지금껏 로봇이 단순히 물건을 집고 계단을 오르는 데 그 쳤다면, 생성형 인공지능을 통합한 로봇은 사람의 명령을 정확히 이해하고 수행한다. 예를 들어 "빨간 컵을 들고 가장 높은 선반에 올려 놓으라"라고 명령하면, 인공지능이 이를 분석해 로봇에 전달하는 방식이다. 특히 피규어AI나 어질리티 로보틱스Agility Robotics와 같은 로봇 기업이 생성형 인공지능을 잇따라 장착하는 중이다. 이를 위해 엔비디아는 로봇용 AI 플랫폼인 아이작Isaac, 젯슨Jetson 등을 공개했다.[18]

젠슨 황은 GTC 2024에서 협력사의 로봇과 함께 등장해 이목을 사로잡았다. 그는 "기존에 모든 로봇은 미리 프로그램이 돼 있었다. 하지만 앞으로 로봇은 인식을 통한 학습으로 프로그래밍이 쉬워질 것"이라고 전망했다. 또 그는 2024년 7월 미국 콜로라도 덴버에서 열린 시그라프 2024에 참석해 인간처럼 행동하는 로봇 플랫폼을 만들겠다는 비전을 발표했다. 그는 로봇을 시뮬레이션하고 학습시키기 위한 새로운 기술인 '엔비디아 인퍼런스 마이크로 서비스', 서로 다른 로봇을 하나로 통합 조종할 수 있도록 지원하는 '오스모OSMO', 그리고 적은 양의 인간 시범 데이터를 활용해 로봇을 훈련시키는 기술을 한꺼번에 공개했다.

시장을 창조하는 엔비디아

젠슨 황 CEO는 2024년 실적 발표에서 엔비디아의 미래를 이렇게 설명했다. "지금 엔비디아는 2개의 산업 차원에서 변화의 초입에 있습니다. 하나는 인공지능 데이터 센터이고 또 다른 하나는 생성형 인공지능입니다. 새로운 데이터 센터는 데이터를 원재료로 인공지능을 만들어 내는 공장입니다. 생성형 인공지능 개발로 소프트웨어가 언어, 동영상, 생물학까지 이해하게 될 날이 올 것입니다. 향후 5년 동안 전 세계 데이터 센터 인프라 설치가 2배로 늘어나고, 연간 수천 억 달러 이상의 시장 기회를 창출할 것입니다."

엔비디아의 미래는 어떤 모습일까. 엔비디아 미래가 밝기만 한 것은 아니다. 미국 정부는 중국으로의 AI 칩 수출을 막았고, 경쟁자들은 엔비디아가 장악한 시장에 뛰어든 상태다. 이를 돌파하기 위해 엔비디아는 데이터 센터를 넘어 자율주행과 로봇 칩, 그리고 소프트웨어로 영역을 넓히려고 한다. 엔비디아가 추진하는 협업 프로젝트와 투자 현황을 보면 어렴풋이 알 수 있다. 엔비디아는 인셉션 Inception 이라는 프로그램을 운영한다. 스타트업에게 엔비디아 사내 전문가를 연결해 주고, 벤처투자자와 투자 기회를 제공하는 스타트업 육성 프로그램이다. 엔비디아는 해당 프로그램을 통해 성장 가능성이 큰 스타트업에 미리 투자하고 재무적 수익을 거둘 수 있다. 또 이들 기업이 엔비디아 철학과 맞을 경우 인수합병을 통해 시너지를 높일 수 있나. 엔비디아의 투자는 엔비디아 산하의 엔벤처스 Nventures 가 담당하는데, 경우에 따라 엔비디아 계열사가 직접 투자에 나서기도 한다.

엔비디아가 투자해 가장 큰 시너지를 얻은 기업은 이스라엘에 본사를 둔 멜라녹스 Mellanox 다. 엔비디아는 2020년 해당 기업을 69억 달러에 인수했는데, 이를 통해 데이터 센터 네트워킹 솔루션 기술을 확보하는 데 성공했다. 데이터 센터에 설치된 수많은 GPU는 고속으로 대용량 데이터를 송수신해야 한다. 멜라녹스는 저지연·고대역폭이라는 탁월한 차세대 네트워크 기술을 엔비디아에 제공했다.[19]

물론 불발된 인수도 있다. 대표적인 사례가 ARM이다. 엔비디아는 2020년 소프트뱅크가 투자한 반도체 설계 기업 ARM을 400억 달러에 인수하겠다고 선언했다. 하지만 미국 연방거래위원회, 유럽 연합 집행위원회, 영국 경쟁시장청 등이 줄줄이 독과점을 염려하면서 끝내 무산됐다. 애플, 구글 등은 ARM이 설계한 설계도를 응용해 자사에 필요한 칩을 설계한다. 엔비디아 입장에서는 칩 설계 생태계 전체를 쥘 수도 있었던 아쉬운 순간이었다.

오늘날 엔비디아가 집중 투자하는 스타트업은 인공지능을 응용해 확장할 수 있는 산업군이 상당수다. 엔벤처스는 투자한 기업 16개를 홈페이지에 공개했다.[20] 이들을 살펴보면 바이오 제약이 31.25%로 가장 많고, 이어서 로봇 자동화와 인공지능 데이터 분석이 각각 25%를 차지한다. 이어 에너지 빌딩 자동화, 3D 프린팅 제조, 의료 데이터 플랫폼 등이 뒤를 잇고 있다.

대표적인 곳이 제너레이트 바이오메디신 Generate Biomedicine 이다. 이 기업은 인공지능과 시스템 생물학을 결합해 혁신적인 바이오 의약품을 개발하는 스타트업이다. 인공지능을 이용해 단백질 기반 치료제를 신속하게 설계하고 개발하는 기술을 연구 중이다. 또 다른 기업은 신세시아 Synthesia 다. 신세시아는 문장을 입력하면 동영상을 생성하는 스타트업으로 월 22~67달러에 서비스를 제공하고 있다. 엔비디아는 한국계 기업인이 창업한 스타트업에도 투자했다. 바로 트웰브랩스 Twelve Labs 다. 트웰브랩스가 개발한 영상 이해 인공지능은 영상에서 사용자가 필요한 장면을 정확히 골라 주는 역할을 한다. 예를 들어 방대한 분량의 영상 속에서 '축구하는 어린이 모습'을 찾아 달라고 요청하면 순식간에 인공지능이 해당 장면을 찾아낸다. 글로벌 크리에이터와 스포츠 기업 등이 고객사다.

로봇은 아마도 10년 이내로 엔비디아의 주력 상품이 될 가능성이 크다. 대표적인 곳이 차세대 머스크로 불리는 브렛 애드콕이 설립한 피규어AI다. 피규어AI가 개발한 로봇은 명령을 받으면 커피 캡슐을 머신에 넣고 커피를 내릴 정도로 지능적인 로봇이다. 엔비디아는 우버의 스핀아웃 배송 로봇 기업 서브로보틱스 Serve Robotics 에도 투자를 단행했다. 로스앤젤레스와 샌프란시스코를 중심으로 배송 로봇 서비스를 진행하는 서브로보틱스는 지도에 구획된 가상 반경인 지오펜스 Geofence 안에서라면 원격 조작 없이 작동할 수 있는 로봇을 선보였다. 서브로보틱스의 배송 로봇은 엔비디아의 로봇용 AI 플랫폼 '젯슨'을 토대로 움직인다.

엔비디아는 시장을 적극적으로 창조하는 기업으로 손꼽힌다. 2010년 이전만 하더라도 인공지능을 위한 전용 칩 시장 따위는 전혀 존재하지 않았다. 젠슨 황은 이를 두고 '제로 빌리언 마켓Zero Billion Market'이라는 농담을 한 적이 있다. 0조 원짜리 시장이라는 설명이다. 현실 세계에 시장은 존재하지 않지만, 반드시 미래에는 엄청나게 폭발적인 산업이 되는 시장을 가리킨다. 그는 이런 말을 남겼다. "성공은 진행 중인 작업입니다. 성공은 목표를 달성하는 것이 아니라 끊임없이 개선하고 한계를 뛰어넘는 것입니다."

엔비디아 연도별 매출액 및 시가총액 (단위: 억 달러)

※ 매출은 각 회계연도 말, 시가총액은 각 년도 말 기준(2024년은 8월1일 기준) 출처: 엔비디아, 스태티스타

※ 엔비디아의 회계연도는 매년 2월 1일부터 다음 해 1월 31일까지다. 즉 2024년 실적은 2023년 2월 1일부터 2024년 1월 31일까지를 기준으로 한다.

※ 야후파이낸스가 애널리스트 전망을 평균한 결과, 2025년 회계연도 매출액은 1,207억 달러로 추산된다.

4장

아마존:
지구를 삼킨 전자상거래 공룡

"발명을 하려면 실험을 해야 하고,
실험을 하려면 실패를 해야 하고,
실패를 하려면 장기적으로 생각해야 합니다."

- 제프 베이조스 -

아마존

아마존은 오늘날 전자상거래 산업의 공룡으로 불린다. 2024년 기준 하루 배송하는 상품만 2,000만 개 이상이고, 글로벌 풀필먼트 센터는 185곳에 달한다. 이뿐인가. 화물기 110대와 트럭과 밴 7만 대를 운영하고 있다. 이름에서 알 수 있듯, 아마존은 전 세계에서 가장 크고 긴 '물류'라는 강을 장악했다. 기업을 다양한 생태계와 많은 종류의 생명체들이 서식하는 아마존 강처럼 육성하고 싶다는 포부를 품은 것이다. 이들은 전자상거래로부터 클라우드 컴퓨팅, 머신러닝 인공지능, 엔터테인먼트, 미디어 등으로 영역을 서서히 확장하고 있다. 실제로 아마존의 CEO 제프 베이조스는 아마존이라는 이름에 담긴 의미를 '세계에서 가장 강력하고 영향력 있는 기업'으로 규정하기도 했다. 아마존이 단순히 장소나 강의 이름이 아니라, 세상을 지배하는 빅테크라는 메시지다.

온라인 세상을 엿본 인터넷 서점

1994년, 제프 베이조스는 1988년형 쉐보레 블레이저 차를 몰고 뉴욕 포트워스에서 시애틀로 향했다. 2년 전 결혼한 아내 매켄지와 함께였다. 그가 동부에서 서부로 머나먼 여행을 한 까닭은 새로운 사업에 대한 결심 때문이었다. 베이조스는 월스트리트의 유명 헤지펀드인 디이쇼 D. E. Shaw 를 그만두고, 인터넷 서점 창업을 결심했다. 인터넷 성장률이 연 2,300%에 달하는 것을 목격하고, 곧 세상이 아날로그에서 디지털로 바뀌리라 믿었기 때문이다. 창업을 위해 미국서점협회가 주관하는 강연은 빠짐없이 모두 들었다.

베이조스는 시애틀에 도착해 교외에 있는 평범한 미국 집 차고에서 스타트업을 창업했다.[1] 그는 주택 용품 할인 매장에서 구입한 60달러짜리 나무 문짝으로 사무실 책상 2개를 직접 만들었다. 회사 이름은 '카다브라 Cadabra'였다. 마술 주문 아브라카다브라에서 따온 것이었다. 하지만 이내 카다브라가 시체를 뜻하는 '카데버 Cadever'를 연상한다고 느껴 이름을 변경했다. 새 이름은 아마존닷컴. 자연의 경이로움과 웅장함을 상징했다. 베이조스가 꿈꾼 거대한 온라인 상점의 비전을 반영하는 데 적합한 이름이었다.

베이조스는 1995년 웹사이트를 열었다. 온라인을 통해 서적 주문을 받았고, 직접 포장해 고객에게 배송했다. 아마존은 곧 월드와이드웹 WWW, World Wide Web 이라 불리는 새로운 기술에 열광하는 마니아들의 관심을 한 몸에 받았다. 주문량이 폭증했고, 품목을 서서히 늘렸다. CD, DVD, 장난감, 전자제품을 팔았다. 모토는 '빠르게 성장한다 Get Big Fast'로 정했다. 그는 주주들에게 보내는 첫 번째 서한에서 "단기간의 재무적인 수익이나 월스트리트의 근시안적인 요구 사항을 충족시키는 데 초점을 맞추지 않겠다"라면서 "현금 흐름과 시장점유율을 늘려 충성스러운 주주들에게 장기간에 걸쳐 가치를 창출하는 데 집중하겠다"라고 밝혔다. "지금은 인터넷의 첫날이고, 우리가 잘 해낸다면 아마존닷컴도 그럴 것"이라고 적었다.

아마존은 매우 빠른 속도로 성장했다. 창업 3년 뒤 250만 개에 달하는 품목을 온라인으로 팔았고 그해 5월 나스닥에 상장하는 기염을 토했다.[2] 하지만 라이벌은 막강했다. 경쟁 온라인 스토어인 이베이는 훨씬 더 다양한 제품을 팔았고, 대형 할인 매장의 제왕인 월마트는 가격이 훨씬 저렴했다. 그럼에도 아마존이 성장할 수 있었던 배경에는 고객 중심 철학이 있다. 아마존은 고객 요구에 맞춰 원클릭 주문 시스템을 갖췄고, 고객들이 제품 리뷰를 적도록 했다. 신뢰를 높인 것이다.

　그러나 오르막이 있으면 내리막이 있는 법이다. 1995년부터 2000년까지는 나스닥이 무려 400%나 상승할 정도로 경기가 좋았다. 그런데 2000년을 정점으로 닷컴 기업이 줄줄이 하락했다. 온라인 식료품 배달 업체인 웹밴Webvan과 가상통화를 제공하는 빈즈닷컴Beenz.com 등 하룻밤 사이에 기업이 사라졌다. 아마존 역시 닷컴버블의 후폭풍을 비켜 갈 수 없었다. 아마존 주가는 100달러에서 6달러로 곤두박질쳤다. 리먼 브라더스는 아마존닷컴이 1년 내 파산할 것이라는 보고서를 작성해 발표했다. 베이조스는 직원 1,300명을 해고할 수밖에 없었다. 모든 것이 위기였다. 하지만 그는 주주들에게 보내는 서한에 이렇게 적었다. "투자자 벤자민 그레이엄은 주식 시장은 단기적으로 인기 투표 기계이고 장기적으로는 계량기라고 말했습니다. 분명 1999년 호황기에는 투표가 많았지만, 무게 측정은 훨씬 적었습니다. 우리는 계량화되기 원하는 회사입니다. 시간이 지나면 모든 회사가 장기적으로 그렇게 될 것입니다."[3] 거품이 꺼지더라도 아마존은 성장할 것이라는 메시지였다.

아마존, 멀티 플랫폼으로 진화하다

베이조스는 치열하게 고민했다. 그리고 기존의 온라인 서점 모델에서 벗어나 다양한 제품을 판매하는 종합 쇼핑몰로 사업을 다각화하기로 결심했다. 이와 동시에 제3자 판매자들에게도 문을 열었다. 아마존 마켓플레이스 Amazon Marketplace 를 탄생시킨 것이다.[4] 이런 판단은 경쟁자인 이베이를 추격하는 과정에서 나왔다. 아마존은 이베이를 따라잡고자 1999년 3월 아마존 경매 서비스를 런칭했다. 이베이처럼 판매자들이 상품을 경매 방식으로 등록하고 구매자들이 입찰을 통해 상품을 사는 방식이었다. 하지만 고객들에게 아마존 상품의 가격은 고정돼 있다는 인식이 강했고, 온라인 옥션 시장은 이미 이베이가 차지한 상태였다. 아마존은 실패를 인정하고 그해 9월 지숍 zShops 이라는 제3자 판매 시장을 열었다. 서비스를 업데이트해 이듬해 이름을 바꾼 것이 아마존 마켓플레이스다.

아마존은 수많은 제3자 판매자들의 상품 목록을 추가하며 품목을 다변화했다. 이를 토대로 신규 고객을 모았고, 판매 수수료를 받았다. 이 무렵 아마존은 2가지 변신을 함께 꾀했다. 주문형 물류 창고인 풀필먼트 센터 FC, Fulfillment center 와 컴퓨팅 인프라를 제공하는 AWS를 연 것이다. 풀필먼트 센터는 모빌리티 업체인 얼라이드시그널 AlliedSignal 에서 잔뼈가 굵은 제프 윌크 부사장이 맡았다. 추진력이 대단했던 그는 물류 프로그램을 처음부터 민들어 효율을 극대화했다. 또 이틀 내 배송을 보장하는 아마존 프라임 Amazon Prime 서비스를 전격 도입했다. 월 14.99달러를 지불하면 주문 2일 내 물건을 배송해 주고, OTT 스트리밍인 프라임 비디오는 물론 음악 스트리밍 서비스인 프라임 뮤직도 사용할 수 있도록 했다. 또 다른 축은 컴퓨팅 기반 시설의 공유였다. 앤디 재시 부사장은 아마존이 서비스 구동을 위해 사용하는 데이터 센터와 컴퓨팅 파워를 고객사에 제공하고 구독료를 받자고 베이조스에 제안했다.[5] 그는 흔쾌히 응했다. 본격적인 시작은 2003년 10월이었다.

닷컴버블은 아마존을 더 단단하게 만들었다. 제3자 판매와 AWS라는 새 비즈니스 모델은 오늘날 아마존을 지탱하는 두 기둥이 됐다. 아마존 프라임 회원 수는 2024년 기준 2억 3,000만 명에 달한다.[6] 아마존 프라임 회원은 곧 충성 고객이 됐고 이들은 아마존을 벗어나지 않았다. AWS는 클라우드 점유율 31%를 차지하며 명실상부한 1위 서비스로 위상을 굳혔다.[7]

애플의 아이팟, 아마존의 킨들

한국에는 잘 알려지지 않았지만, 아마존이 구축한 또 다른 생태계는 디바이스와 콘텐츠다. 스티브 잡스 애플 CEO는 2001년 아이팟을 처음 선보이며 "노래 1,000곡을 주머니에 넣어라"라는 슬로건으로 큰 히트를 쳤다. 베이조스는 충격을 받았다. 온라인 서점에서 팔고 있는 아날로그 책들이 통째로 디지털화될 수 있는 가능성을 아이팟이 보여 줬기 때문이다. 아마존 내부에는 스티브 케셀이 이끄는 프로젝트 팀 '피오나Fiona'가 비밀리에 결성됐다.

베이조스는 2007년 11월 뉴욕에서 기자간담회를 열어 킨들Kindle을 처음 공개했다.[8] 6인치 전자잉크 디스플레이와 250MB의 저장 공간을 갖췄고, 무선 연결을 통해 언제 어디서나 책을 내려받을 수 있도록 한 신개념 전자책 리더기였다. 베이조스는 이렇게 설명했다. "아마존의 목표는 킨들이 손 안에서 사라지게 하는 것입니다. 궁극적으로 사용자가 독서에만 집중할 수 있도록 하겠습니다." 2014년에는 월 구독료를 내면 100만 권 이상의 전자책을 무료로 볼 수 있는 킨들 언리미티드Kindle Unlimited라는 서비스마저 선보였다. 킨들은 2024년 전 세계 전자책 리더기 시장의 74.8%를 차지할 정도로 독점적 지위를 누리고 있다.[9] 전자책 리더기, 전자책, 그리고 오디오북 등 다양한 디지털 콘텐츠를 함께 제공해 디지털 콘텐츠 생태계의 한 축이 된 것이다.

킨들이 아이팟의 영향을 받았다면, 아마존 프라임 비디오는 OTT라는 영역을 개척한 넷플릭스와 훌루Hulu의 영향을 받았다. OTT가 프라임 회원들을 묶어 둘 수 있는 훌륭한 서비스라고 판단한 아마존은 콘텐츠 사업에도 뛰어들었다.

아마존 전체 매출 가운데 디바이스와 콘텐츠가 차지하는 영역은 여전히 적다. 하지만 아마존은 끊임없이 디바이스와 콘텐츠 영역에 도전하고 있다. 2010년에는 아마존 스튜디오를 설립해 오리지널 콘텐츠를 제작하기 시작했고, 2014년에는 파이어 폰Fire

Phone 과 파이어 TV Fire TV를 출시했으며, 2015년 아마존 에코 Amazon Echo를 선보였다.[1] 아울러 2022년에는 윈도우 PC, 태블릿, 아이폰 등에서 즐길 수 있는 클라우드 기반 게임 서비스 루나 Luna를 선보였다.[10] 디바이스와 콘텐츠는 아마존의 비즈니스 모델에 깊이 뿌리 박혀 있다. 전자상거래와 클라우드 고객을 사로잡는 데 더할 나위 없는 서비스다. 하드웨어와 콘텐츠가 확산될수록 아마존 생태계 전체가 넓혀지는 구조다.

베이조스는 2021년 7월 마지막 편지를 썼다. 은퇴 선언이었다.[2] 27년간 아마존을 이끈 그는 편지를 통해 "여러분의 목표는 상호 작용하는 모든 사람을 위해 가치를 창출하는 것이어야 한다"라며 마지막 당부를 했다.[11] 2021년까지 아마존 직원은 130만 명으로 늘어났고, 프라임 회원 수는 2억 명을 넘어섰으며, 제3자 판매자는

[1] 파이어 폰은 3D 시각 효과를 제공하는 '다이나믹 퍼스펙티브(Dynamic Perspective)' 와 '파이어플라이(Firefly)' 기능을 탑재해 물건을 스캔한 뒤 구매할 수 있도록 했다. 하지만 자체 도입한 운영체제 파이어는 성능이 뒤처져 안드로이드와 애플 iOS에 친숙한 고객들을 사로잡기에는 충분치 않았다. 파이어 폰은 1억 7,000만 달러 손실을 내며 최종 단종이 됐다. 하지만 하드웨어 노하우를 익혀 이후 파이어 TV와 클라우드 게임기 루나를 개발하는 밑바탕이 된다.

[2] 2019~2021년은 베이조스에게 힘든 해였다. 그는 2019년 돌연 아내와 이혼하겠다고 선언했다. 타블로이드 〈내셔널 인콰이어러〉가 베이조스의 외도를 폭로했기 때문이다. 이후 사우디 정부의 개입설이 확산됐다. 베이조스는 사우디 왕세자 무함마드 빈 살만과 친분이 돈독했다. 하지만 베이조스가 이끄는 〈워싱턴포스트〉 소속 자말 카슈끄지 기자가 반 사우디 정부 기사를 작성하면서 관계가 틀어졌다. 베이조스는 사우디 정부가 자신의 아이폰을 해킹했다고 주장했다. 코로나 발발과 맞물려 일감이 늘어났고, 이에 아마존 노동자의 인권 문제가 부각된 것 역시 베이조스에 타격을 입혔다.

200만 명에 육박했다. 베이조스가 지구적 규모의 전자상거래 시장을 창출하고 물러 선 것이다. 후임에는 AWS를 성공적으로 이끈 앤디 제시가 임명됐다. 그는 베이조스의 후계자로 오랜 기간 준비한 인물이다. 베이조스처럼 혁신을 강조하면서도 세심하다는 평가를 받고 있다.[12]

아마존을 만든 16가지 원칙

아마존이 매그니피센트 기업으로 등극할 수 있었던 배경에는 스타트업 같은 빠른 경영 문화가 있다. 베이조스는 아마존 직원을 상대로 16가지 리더십 원칙을 당부했다. 이들 원칙은 오늘날 아마존을 키우는 철학이 됐다.

1. 고객에 집착한다.
2. 책임감을 갖는다.
3. 복잡성을 줄인다.
4. 옳은 결정을 많이 내린다.
5. 호기심을 갖고 배운다.
6. 최고 인재를 채용해 최고로 만든다.
7. 높은 기준을 고수한다.
8. 큰 생각을 가진다.

9. 행동에 집착한다.

10. 절약한다.

11. 신뢰를 쌓는다.

12. 깊이 파고든다.

13. 결정을 존중하고, 결정이 내려지면 헌신한다.

14. 결과를 만들어 낸다.

15. 지구 최고의 고용주를 꿈꾼다.

16. 성공이 클수록 더 큰 책임을 진다.

대표적인 것이 '파워포인트 활용 금지'다. 일반 기업은 경영진을 상대로 사업 준비 발표를 하면 으레 파워포인트를 사용한다. 하지만 아마존에서는 '내러티브Narrative'라고 부르는 데이터가 가득한 6페이지 분량 문서를 읽는 것으로 대신한다. 또 PRFAQ 문서 형식을 사용한다. 여기서 PR은 홍보, FAQ는 자주 묻는 질문이라는 뜻이다. 고객을 대하듯이 사업 내용을 데이터를 토대로 발표하라는 메시지다.[13]

또 다른 문화는 소규모 회의체다. 아마존에는 '피자 2판 팀'이라는 팀 운용 법칙이 있다. 회의에 참여하는 인원이 많으면 이해관계가 떨어지고 시간 낭비만 이어지니, 회의에 들어오는 팀은 피자 2판을 사이좋게 나눠 먹을 정도의 소규모 인원이면 된다는 뜻이다. 이런 철학은 아마존 특유의 애자일Agile 개발 문화로 자리매김했다.[14] 엔지니어들에게는 스크럼Scrum 개발 방법이 적용된다. 고객 요구 사항을 수집하고, 각자가 할 일을 정하며, 스프린트 계획Sprint Planning을 수립한다. 전체 진도표는 스크럼 마스터가 점검한다. 매일 점검 회의를 하면서 뒤처지는 팀원 없이 빠른 속도로 개발을 하는 전략이다.

또 다른 제도는 데이터 기반 의사 결정이다. 이 제도는 아마존이 막대한 고객 데이터를 보유하고 있기에 가능하다. 데이터는 고객 경험을 개별화하고 맞춤화하는 데 사용된다. 또 고개 행동, 계절성, 트렌드와 같은 데이터를 분석해 재고를 관리하고 공급망을 최적화하는 의사 결정을 내린다. 군더더기 없이 효율성을 극대화하는 것이 아마존의 문화인 셈이다. 이를 가리켜 베이조스는 데이원Day-1 철학이라고 강조했다. 진정한 고객 가치를 창출하기 위해 매 순간 '첫날'처럼 노력하라는 메시지다.

다만 아마존의 강도 높은 업무 문화는 논란을 일으켰다. 한 직원은 연속해서 4일 밤을 새우며 일한 경험을 밝히기도 했다. 아마존에는 매년 두 차례 열리는 평가 시스템이 있다. 늦여름에 진행하는 사업 평가인 OP1과 연말 휴가 시즌 직후에 이뤄지는 OP2가 그것이다. 제일 말단부터 시작해 수많은 인사평가 데이터가 위로 올라간다. 베이조스는 S팀이라고 불리는 경영진 회의체를 열어 이를 일일이 평가했다. 기준을 충족하지 못한 직원을 마주할 때면 짜증을 터뜨리기도 했다. "당신은 왜 내 인생을 낭비하게 만들고 있는 거야?"라거나, "미안하지만, 오늘 멍청이 알약이라도 먹은 건

가?"라는 냉소적인 평가를 서슴없이 하기도 한다.[15]

아마존은 소형 출판사와 새로운 계약 조건을 추진할 때도 인정사정없는 태도를 드러냈다. 2000년대 들어 소형 출판사들은 아마존을 통해 더 나은 유통망을 얻긴 했지만, 더 긴 정산 기간과 높은 할인율을 감내해야 했다. 또 물류 창고 직원들은 높은 목표치에 시달렸다. 영국 스태퍼드셔 아마존 물류 창고 직원은 화장실에 갈 시간조차 없어 빈 병을 대신해 사용하고 있다고 폭로하기도 했다.[16] 고객 중심 문화는 직원들과 관계사를 우선순위에서 밀어냈다. 결국 2022년 아마존 JFK8 물류 창고에서 아마존 첫 노조가 결성됐다.

지구적 시장을 움직이는
비즈니스 모델

세계 최대 IT 쇼로 일컬어지는 CES 2024에 아마존이 등장했다. 아마존 부스는 자동차 기업들이 밀집돼 있는 웨스트 관에 둥지를 틀고 자동차를 아마존닷컴에서 주문하라고 열심히 선전했다. 아마존이 자동차 판매를 선언한 순간이었다. 소비자의 거주 지역 위치를 파악해 인근 딜러 숍에서 판매하는 자동차를 아마존이 중개하는 방식으로 새로운 시장을 개척한 것이다. 아마존이 파는 물건은 단순히 생필품과 전자제품에 그치지 않는다. 아마존은 2024년 비만, 편두통 등 온갖 약을 배송하는 아마존 약국 택배 배송을 추가했다. 아마존이 안 파는 물건이 없는 독점적 온라인 상거래 플랫폼으로 자리매김했다는 방증이다. 2024년 기준 아마존이 배송하는 상품의 종류는 무려 20억 개 이상이다. 물류 창고인 풀필먼트 센터는 전 세계적으로 185곳에 달한다. 전 지구적 유통은 화물 운송 영역의 확장으로 이어졌다. 아마존 에어 Amazon Air 는 보잉 737-800BCF과 보잉 767-300 등 110대 이상의 화물기를 보유하고 있으며 4만 대에 달하는 트럭, 3만 대에 달하는 밴을 운영하고 있다.[17]

이런 막강한 기반 시설에 힘입어 아마존의 매출액은 2023년 기준 5,747억 달러에 달했다. 2014년 매출액이 889억 달러인 점을 고려할 때, 10년 새 6.4배나 성장한 것이다. 영업이익은 368억 달러, 순이익은 304억 달러로 집계됐다. 영업이익률은 6.4% 수준으로 마이크로소프트의 41%에 비해 크게 낮다. 디지털과 아날로그 세상에 모두 발을 걸치다 보니 다른 매그니피센트 기업과 격차가 있는 것이다. 하지만 상거래업체는 비즈니스 모델의 특성상 수익률이 낮다. 오히려 아마존이 클라우드 기업인 AWS를 보유하고 있어 상대적으로 양호하다고 보는 것이 맞을 것이다.[3] 실제로 부문별 영업이익을 살펴보면 북미 부문은 149억 달러으로 흑자인데 반해 국제 부문이 26억 달러 손실을 기록했다. 하지만 AWS가 246억 달러라는 놀라운 실적을 냈다. 아마존의 현금 창출 상당수를 AWS가

---

[3] 한국의 대표 상거래업체인 이마트는 2023년 기준 매출액이 29조 4,722억 원이었고 영업손실은 469억 원이었다. 달러당 원화 값을 1380원으로 고려했을 때, 아마존 매출액(약 79조 3,086억 원)이 이마트보다 2.7배 더 큰 것이다. 하지만 시가총액은 2024년 8월 기준 아마존이 1조 9,458억 달러(약 2,685조 원)로 이마트 1조 7,450억 원보다 무려 1,538배 컸다. 이는 아마존이 나스닥에 상장돼 있는 데다 전 세계적으로 운영되기 때문이다. 또 클라우드뿐 아니라 킨들, 에코, 파이어TV와 같은 디바이스를 통해 혁신적 기업의 이미지를 심어 주는 것도 한몫한 것으로 보인다.

이끄는 구조로 비즈니스 모델을 재편해 둔 것이다.

이러한 구조는 비용 분석에서도 잘 나타난다. 재료비, 인건비, 제조비와 같은 매출 원가는 전체 비용의 53%에 달한다. 이어 물류비가 15.8%, AWS와 같은 클라우드 데이터 센터가 14.9%, 판매 마케팅이 7.7%로 뒤를 이었다. 그렇다면 아마존의 비즈니스 모델은 어떨까. 2024년 1분기 매출액을 분석해 보면 아래와 같다.

- **온라인 스토어**: 비중 38.1%. 아마존닷컴 등 온라인 스토어에서 아마존이 직접 판매한 것을 가리킨다. 주로 전자제품, 가전제품, 책, 의류, 식료품 등이다.

- **오프라인 스토어**: 비중 3.6%. 아마존이 소유한 오프라인 매장인 홀푸드마켓, 아마존 프레쉬 Amazon Fresh, 아마존고 Amazon Go 등을 통해 발생하는 매출이다.

- **제3자 판매 서비스**: 비중 24.1%. 아마존 마켓플레이스에서 제3자 판매자들이 제품을 판매할 수 있도록 지원하는 서비스다. 판매 수수료와 배송·물류 서비스 등이 여기에 해당한다.

- **광고 서비스**: 비중 8.2%. 아마존 플랫폼에서 광고 게재를 통해 발생하는 매출을 포함한다. 아마존 웹사이트와 앱, 그리고 파트너 웹사이트에서의 광고 수익이 이에 해당한다.

- **구독 서비스**: 비중 7.5%. 아마존 프라임 회원 가입비, 킨들 언리미티드, 아마존 뮤직 언리미티드, 기타 디지털 콘덴스 구독 서비스로 구성된다.

- **AWS**: 비중 17.4%. 클라우드 컴퓨팅 서비스로, 데이터 스토리지, 데이

터베이스 관리, 머신 러닝, 인공지능 등 다양한 클라우드 기반 서비스를 제공한다.

- **기타**: 비중 0.9%. 다양한 소규모 사업이다. 주로 아마존 에코 Amazon Echo 와 같은 하드웨어 제품이 여기에 해당한다.

전체적인 비즈니스 모델은 아마존닷컴과 제3자 판매 서비스가 매출의 절대 다수를 차지하는 가운데, 디지털 서비스를 가능하게 하는 AWS가 이를 뒷받침하는 구조다. 또 구독 서비스로 충성고객을 묶어 두고, 상품 광고 서비스로 추가 매출을 올리는 것을 볼 수 있다. 아마존은 향후 글로벌 시장 확장, 인공지능 투자를 통한 클라우드 서비스 확대, 프라임 서비스 강화, 광고 플랫폼 확대, 물류 효율성 개선, 신규 사업 추진으로 매출을 확장하는 전략을 쓸 전망이다.

자율주행·로봇, 비용은 낮추고 수익은 높여라

캘리포니아주 팰로앨토에 있는 테슬라 사옥에서 불과 4.3km 떨어진 곳에 리비안 오토모티브 Rivian Automotive 의 자율주행·소프트웨어 센터가 자리를 잡고 있다. 캘리포니아에서 흔히 볼 수 있는 평범한 1층 건물에 '리비안'이라는 작은 간판이 놓여 있는 곳이다.[18] 간판이 없다면 이곳이 자율주행 전기차 스타트업의 핵심 연구소라는 사실을 알아차리기 어려울 정도다. 테슬라가 승용차를 중심으로 자율주행 전기차 개발에 박차를 가하고 있다면, 리비안은 미국인이 선호하는 픽업트럭과 SUV에 집중한다.

바로 이 리비안 배후에 아마존이 있다. 아마존은 2019년 리비안에 7억 달러를 투자하고 2022년부터 2030년까지 단계적으로 10만 대에 달하는 전기 밴을 공급받는 중이다. 아마존은 자율주행에 진심인 기업이다. 7만 대가 넘는 화물차를 운영하다 보니 비용 절감 차원에서 운용 효율이 극도로 중요하다. 리비안과 함께 자율주행 계열사인 죽스Zoox를 운영하는 이유다. 죽스는 캘리포니아 내에서 자율주행 자동차 운행 허가를 받은 첫 번째 기업으로 현재 자율주행 택시인 로보택시 서비스를 실험하고 있다. 아마존은 자율주행 시대가 펼쳐지면 물류 혁신이 불가피할 것으로 보고 있다. 아마존의 사업 비용 가운데 물류비가 차지하는 비중은 무려 15.8%에 달한다. 절반만 낮출 경우 영업이익률이 획기적으로 개선되는 구조인 것이다.

아마존은 자율주행 프로젝트를 코드명 보그Borg로 명명했다.[19] 보그는 공상과학 드라마인 〈스타트렉〉에 등장하는 반 기계 반 인간 종족에서 따온 이름이다. 보그는 인공지능으로 제어되는 집단의식을 활용해 보다 빠른 의사 결정을 내리는 것이 특징이다. 미래 운송망이 V2X Vehicle to Everything 나 V2V Vehicle to Vehicle로 진화할 것으로 내다보는 아마존의 생각을 엿볼 수 있는 이름이다.

자율주행이 운송의 혁신이라면 로봇은 물류 창고의 혁신이다.

아마존은 2012년 키바 시스템Kiva Systems을 전격 인수하면서 로봇 시대를 예고했다. 키바는 자동 창고 로봇 기업으로, 아마존 인수 직후 아마존 로보틱스Amazon Robotics로 재편됐다. 오늘날 아마존 물류 창고에는 약 75만 대 이상의 로봇이 이동, 픽업, 포장 등 다양한 작업을 수행하고 있는 것으로 알려졌다. 아마존은 사람과 로봇이 한 공간에서 안전하게 협동해 근무할 수 있는 프로젝트도 추진 중이다. 2024년부터 진행 중인 프로테우스Proteus 프로젝트가 대표적이다. 실제로 아마존 창고에선 몇몇 사고가 이어졌다. 2018년 뉴저지 물류 창고에서 한 로봇이 캔에 든 내용물을 던져 24명의 직원이 치료를 받는 사태가 벌어진 것이 단적인 사례다. 아마존 로보틱스의 수석기술자 타이 브래디는 "지금껏 로봇은 사람과 마주하면 멈춰 서야 했는데, 미래 로봇은 매우 천천히 사람을 헤치고 나아갈 것"이라면서 "우리의 비전은 로봇을 사람과 같은 물리적 공간에 안전하게 통합하는 것"이라고 강조했다.[20]

아마존은 로봇을 활용한 고객 데이터 수집에도 적극적이다. 아마존은 2022년 8월 로봇 기업 아이로봇iRobot을 17억 달러에 인수하겠다고 선언했다. 하지만 2024년 1월 유럽 연합이 반대하면서 끝내 불발됐다. 아이로봇은 맵핑 기술을 활용해 로봇 청소기를 제어하는 기업으로, 아마존은 이를 활용해 집 안 곳곳의 데이터를 수집하려고 했던 것으로 알려졌다.

알렉사에서 앤트로픽까지, 인공지능으로 맞서라

생성형 인공지능 시대를 맞아 마이크로소프트와 구글이 주목을 받고 있지만, 인공지능에 대한 아마존의 열정은 오래됐다. 2010년으로 거슬러 올라간다. 베이조스는 그해 주주 서한을 통해 인공지능과 머신러닝에 대한 찬사를 보냈다. 그는 이렇게 적었다. "발명은 우리의 DNA 안에 있는 것이고, 기술은 우리가 고객에게 제공하는 경험의 모든 측면을 개선하고 발전시키기 위해 활용해야 하는 필수적인 도구입니다."

아마존의 하드웨어 연구소인 랩126은 실리콘밸리에 있는 산마테오 이스트팰로앨토에 둥지를 틀고 있다. 이곳은 킨들을 개발한 하드웨어 전진 기지다. 2010년 베이조스는 랩126에 또 다른 프로젝트를 지시했다. 바로 음성 인공지능이다. 그는 수석 부사장인 스티브 케셸에게 이메일을 보낸다. "우리는 두뇌를 클라우드에 두고 사람의 음성으로만 제어되는 20달러짜리 기기를 만들어야 합니다." 곧 스타트업 인수에 나섰다. 사람의 말을 자동으로 텍스트 형태로 변환할 수 있는 스타트업 얍Yap을 사들였고, 트루 날리지True Knowledge라는 질의응답 도구를 선보인 영국 AI 기업 에비Evi를 인수했다.[21] 하지만 곧 사내에서 충돌이 벌어졌다. 에비를 인수한 팀은 에비의 지식 그래프 기반 질의응답 방식을 고수했다. 반면 또 다른 연구 진영은 딥러닝을 지지했다. AWS가 보유한 방대한 데이터를 활용해 인공지능을 학습시키면 효율이 배가 될 것이라고 믿었다. 이는 데이터가 부족한 다른 경쟁사들이 쉽게 따라할 수 없는 방법이었다. 대규모 클라우드를 가진 기업은 지구상에 몇 되지 않았기 때문이다. 결국 베이조스는 딥러닝 방식에 손을 들어 준다. 마침내 2014년 11월 6일, 아마존의 스마트 스피커 에코Eco에 대한 공개 행사가 열렸다. 에코에 들어간 인공지능 비서의 이름은 알렉산드리아 도서관을 연상하는 알렉사Alexa로 명명됐다. 뉴스나 날씨를 알려 주고, 알람 시각을 설정하고, 쇼핑 목록을 작성하고, 음악을 재생하는 인공지능 비서가 탄생한 순간이었다. 이후 아마존은 연구소인 아마존 AI 랩을 설립하고 인공지능 검색 스타트업 그래픽Graphiq을 인수하는 등 공격적인 행보에 나서게 된다.

아마존이 대대적으로 인공지능에 투자한 이유는 아마존 그 자체가 데이터 기업이기 때문이다. 방대한 데이터를 보유하다 보니 누구보다 학습용 데이터가 풍부하다. 인공지능 서비스를 클라우드 기업인 AWS와 연동할 경우 추가 수익을 낼 수 있는 데다, 아마존 닷컴 고객에게 고객 맞춤 서비스를 제공할 수도 있다.

아마존은 오늘날 생성형 인공지능 전쟁에도 뛰어든 상태다. 대표적인 것이 앤트로픽 Anthropic 에 대한 막대한 투자다. 앤트로픽은 오픈AI에서 임원으로 활동한 다리오 아모데이와 다니엘라 아모데이 남매 등이 퇴사 후 창업한 생성형 인공지능 스타트업이다. 아마존은 2023년과 2024년 두 차례에 걸쳐 앤트로픽에 총 40억 달러를 투자했다. 단순히 투자만 한 것은 아니다. 앤트로픽은 AWS 클라우드를 기반으로 인공지능 서비스를 공급하겠다고 약속했다. 앤트로픽이 성장하면 할수록 AWS 매출이 증가하는 구조인 셈이다.

2023년 11월 미국 라스베이거스에서 열린 리인벤트에서는 중대 발표를 했다.[22] 아담 셀렙스키 AWS CEO는 "기업은 다양한 인공지능 모델에 접근할 수 있어야 한다"라면서 "단일 모델이나 단일 공급자가 시장을 지배해선 안 된다"라고 포문을 열었다. 마이크로소프트-오픈AI 동맹과 이를 추격하고 있는 구글을 정면 겨냥한 것이다. 이 자리에서 AWS는 대규모 언어 모델인 타이탄의 멀티모달 버전을 공개했다. 경쟁사들처럼 문장뿐 아니라 이미지 생성과 음성 인식까지 할 수 있는 인공지능을 서비스하겠다고 선언한 것이다. 투자 확대도 이어지고 있다. 시장조사업체 LSEG에 따르면, 아마존은 2024년 2분기에 164억 1,000만 달러를 비용으로 지출했다. 작년 같은 분기에 비해 43% 급증한 것으로 보인다. 대부분 클라우드와 생성형 인공지능 인프라 구축에 들어갔을 것으로 추정된다.

놀라운 점은 AI 칩에 대한 끝없는 도전이다. 아마존은 2017년부터 잇따라 자체 설계한 AI 칩을 공개하고 있다. ARM 아키텍처 기반 프로세서인 그래비톤Graviton, 머신러닝에 특화된 트레이니움Trainium, 추론용 칩인 인퍼런시아 등이 대표적이다.

AWS에서 기반 시설을 담당하는 프라사드 칼야나라만 부사장은 "AWS는 기반 시설, 머신러닝, 애플리케이션에 대한 효율적 지원을 목표로 하고 있다"라고 말했다.[23] 각각 인공지능 모델을 구축하기 위한 기업, 인공지능 모델을 학습하려는 기업, 인공지능을 활용해 서비스를 만들려는 기업을 겨냥한 것이다. 모든 고객사를 아우를 수 있도록 타사의 반도체까지 한꺼번에 공급하는 백화점식 서비스를 제공하겠다는 뜻이다. 고객이 원하는 상품이라면 무엇이든 상관없이 아마존이 제공하겠다는 포부가 느껴지는 대목이다.

아마존 앞에 놓인 2가지 숙제

아마존닷컴은 하나의 거대한 비즈니스 생태계다. 수많은 제3자 판매자들이 아마존의 플랫폼을 활용해 물건을 팔고 있다. 2024년을 기준으로 약 600만 명에 육박하는 셀러가 아마존에서 활동하는 것으로 집계됐다. 아마존은 이들이 뛰어놀 거대한 판을 깔았다. 그러면서 물류 창고, 검색 서비스, 포장, 배달 서비스와 같은 주문 처리 서비스FBA를 제공하고 수수료를 받는 비즈니스 모델을 구축했다. 아마존 매출 가운데 24%가 바로 제3자 판매로부터 나온다. 2023년 매출이 5,747억 달러니, 어림잡아 1,379억 달러에 달하는 막대한 시장인 셈이다.

셀러들은 연간 70억 개 이상의 상품을 판매하는 것으로 추산되며, 이들의 연평균 매출은 25만 달러인 것으로 나타났다. 제3자 판매자들은 갈수록 대형화되고 있으며, 브랜드 입점 업체 사이에서도 인수합병이 일어나는 중이다. 이러한 기업을 가리켜 애그리게이터 Aggregator 라고 부른다.[24] 소규모 셀러의 브랜드를 인수해 덩치를 키우고 투자자로부터 대규모 투자를 유치해 더욱 공격적으로 아마존에서 물건을 파는 기업이다.

애그리게이터는 아마존에 기회이자 위기로 작용할 가능성이 크다. 제3자 판매자 업체가 성공하면 수익이 함께 상승하지만, 실패하면 함께 타격을 받을 수밖에 없기 때문이다. 애그리게이터를 전문적으로 분석하는 마켓플레이스펄스 Marketplace Pulse 에 따르면, 2023년 애그리게이터는 총 160억 달러에 달하는 투자 자금을 투자사로부터 유치한 것으로 나타났다. 또 일부 기업은 이미 기업가치가 10억 달러 이상인 유니콘 스타트업 반열에 올랐다. 그러나 이들 가운데 일부는 심각한 자금난을 겪고 있다. 대표적인 곳이 스라시오 Thrasio 다. 스라시오는 코로나 발발 한복판인 2021년 4월 기업가치가 이미 3조 원을 웃돌았고, 이를 기반으로 인수한 브랜드만 200곳에 달했다. 하지만 스라시오는 2024년 4월 파산 보호를 전격 신청했다. 코로나가 끝나면서 전자상거래 시장이 정체기에 접어든 데다, 금리 수준이 여전히 높다 보니 이자 부담이 가중된 것이다. 주오자스 카지우케나스 마켓플레이스펄스 CEO는 "한때 급성장한 애그리게이터가 이제 생존을 걱정하게 됐다"라고 진단했다. 아마존은 급한 불을 끄는 중이다. 제3자 판매자를 상대로 마케팅 노하우를 전수하는 셀러 유니버시티를 구축하고, 제3자 판매자에게 사업 자금을 융통해 주는 아마존 렌딩 Amazon Lending 서비스를 시작했다.

아마존의 또 다른 미래는 리테일 미디어 Retail Media 다. 리테일 미디어란 유통사가 직접 진행하는 광고를 가리킨다. 2023년 기준 아마존 매출액 가운데 광고 부문 비중은 8.2%로 약 449억 달러에 달한다. 이는 매우 높은 수준으로, 같은 기간 넷플릭스 매출액이 337억 달러, 유튜브 매출액이 290억 달러인 점을 고려할 때 압도적 우세다. 아마존의 주요 광고 수익은 아마존 플랫폼 내에 있는 제품 검색 광고에서 발생한다. 여기에 더해 다른 웹사이트와 파트너십을 맺고 추가 광고 수익을 올리고 있다. 제3자 판매자 입장에서 아마존에 대한 광고 지출이 매출 증대로 이어지다 보니 안 할 이유가 없는 것이다. 테크놀로지 분야의 애널리스트인 베네딕트 에반스에 따르면 아마존 광고 영업이익률은 50% 이상으로 추정된다. 아마존 플랫폼은 물류와 유통 비용 때문에 수익률이 떨어지더라도, 디지털 기술을 연결해 주는 AWS와 상품 검색 광고를 통해 영업이익을 끌어올릴 수 있는 셈이다.

다만 2024년 글로벌 광고 환경은 양면적이다. 디지털 광고는 경기 둔화 조짐에 빠른 성장이 어렵지만, 직접 고객들의 정보를 수집할 수 있는 퍼스트 파티 데이터 First-party data 기업은 상당 기간 호 경기를 누릴 가능성이 크다. 유럽 연합이 데이터법을 제정하면서 수많은 애플리케이션 기업이 데이터를 수집하는 데 어려움을 겪고 있기 때문이다. 구글과 애플은 각각 안드로이드와 iOS를 운영하고 있어 고객 데이터를 직접 수집해 광고 비즈니스를 펼칠 수 있지만, 안드로이드와 iOS에 데이터를 의존하는 소셜미디어 애플리케이션 기업은 타격을 받을 수밖에 없다. 애플과 구글은 데이터법에 따라 속속 고객 정보 제공을 차단하고 있다. 애플은 앱 추적 투명성 정책을 발표해 맞춤 광고를 차단할 수 있는 권한을 소비자에게 부여했다. 아마존은 이런 점에서 유리한 고지를 점하고 있다. 아마존 역시 수많은 고객 데이터를 직접 모으는 퍼스트 파티 데이터 기업에 속하기 때문이다. 아마존에 관심이 많다면, 데이터 주권의 흐름 변화를 감지하고 있어야 한다.

아마존 연도별 매출액 및 시가총액 (단위: 억 달러)

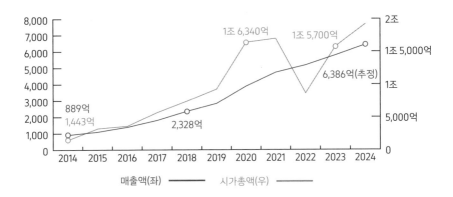

※ 매출은 각 회계연도 말 기준(2024년은 야후파이낸스 전망치), 시가총액은 각 년도 말 기준
(2024년은 8월 1일 기준) 출처: 아마존, 야후파이낸스, 스태티스타

5장

알파벳:
웹2.0의 승자, 웹3.0의 도전자

"래리와 세르게이가 구글을 창업했을 때
가장 인상 깊었던 점 중 하나는
누구나 사용할 수 있도록 했다는 점입니다.
우리는 구글이 모든 사람을 위해
작동하기를 바랍니다."

- 순다르 피차이 -

알파벳

알파벳은 2015년에 설립된 구글의 모기업이다. 모기업 설립은 검색 엔진 외에도 방대한 사업 포트폴리오를 운영하는 구글을 더욱 효율적으로 관리하기 위한 전략적 결정이었다. 구글의 핵심 사업은 여전히 '구글'이라는 이름으로 운영되지만, 건강, 생명공학, 스마트 홈, 자율주행 자동차 등 미래 성장 동력은 알파벳 계열로 활동한다. 알파벳이라는 작명법도 흥미롭다. 알파벳이라는 이름은 '알파벳의 글자들이 모든 언어의 기초가 되듯이, 알파벳의 자회사들도 다양한 산업의 기초를 이루는 역할을 한다'라는 의미를 담고 있다. 공동 창업자인 래리 페이지는 알파벳을 두고 "우리는 모든 종류의 다양한 산업에 걸친 회사들이 되기를 원한다"라고 설명했다. 알파벳의 주식은 크게 2가지 클래스로 나뉜다. A주와 C주가 그것이다. A주는 보통주로서 주주에게 의결권을 제공하며, C주는 의결권이 없는 대신 동일한 배당금 권리를 제공한다. B주도 존재하는데, 창업자·초기 경영진이 보유한 주식으로 높은 의결권을 가진다.

웹에 대한 새로운 통찰력

　1995년 캘리포니아 스탠퍼드대학교, 한 무리의 청년들이 교정을 걷고 있다. 러시아 출신 세르게이 브린은 컴퓨터공학과 2학년 학생으로, 이날 신입생을 위한 가이드를 맡았다. 브린이 이끄는 교정 투어 그룹에는 미시간대학교 공대를 조기 졸업한 래리 페이지가 대학원 진학을 위해 참여했다. 둘은 유대인이라는 공통점을 빼고는 성격이 너무 달랐다. 이들은 언덕에 올라 팰로앨토시를 내려다보면서, 도시 계획에 대한 열띤 토론을 벌였다. 훗날 브린은 "우리 둘 다 서로 불쾌감을 느꼈다"라고 너스레를 떨었다. 구글 2대 CEO인 에릭 슈미트는 이들에 대해 "래리는 사려가 있고 섬세한 데 반해, 세르게이는 시끄럽지만 통찰력이 넘쳤다"라고 평가했다.[1]

　페이지는 이후 인간과 컴퓨터 간 상호 작용의 선구자인 테리

위노그라드 교수 연구실에 배속됐다. 위노그라드는 기계를 상대로 말하는 능력을 가르치려고 한 최초의 학자 중 한 명이다. 페이지는 곧 급성장하는 월드와이드웹의 매력에 흠뻑 빠져들었다. 당시는 웹이 태동하는 시점이었다. 1993년 모자이크, 1994년 넷스케이프, 1995년 알타비스타와 같은 웹 브라우저들이 속속 등장했다.

페이지는 웹을 거대한 그래프로 이해했다. 그러면서 한 가지 사실을 깨달았다. 한 페이지에서 다른 페이지로 링크를 따라가는 것은 쉬운 일이지만, 그 링크를 다시 찾아내는 것은 어렵다는 사실이다. 웹 페이지는 데이터를 저장하는 공간인 노드Node[1]이고, 노드들 간의 연결선은 링크Link다. 공동 창업자인 페이지는 두 웹 페이지 사이의 관계를 묘사하면 마치 거대한 그래프처럼 보인다고 생각했던 것이다. 학계에서는 논문을 작성할 때 수많은 문헌을 인용한다. 그렇기에 논문 중에서도 인용된 횟수가 높을수록 중요한 논문이라는 것을 누구나 알 수 있다. 하지만 당시 웹은 그렇지 않다. 구글의 아이디어는 여기서 출발한다. 누가 누구와 '링크'하고 있는지 알면 매우 유용할 것이라고 생각한 것이 단초였다. 이른바 백럽Backrub 프로젝트의 출발이다. 웹 페이지 A에서 다른 페이지 B로 가는 링크가 있을 때, 이 링크를 통해 B 페이지의 중요성이나

---

[1]　노드란 네트워크나 데이터 구조에서 데이터를 저장하는 기본 단위다. 웹에서는 각각의 웹 페이지가 노드가 된다. 링크는 두 노드를 연결하는 선이고, 웹에서는 이를 하이퍼링크라고 부른다. 즉 하이퍼링크는 두 웹 페이지를 연결하는 선이자, 웹 페이지 간의 상관관계를 보여주는 그래프다.

인기를 평가할 수 있다는 개념이다. 웹 페이지 B가 많은 다른 페이지로부터 링크를 받을수록, 즉 많은 백링크Back Link를 가질수록, 그 페이지는 더 중요하거나 유용하다고 간주된다.

래리 페이지는 백럽을 구축할 당시 1,000만 개로 구성된 페이지를 토대로 실험을 했다. 지금 보면 큰 숫자는 아니지만, 당시로서는 방대한 수학적 작업이 필요했다. 다행히도 페이지는 수학에 뛰어난 재능을 가진 브린과 함께 문제 해결에 뛰어들었다. 페이지와 브린은 이내 웹 보상 시스템이란 것을 만들었다. 중요한 출처에서 온 링크에는 보상을 주고, 그렇지 않은 링크에는 불이익을 주는 랭킹 시스템이었다. 수많은 사이트가 특정 사이트로 연결된다면, 해당 사이트는 중요한 사이트로 판명하는 식이다. 둘은 특정 사이트로 향하는 링크 수를 모두 고려한 페이지 랭크Page Rank라는 알고리즘 개발에 성공했다. 래리 페이지는 훗날 "우리가 만든 엔진이 알타비스타 같은 기존 검색 엔진의 결과보다 우수하다는 사실을 알게 되었다"라고 회고했다.

구글의 첫 번째 시제품은 1996년 스탠퍼드대학교 학생들을 상대로 먼저 공개됐다. 이후 대학을 계속 다닐지 고민하던 둘은 2년 뒤 캘리포니아주 먼로파크의 한 차고에서 회사 문을 연다. 차고는 당시 인텔에 근무하던 마케터 수전 워치츠키의 소유였다.[2]

[2]   구글의 16번째 직원이자 초대 마케팅 책임자로 활동했다. 구글 애드 센스를 기획하고 유튜브를 인수하는 데 가장 중요한 역할을 했다.

구글의 기술력은 충분했다. 하지만 실탄이 부족했던 구글에게 손을 내민 것은 아이러니하게도 오늘날 검색 광고를 놓고 호적수가 된 아마존이다. 넷스케이프와 아마존에서 경영진으로 근무한 램 슈리램이 다리를 놓았다. 슈리램은 25만 달러를 투자했고, 곧 제프 베이조스에게도 이들을 소개시켜 줬다. 베이조스의 투자는 또 다른 투자자를 부르는 신호탄이었다. 실리콘밸리에서 명망 있는 투자사로 이름을 떨친 클라이너 퍼킨스와 세쿼이아 캐피털 등이 구글에 2,500만 달러를 선뜻 투자했다.

페이지와 브린에게 이는 축복이자 재앙이었다. 투자자들은 풋내기 창업자들이 회사를 제대로 운영할 수 있을지 불안해했다. 투자자의 압력에 페이지와 브린은 애플의 스티브 잡스, 인텔의 앤드류 그로브 등 다른 CEO들을 상대로 면접 아닌 면접을 봤다. 마침내 네트워크 솔루션 업체인 노벨Novell을 이끌던 CEO 에릭 슈미트가 새 수장으로 영입됐다. 이 해가 2001년으로 창업 3년 만이었다. 구글은 매그니피센트 기업 가운데 창업자가 회사를 진두지휘한 역사가 가장 짧은 기업으로 꼽힌다.

슈미트의 시대, 스타트업에서 빅테크로

구글의 경영은 슈미트가, 개발은 공동 창업자가 맡았다. 구글은 이 무렵 처음으로 검색 광고 사업을 추진했다. 디지털 광고 기업 오버추어Overture의 전신 고투닷컴과 유사한 애드워즈Adwords를 만들어 광고주와 퍼블리셔를 상대로 광고 상품을 판매했다.[3] 오늘날 구글에서 검색을 하면 키워드 광고가 맨 상단에 뜨는 것 역시 이때 굳어졌다.[3]

슈미트는 작은 스타트업을 글로벌 기업으로 변모시켜 나갔다. 2004년 8월 기업 공개IPO를 단행했고, 2005년에는 5,000만 달러를 주고 안드로이드를 인수했다.[4] 검색 시장점유율은 꾸준히 늘어났다. 2000년대 들어 구글은 검색 엔진 산업에서 확고한 1위를 굳히게 된다. 2002년만 해도 구글의 미국 내 점유율은 16%에 불과했다. 야후 36%에 이은 2위였다. 하지만 2005년에는 36.8%로 뛰어올라 야후를 크게 따돌렸다.[4] 복잡한 변수까지 고려한 구글의 알고리즘을 따라 잡을 기술이 없었기 때문이다. 구글은 2009년 이후 단한 번도 점유율 85%를 내 준 적이 없다.[5]

---

[3]   고투닷컴을 인수한 야후는 구글을 상대로 저작권 침해 소송을 제기했고, 구글은 당시
       3,400억 원에 달하는 270만 주를 지급하는 댓가로 소송에 합의했다.
[4]   앤디 루빈이 2003년 창업한 휴대폰 운영체제 기업으로, 당시 안드로이드는 블랙베리
       (Black Berry) 시스템과 유사했다. 삼성전자에 매각하려다 퇴짜 맞은 일화는 유명하다.
       안드로이드 인수는 페이지가 주도했다.

구글은 곧바로 브라우저 전쟁에 뛰어들 채비를 했다. 인터넷에 접속할 수 있는 소프트웨어 웹 브라우저는 웹의 관문으로 통한다. 1993~1994년 전개된 1차 브라우저 전쟁에서는 마이크로소프트의 인터넷 익스플로러가 넷스케이프에 승리했고, 2009~2015년 2차 전쟁에서는 익스플로러에 맞서 파이어폭스 Firefox 가 대항하는 형세였다. 창업자인 페이지와 브린은 슈미트의 반대에도 새로운 브라우저인 크롬 Chrome 프로젝트를 밀어붙였다. 크롬은 구글 계정과 찰떡궁합이었다. 구글 검색에서 이미지 검색을 지원했고, 다른 웹 브라우저에 비해 단순하고 빨랐다. 크롬은 2008년 출시해 3년만인 2011년 시장점유율 30%를 달성했고, 이듬해 5월 인터넷 익스플로러를 제치며 브라우저 전쟁을 종식시킨다. 2024년 7월 기준 크롬의 점유율은 65.4%로 인터넷 익스플로러의 후신인 엣지 Edge 5.2%를 크게 앞지른 상태다.[6]

유튜브를 16억 5,000만 달러에 인수한 것 역시 슈미트 시대였다. 정확히는 비디오 사업을 담당한 수전 워치츠키가 슈미트를 강력히 설득했기에 가능했다. 미래의 웹이 텍스트에서 비디오로 바뀔 것이라는 예상 때문이었다. 유튜브는 당시 연간 적자가 5억 달러에 육박하는 불확실한 미래였지만, 오늘날에는 구글 수익 사업의 효자로 꼽힌다.

피차이라는 새로운 리더십의 등장

2011년 1월 구글은 새로운 변곡점을 맞이한다. 슈미트가 회장으로 승진해 사실상 경영 일선에서 물러나고, CEO에 창업자인 페이지가 취임한 것이다. 페이지는 CEO로 취임한 뒤 하드웨어 공략에 적극적으로 임했다. 애플이 아이폰을 앞세워 파죽지세로 모바일 영토를 넓히자, 모토로라 모빌리티를 125억 달러에 인수하는 모험에 나서기도 했다. 이후 2015년 페이지는 중대 결심을 한다. 구글을 물적 분할해 지주사인 알파벳을 설립한 것이다. 알파벳은 곧 사명이자 포부였다. G를 상징하는 구글과 같은 빅테크 기업을 A부터 Z까지 육성하거나 인수하겠다는 목표였다.

새로운 CEO에는 크롬 프로젝트를 성공적으로 이끈 수석 부사장 순다르 피차이가 내정됐다. 구글이 새로운 리더십을 받아들인 까닭은 창업 17년 만에 위상이 흔들리고 있었기 때문이다. 사내 비밀 연구소인 구글X에서 추진한 구글 맵, 구글 글래스, 구글 워치가 실패한 데다, 전자상거래 공룡인 아마존이 급성장하면서 검색 광고 시장을 크게 위협했다. 하드웨어도 실패했다. 구글은 모토로라 모빌리티를 인수한 지 3년 만에 레노버에 고작 29억 달러를 받고 되팔았다.

피차이는 한국의 카이스트에 해당하는 인도공과대학교 출신으로, 스탠퍼드대학교에서 재료과학 석사 학위를 받은 전형적인 엘리트 인도계 미국인이다. 그는 맥킨지&컴퍼니에 입사해 경영을 익힌 뒤 2004년 구글에 합류했다. 피차이는 실리콘밸리의 다른 인도계 CEO처럼 근면했다. 피차이의 가문은 인도에서 상대적으로 높은 지위에 속했지만 미국 생활과 견주면 매우 가난했고, 이 때문인지 매사에 감사한 마음으로 임했다. 그는 "어린 시절 집에 냉장고가 없었을 때도 큰 문제가 되지 않았다"라면서도 "하지만 가뭄이 극심할 때는 물이 없어 고통의 연속이었다. 지금도 침대 옆에 물 한 병을 놓지 않고서는 잠을 잘 수 없다"라고 회고한 적이 있다.[7]

피차이가 구글 경영진에게 인정받은 이유는 탁월한 리더십 때문이다. 그는 막대 모양 인터페이스인 '구글 툴바Tool Bar' 프로젝트를 이끌면서 트로이의 목마 같은 담대한 전략을 펼쳤다. 당시 마이크로소프트는 웹 브라우저인 인터넷 익스플로러를 통해 검색 엔진 빙의 점유율을 유지했다. 이때 피차이가 인터넷 익스플로러의 상단 또는 측면에 배치할 수 있는 도구 모음인 구글 툴바를 퍼뜨리는 캠페인을 전개한다.[8] 구글 툴바 설치가 늘수록 인터넷 익스플로러를 사용하는 고객이더라도 검색 엔진은 구글로 변경할 것이라는 믿음이었다. 이후 피차이는 경쟁사들이 구글 툴바를 제거할 것을 염려해 웹 브라우저인 크롬 프로젝트를 추진한다. 피차이 리더십 하에 구글은 명실상부한 브라우저 1위를 달성했다. 피차이는 훗날 CEO에 오를 수 있었던 비결을 묻는 질문에 이렇게 답했다. "나보다 더 뛰어난 사람을 찾아서 그들과 함께 일해야 한다. 그래야 성장할 수 있다. 편한 사람과 일하면 안 된다. 익숙한 일과 사람 속에선 배울 것이 없다."

최고의 인재가 최고의 기업을 만든다

구글이 오늘날 빅테크 기업으로 거듭난 이유에는 특유의 인재 채용 기법이 크게 자리잡고 있다. 페이지와 브린은 '어떤 직원을 채용할 것인가'라는 결정은 한 사람의 관리자가 아니라 여러 집단이 함께 내리는 게 옳다는 생각을 고집했다. 때문에 구글 채용에는 상당수 직원이 참여한다. 구글의 직원 소집 회의는 오늘날 한 달에 1번씩 수백 명이 참여하는 테크톡스 Tech Talks로 발전했다.

구글 최고인적자원책임자 CHRO 이자 인사 담당 수석 부사장을 역임한 라즐로 복은 회사 직원 대다수가 한 주에 4시간에서 10시간을 채용하는 데 보낸다고 고백했다. 경영진은 적어도 한 주에 꼬박 하루를 채용하는 데 할애한다. 구글이 빠르게 성장한 것 역시 그만큼 우수 직원이 많았기 때문이다.[9]

구글은 인재 채용, 특히 신입 채용에 아낌없이 투자하는 것으로 유명하다. 구글은 교육 훈련비를 많이 지급하는 것을 멀리한다. 이는 인재를 제대로 채용하지 못했다는 방증이기 때문이다. 일찌감치 우수 인력을 채용하는 것이 더 효율적이라는 메시지다. 구글 임직원을 가리키는 구글러 Googler 는 주변 엔지니어의 부러움을 살 정도다. 급여와 복지, 근무 환경 어떠한 면에서도 다른 빅테크 기업보다 우수하다. 자기계발비로 대학원 학비 수준의 지원비가 지급되고, 전 세계 구글 사무실 어디에서든지 근무가 가능하다. 급여 또한 최상위권이다. 매그니피센트 기업 중 신입 소프트웨어 엔지니어의 평균 연봉이 가장 높은 곳도 구글로 18만 4,000달러에 달했다.[10] 이어 메타 17만 9,000달러, 아마존 15만 9,000달러, 애플 14만 2,000달러, 마이크로소프트 14만 1,000달러 순이었다.

구글은 인적 자원 관련 예산 가운데 직원 채용에 들이는 비용이 일반 기업의 2배다. 훌륭한 인재를 채용하면 향후 해당 직원에게 투입돼야 할 교육·훈련 비용이 적게 든다는 강한 믿음이 깔려 있기 때문이다. 라즐로 복은 "상위 10% 인재에 속하는 신입 직원은 최악의 경우라고 해도 입사 후 1년간 적어도 평균적인 성과는 낸다"라면서 "반면 평범한 신입 직원은 막대한 교육·훈련 자원을 소비할 뿐 아니라 평균보다 낮은 성과를 낼 가능성이 높다"라고 꼬집었다. 에릭 슈미트 역시 구글 채용 기준을 이렇게 설명했다. "도전하지 않을 사람을 채용하지 말며, 제품과 문화의 가치를 높일 사람을 채용하며, 문제점만 생각하는 사람은 채용하지 말고, 일을 해낼 사람을 채용하라."[11]

구글에서는 이러한 사풍 속에 창업자만큼 유명한 임직원이 유달리 많다. 다른 빅테크 기업에서는 보기 드문 풍경이다. 상당수 구글러가 창업자처럼 행동하며, 그만큼 새로운 프로젝트를 이끌고 조직에 헌신하며 성장을 유도하는 직원이 많다. 구글 내에서는 페이지나 브린 외에도 작은 창업자로 불리는 인물이 수두룩하다. 넷스케이프 영업 책임자 출신인 오미드 코데스타니는 구글의 경영 기반 창업자로 불렸으며, 수전 워치츠키, 살라 카만가, 머리사 메이어는 각각 광고, 유튜브, 검색의 창업자로 호칭됐다.

세계의 도서관으로 성장한 구글

디지털 세상에서 구글은 지구적 도서관으로 성장했다. 30년 전만 하더라도 특정 지식을 원한다면 도서관을 방문해 서적을 찾고 열람해야 했다. 하지만 오늘날 세상의 대다수 모든 지식은 구글에서 찾을 수 있다. 이것이 바로 구글의 힘이다.

스탯카운터에 따르면 2024년 7월 기준 구글의 검색 엔진 시장 점유율은 무려 91%에 달한다. 구글 검색 엔진은 매일 85억 개 이상의 질문을 처리하며, 유튜브에는 매달 20억 명에 달하는 사용자가 방문한다.[12] 구글의 비즈니스 모델이 검색에 뿌리 깊게 박혀 있는 이유다. 구글은 지구적 도서관을 구축해, 지구적 광고 비즈니스를 하는 기업인 것이다. 2024년 1분기 기준으로 알파벳의 비즈니

스 사업을 해부해 보면 아래와 같다.[5]

- **구글 검색**: 매출 비중 57.3%. 구글의 핵심 제품인 구글 검색 엔진과 관련된 매출을 포함한다. 사용자가 구글 검색을 통해 정보를 찾을 때, 검색 결과 페이지에 표시되는 광고로 발생하는 수익이 여기에 해당된다.
- **유튜브 광고**: 매출 비중 10%. 유튜브 플랫폼에서 발생하는 광고 수익이다.
- **구글 네트워크**: 매출 비중 9.2%. 구글의 광고 네트워크를 통해 제3자 웹사이트에서 발생하는 광고 수익이다. 구글 애드센스 같은 프로그램을 통해 운영된다.
- **구글 구독, 플랫폼, 디바이스**: 매출 비중 10.8%. 구글 원, 유튜브 프리미엄, 안드로이드 라이선싱 수수료, 픽셀 스마트폰 판매 등이 여기에 해당한다.
- **구글 클라우드**: 매출 비중 11.9%. 클라우드 컴퓨팅 관련 사업부다. 구글 서비스는 클라우드 상에서 이뤄진다. 이를 기업용으로도 제공하고 있다.
- **기타**: 매출 비중 0.6%. 구글의 실험적인 벤처 프로젝트 관련 사업부다.

---

[5] 구글의 회계 연도는 1월부터 12월까지다. 회계 연도 2024년 1분기는 2024년 1~3월을 가리킨다.

구글은 검색이라는 생태계를 거머쥐고 지구인을 불러 모으고, 광고 네트워크를 만들어 수익을 올리는 비즈니스 모델을 갖고 있다. 구글은 구글 애즈Google Ads라는 광고 플랫폼을 운영한다. 광고주는 키워드를 입찰받아 검색 결과 상단 또는 하단에 광고를 노출할 수 있다. 광고비는 주로 클릭당 비용CPC, Cost Per Click으로 받는다. 광고주가 설정한 키워드에 대해 사용자가 광고를 클릭할 때마다 광고주는 특정 금액을 지불한다. 금액은 키워드 경쟁률, 광고 품질 점수 등에 따라 다르다. 여기서 광고 품질은 광고의 관련성, 클릭률CTR, Click-Through Ratem, 랜딩 페이지 품질 등을 종합 평가해 부여한다. 높은 품질 점수는 낮은 비용으로 더 높은 광고 위치를 차지할 수 있게 한다. 이를 기반으로 광고 품질을 높인다.

구글은 구글 포털뿐 아니라 다른 웹 페이지에도 광고를 게재하도록 지원한다. 이른바 구글 디스플레이 네트워크GDN, Google Display Network다. 구글은 전 세계 200만 개 이상의 웹사이트, 비디오, 앱 등에 광고를 배치할 수 있는 네트워크를 보유하고 있다. 웹 페이지 소유자는 자신의 웹 페이지 일부를 구글에 대여하고, 구글은 광고를 입찰해 광고주의 광고를 해당 웹 페이지에 게재한다. 이때 구글은 생태계에 뻗어 있는 각종 데이터를 활용한다. 관심사, 인구 통계, 위치, 리타겟팅 등 다양한 옵션을 통해 광고를 맞춤화한다.

이러한 지구적 광고 비즈니스는 연간 매출액을 2023년 회계연도 기준 3,073억 달러까지 끌어올렸다. 달러당 원화값을 1,380원으로 고려할 때, 무려 424조 원에 달하는 막대한 금액이다. 구글 매출액 가운데 광고가 차지하는 비중만 놓고 보면 무려 76.5%에 달한다. 구글이 그만큼 글로벌 광고 시장에서 독점적 지위를 누리고 있다는 뜻이다. 같은 해 차량 421만 대를 판 현대차 매출액이 162조 원인 것을 고려할 때, 디지털 생태계를 장악한 구글의 위력을 가늠케 한다.[13]

웹의 제국 구글이 직면한 트릴레마

오늘날 구글은 트릴레마Trilemma, 삼자 택일의 궁지에 빠졌다.[6] 첫 번째는 독점에 대한 문제다. 비즈니스 생태계를 강화할수록 독점에 대한 논란이 커졌고, 반독점 규제와 같은 사회적 도전에 직면했다. 두 번째는 검색과 전자상거래 사이의 경계가 갈수록 모호해지고 있다는 점이다. 아마존과 같은 기업은 이미 검색 광고 영역에 깊숙이 침투했다. 2024년 미국 온라인 광고 시장에서 아마존의 점유율은 14%로 추정되는데, 이는 구글 25.9%, 메타 18.9%에 이어 3위 수준이다. 리테일 미디어란 유통 기업이 운영하는 광고 플랫폼을 가리킨다. 오늘날에는 많은 이가 포털사이트를 통해 상품을 찾

---

[6]   트릴레마는 3가지 목표 간의 상충 관계를 가리킨다. 예를 들어 자유로운 자본 이동, 고정 환율 정책, 독립적인 통화정책은 한 국가에 있어 중요한 목표가 될 수 있지만 이를 모두 만족시키기란 불가능에 가깝나.

기보다 직접 전자상거래 플랫폼에서 상품을 검색한다. 구글로서는 아마존에 대항해야 하지만, 자칫하면 독점 논란에 빠질 수 있는 상황이다. 마지막으로 새로운 검색 방식이다. 오픈AI가 챗GPT를 출시하고 마이크로소프트가 검색 엔진 빙에 챗봇 형태의 검색 엔진을 탑재하면서 구글은 비상이 걸렸다. 구글도 동일한 방식으로 맞대응을 할 수 있지만, 챗봇 검색은 사이트를 제대로 노출하지 않아 잘못하면 비즈니스 생태계를 스스로 파괴하는 우를 범할 수 있다. 이것이 오늘날 구글이 직면한 트릴레마다.

조지 길더는 구글을 '세상 체계'로 규정했다.[14] 세상 체계는 닐 스티븐슨의 소설 《바로크 사이클》에 등장하는 용어로, 어떤 사회의 기술과 제도에 침투해 이 사회의 문명을 알려 주는 사상 그 자체를 가리킨다. 구글은 고객에게 이메일, 검색, 인공지능, 클라우드, 지도 등 자신이 만든 거의 대다수 서비스를 무료로 제공한다. 웹은 곧 무료라는 사상을 설파한 것이다.

그러나 세계 정부들은 이를 용납하지 않았다. 미국 법무부는 구글을 상대로 2건의 반독점법 위반 소송을 제기했다. 소송은 구글의 검색·광고 사업을 모두 정조준하고 있다. 법무부는 구글이 검색 시장을 장악하기 위해 편법을 사용하고 있다고 판단했다. 구글은 화장품을 찾는 사람의 구글 포털 상단에 화장품 광고를 노출해 수익을 낸다. 매출 중 57.3%가 검색 광고에서 나온다. 이를 위해 구글은 스마트폰 양대 산맥인 삼성전자와 애플에게 검색 포털 기본값을 구글로 설정해 달라고 요구하며 막대한 대가를 지불했다. 애플에만 매년 200억 달러를 지급한 것으로 추정된다.[15] 독점적 지위를 얻고자 금품을 지급했다는 것이 법무부의 주장이다.

광고 비즈니스 역시 불공정 논란에 휘말렸다. 구글은 광고주를 웹 페이지 소유자와 연결하는 네트워크 사업을 할 뿐 아니라, 광고 관련 기술을 제공하고 광고 경매를 운영한다. 구글 애드센스가 노출하는 광고는 모든 모바일 기기와 PC 화면에서 볼 수 있다. 법무부는 이 과정에서 구글이 다른 광고업체를 배제했다고 주장했다. 미국 정부는 이번 기회에 구글을 분할해야 한다고 주장하고 나섰다. 미국은 엄격한 자본주의 국가다. 소비자 후생을 저해하는 불공정 행위나 반독점에 예외는 없다. 분할 사례는 수두룩하다. 아메리칸 토바코는 200개가 넘는 담배 회사를 인수하다 1911년 분할됐고, 유선 사업을 독점한 AT&T는 1984년에 8개로 쪼개졌다. 마이크로소프트는 1998년 윈도우에 인터넷 익스플로러를 끼워 팔다 분할 직전까지 몰렸다.

아울러 유럽 연합도 디지털 시장법을 제정하고 플랫폼 기업을 정조준하기 시작했다. 디지털 시장법은 플랫폼 힘이 커지자 투명한 데이터 관리를 장려하고 중소기업을 보호하기 위한 일종의 빅테크 기업 방지법이다. 유럽 연합은 특히 특별 관리 대상으로 구글 모기업 알파벳, 애플, 바이트댄스, 메타, 마이크로소프트 등 6개 사를 지정했다. 구글은 유럽 연합의 이러한 행동에 유럽 안드로이드에서는 검색 엔진 기본 값을 사용자가 선택하도록 할 수밖에 없었다.[16]

코드 레드와 제미나이의 출격

오늘날 구글을 가장 위축시키는 것은 다름 아닌 생성형 인공지능의 등장이다. 구글은 2022년 이전만 해도 인공지능 분야에서 가장 뛰어난 역량을 보유한 빅테크 기업으로 손꼽혔다. 구글은 2013년 제프리 힌턴이 이끄는 DNN리서치를 4,400만 달러에 인수했고, 2014년 알파고로 유명한 딥마인드를 6억 달러에 인수하며 세상을 놀라게 했다. 특히 딥마인드는 이세돌 9단을 꺾은 알파고를 선보였고, 이후 자가 학습을 통해 바둑, 체스, 쇼기(일본 장기)를 독파한 알파 제로를 내놓았다. 또 단백질 정보를 찾아내는 알파폴드를 선보이며 구글을 세상에서 가장 강력한 인공지능 기업으로 탈바꿈시켰다. 2017년 오픈AI가 개발한 GPT-3.5의 근간이 되는 트랜스포머 모델을 내놓은 것도 구글 연구진이었다.

하지만 상용화에선 오픈AI가 빨랐다. 뒤통수를 맞은 것이다. 2022년 11월 오픈AI가 출시한 챗GPT는 출시 5일 만에 월간 사용자 100만 명을 모았고, 두 달 만에 5,700만 명이 사용하는 서비스로 급부상했다. 2023년 2월에는 오픈AI의 든든한 후원자인 마이크로소프트가 챗GPT를 자사의 검색 엔진인 빙에 전격 탑재한다고까지 발표했다.

코너에 몰린 구글은 코드 레드Code Red를 발령했다.[17] 순다르 피차이 CEO는 "챗GPT가 검색 엔진 사업에 가하는 위협을 해결하는 데 집중해야 한다"라고 지시했다. 챗봇 검색을 구글의 비즈니스를 뿌리째 흔들 수 있는 기술로 판단한 것이다. 스리드하르 라마스와미 전 구글 광고 팀 책임자는 "챗GPT는 구글 광고 클릭을 막아 구글에 위협이 될 수 있다"라고 지적했다.

구글이 전열을 가다듬기 시작한 것은 2023년 5월이었다. 순다르 피차이 CEO는 연례 개발자 회의인 구글 I/O 무대에 올라 "인공지능 기업으로 여정을 시작한 지 7년이 지난 지금 우리는 흥미진진한 변곡점에 있다"라고 운을 뗐다. 이날 구글은 대규모 언어 모델인 팜PaLM 2를 선보이며 타도 오픈AI를 외쳤다. 팜 2의 파라미터 수는 5,400억 개로, 1,750억 개를 가진 GPT-3.5 대비 3배 가까이 많다. 그만큼 연산 능력에 자신이 있다는 메시지다. 구글은 팜 2를 기반으로 챗봇 바드Bard 서비스를 업데이트해 가까스로 체면을 지켰다.[7] 특히 이날 구글은 오픈AI의 챗GPT가 영어 외 다른 언어에 약한 것을 고려해, 한국어 포함 40개 언어를 지원한다고 발표했다. 이날 피차이 CEO는 필자와의 대화에서도 "다국어 AI를 만들려면 고려해야 할 다양한 요소가 있다"라면서 "한국은 기술적으로 첨단 국가인 데다 매우 역동적인 곳"이라고 치켜세웠다.[18] 한국 검색 시장은 네이버 57.3%, 구글 32%로 구글이 열세에 놓인 몇 안 되는 국가다.[19] 다국어를 지원해 오픈AI뿐 아니라 다른 검색 엔진 사업자까지 한꺼번에 잡겠다는 메시지였다.

---

[7] 구글은 챗GPT가 등장한 지 3개월 만인 2023년 2월 인공지능 챗봇 바드를 공개했지만, 오답이 속출한 것이 확인되면서 그날 주가가 7.6% 폭락하는 비운을 겪었다.

본래 구글에는 인공지능 담당 부서가 2개였다. 구글 리서치의 브레인 팀과 AI 계열사인 딥마인드가 바로 이들이다. 두 조직은 경쟁적으로 인공지능 서비스를 개발했다. 그러나 경영진은 딥마인드의 서비스가 성능 면에서 더 우수하다고 판단하고, 인공지능 개발의 주도권을 딥마인드에 넘기기로 한다. 이로써 구글은 오픈AI 공세에 시달린 지 1년 만에 전열 정비를 마쳤다.

인공지능으로 서비스를 무장하라

구글은 트릴레마를 해결하는 방법을 찾았다. 구글 서비스 전체를 인공지능으로 업데이트해, 오픈AI를 추격하는 동시에 후발 주자를 따돌리는 전략이었다. 구글은 2023년 12월 대규모 언어 모델인 제미나이 Gemini를 깜짝 선보였다. 예고에 없는 발표였다. 데미스 허사비스 구글 딥마인드 CEO는 제미나이가 '대규모 다중 작업 언어 이해에서 90%의 점수를 얻어 인간 전문가 89.8%를 능가한 최초의 언어 모델'이라는 사실을 강조했다. 제미나이는 이미지를 인식하고, 음성으로 말하고 들을 수 있으며, 코딩을 할 수 있었다. 명실상부한 GPT-4에 대적할 수 있는 멀티모달 엔진이었다.

제미나이는 그 종류가 3개다. GPT-4에 필적하는 대규모 언어 모델인 울트라, 범용 제품인 프로, 인터넷 없이 어디서든 사용할 수 있는 경량화된 온디바이스 모델인 나노가 그것이다.[20] 바드의 인공지능 엔진 역시 팜 2에서 제미나이로 전격 교체됐다.[8] 딥마인드가 구글 내부의 인공지능 주도권을 쥐는 순간이었다.

구글은 마이크로소프트가 인공지능 검색 챗봇을 앞세워 건 도발에 응하지 않았다. 대신 서비스 차별화 전략을 펼쳤다. 이를 위해 가장 먼저 안드로이드와 하드웨어 팀을 인공지능 중심으로 통합해, 플랫폼 및 디바이스라는 새로운 팀을 발족했다. 수장에는 릭 오스텔로를 임명했다. 오스텔로는 픽셀 제품군, 안드로이드, 크롬, 크롬 운영체제, 포토 등을 인공지능으로 업데이트하는 임무를 부여받았다. 서비스는 파격적으로 바뀌기 시작했다.

제미나이는 무료로 배포됐다. 하지만 매달 2만 9,000원을 지불하면 제미나이 어드밴스드로 업그레이드되어, 최고급인 울트라 모델을 사용할 수 있을 뿐 아니라 2TB에 달하는 클라우드 스토리지가 덤으로 제공된다.[9] 클라우드 서비스가 없는 오픈AI로서는 따라할 수 없는 서비스다. 아울러 유료 구독자는 지메일, 구글 독스 등에서도 직접 제미나이를 활용할 수 있도록 요금제를 정비했다. 이메일을 작성하면서 인공지능 챗봇의 도움을 받아 문장의 톤앤매너를 다듬고 다른 외국어로 번역할 수 있는 길이 열린 것이다.

구글은 동맹을 강화했다. 마이크로소프트가 오픈AI와 손잡고

---

[8] 딥마인드는 제미나이를, 리서치는 팜 2와 바드를 각각 밀었던 것으로 알려졌다.
[9] 구글 원에서 2TB를 따로 구독할 경우 연간 요금은 약 11만 9,000원이다.

연합 전선을 구축한 반면, 구글은 디바이스 생태계의 큰 기둥인 삼성전자와 동맹을 구축했다. 구글 클라우드는 삼성 갤럭시 S24 시리즈에 생성형 인공지능 기술을 제공한다고 발표했다. 2024년 1월이었다. 윤장현 삼성전자 MX Mobile Experience 사업부 소프트웨어 담당 부사장은 미국 캘리포니아주 산호세에서 열린 갤럭시 언팩 2024 무대에 올라 "구글과 삼성은 모든 사람이 기술을 더 유용하고 쉽게 이용할 수 있는 환경의 중요성에 대해 오랫동안 공감했다"라면서 "갤럭시 S24 시리즈가 구글 클라우드 버텍스 AI Vertex AI의 제미나이 프로를 탑재하게 됐다"라고 강조했다.[21] 삼성전자는 곧 제미나이를 도입해 갤럭시 S24 외에 다양한 스마트폰에 실시간 통화 통역 기능을 장착했다. 실시간 통역 버튼을 클릭한 뒤, 통역받을 상대방의 언어와 통역해 줄 언어를 설정하면 13개 언어로 통역을 지원받을 수 있다. 실리콘밸리에는 "삼성전자에 좋은 것은 안드로이드에 좋고, 안드로이드에 좋은 것은 삼성전자에도 좋다"라는 격언이 있다. 구글이 안드로이드 생태계의 한 축인 삼성전자를 전폭 지원해, 마이크로소프트뿐 아니라 애플 iOS 생태계를 무너뜨리려는 의도로 풀이된다.

인공지능, 인공지능, 또 인공지능

구글의 인공지능 변신은 현재 진행형이다. 순다르 피차이 구글 CEO는 2024년 5월 구글 연례 개발자 회의 무대에 올라 인공지능을 무려 121차례 언급했다. 그는 "구글은 긴 시간 동안 인공지능을 최우선으로 해 왔다"라면서 "수십 년에 걸친 리더십을 통해 인공지능 발전을 이끄는 많은 혁신 기술을 개발했다"라고 강조했다. 이날 구글은 새로운 서비스인 AI 오버뷰 AI Overviews 를 공개했다. 검색어와 관련된 모든 정보를 이미지, 동영상, 텍스트 등 다양한 형태로 단번에 보여 주는 통합 검색 기법이다. 종전처럼 대화 형태로 검색할 수 있고, 사진뿐 아니라 동영상으로도 검색할 수 있다. 이에 대해 AFP 통신은 "검색 엔진에 생성형 인공지능을 탑재한 것은 구글 검색 등장 이후 25년 만의 가장 큰 변화"라고 평가했다.

이뿐 아니다. 오픈AI가 공개한 동영상 생성형 인공지능인 소라에 필적할 비오 Veo 를 선보였고, 사용자 맞춤형 챗봇인 젬 Gem 을 내놓았다. 2024년 7월에는 오픈AI가 공개한 GPT-4o에 대적할 새로운 챗봇 '제미나이 1.5 플래시 Flash '를 공개했다. 제미나이 1.5 플래시는 기존 제미나이에 비해 더 빠르게 응답하는 것이 특징이다. 구글은 2024년 8월 메이드 바이 구글 2024를 열어 음성 비서인 제미나이 라이브를 월 20달러에 제공한다고 발표했다. 더불어 구글은 인공지능 학습·추론 전용 반도체인 TPU도 최신 버전인 6세대 트릴리움 Trillium 으로 업데이트한다고 밝혔다. 서비스 품질은 높이되,

추론 비용은 낮춰 가격 경쟁력을 확보하겠다는 메시지다.[22]

현재 AI 업계는 구글이 투자한 스타트업을 눈여겨보고 있다. 구글은 스타트업 투자와 인수합병을 통해서도 생태계를 확장하기 때문이다. 구글은 26년이라는 짧은 역사에도 불구하고 지금껏 인수한 기업이 무려 257개 사에 달한다.[23] 해당 기업은 대다수 구글의 한 팀으로 흡수 합병됐다. 영업력 확보가 아닌 인재 확보를 위한 인수합병의 일환이다. 인수한 스타트업을 산업별로 살펴보면 인공지능이 16%로 가장 많았으며, 이어 광고 마케팅 14%, 모바일 13%, 클라우드 11%, 맵·내비게이션 9%, 비디오·미디어 8% 순인 것으로 나타났다. 그만큼 사업 방향에 맞는 기술력 있는 기업을 흡수하면서 오늘날 독점적인 기업으로 성장한 셈이다.

구글의 스타트업 투자는 크게 5개 조직에서 동시다발적으로 이뤄진다. 구글과 구글 클라우드 내부에 있는 개발 팀 외에도 3곳이 더 있다. 초기 스타트업 투자를 담당하는 구글벤처스 Google Ventures, 후기 스타트업을 발굴하는 캐피탈지 Capital G 가 대표적이다. 특히 구글벤처스는 지금껏 총 400개 이상 기업에 대대적인 투자를 단행했다.[24] 우버, 에어비엔비, 슬랙 Slack, 블루보틀, 제트닷컴 Jet.com 이 대표적이다.

구글은 이와 별도로 2017년 인공지능 스타트업만 전문적으로 투자하는 계열사인 그래디언트벤처스 Gradient Ventures 를 설립해 시선을 끌었다. 그만큼 인공지능 기술과 인재 확보에 상당한 공을 들이고 있는 셈이다. 대표 스타트업은 오픈AI 출신이 설립한 앤트로픽이다. 구글은 앤트로픽에 무려 20억 달러를 투자한 것으로 추정된다. 앤트로픽 역시 인공지능 챗봇 클로드Calude를 출시했다. 온 힘을 다해 인공지능에 투자하고 있다는 사실을 여지없이 보여 주는 대목이다.

이와 함께 유심히 지켜봐야 할 부문은 응용 서비스다. 구글은 미래에 AI 플랫폼으로 성장할 수 있는 스타트업에 선제적 투자를 단행했다. 특히 그래디언트벤처스는 AI 플랫폼 기업에 집중 투자 중이다. AI 분석 플랫폼인 캔버스 애널리틱스Canvass Analytics, AI 머신러닝 모델 배포 플랫폼인 알고리미아Algorithmia, AI 채용 플랫폼인 알리오AllyO, AI 세무 회계 자동화 솔루션인 오픈리Openly, AI 영어 교육 플랫폼인 엘사Elsa가 대표적이다. 미래 인공지능 사업이 어떠한 방향으로 비즈니스를 바꿀지 현재로선 알 수 없기 때문에, 폭넓게 투자를 단행하며 생태계를 잡으려고 하는 것으로 보인다.

인공지능 업데이트는 웹 3.0 시대에 살아남기 위한 구글의 포석이다. 창업자인 래리 페이지는 이런 말을 남겼다. "검색 분야의 큰 목표 중 하나는 사용자가 원하는 것을 정확히 이해하고 세상의 모든 것을 이해하는 검색 엔진을 만드는 것입니다. 컴퓨터 과학자로서 우리는 이를 인공지능이라고 부릅니다."

알파벳 연도별 매출액 및 시가총액 (단위: 억 달러)

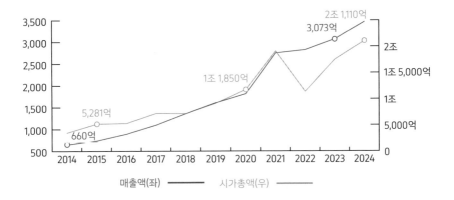

※ 매출은 각 회계연도 말 기준 (2024년은 야후파이낸스 전망치), 시가총액은 각 년도 말 클래스 A, B, C 합산치 기준(2024년은 8월 1일 기준) 출처: 알파벳, 야후파이낸스, 스태티스타

6장

메타:
퍼스트 파티를 향한 꿈

"가장 큰 위험은 위험을 감수하지 않는 것입니다.
정말 빠르게 변화하는 세상에서, 실패하지 않는
유일한 전략은 위험을 감수하는 것뿐입니다."
- 마크 저커버그 -

메타

2021년 10월 29일. 페이스북 CEO 마크 저커버그는 긴급 발표를 단행했다. "페이스북이라는 브랜드가 미래는 둘째 치고 우리가 하는 모든 것을 대표하지 못하고 있습니다. 우리는 이제 메타버스 회사로 보이기를 바라며, 우리가 구축하고 있는 것에 일과 정체성을 두고 싶습니다. 이제 비즈니스를 애플리케이션 제품군과 미래 플랫폼, 2가지 부문으로 나눠 보고 싶습니다." 창업 17년 만에 사명을 페이스북에서 메타 플랫폼스Meta Platforms로 변경하는 순간이었다.[1]

 메타는 이날 캘리포니아주 멘로파크 본사에 있는 상징적인 조형물마저 새롭게 단장했다. 엄지손가락을 위로 치켜세운 '좋아요' 로고를 무한대를 가리키는 시그마 기호로 전격 교체한 것이다. 메타는 가상 세계인 메타버스를 상징하기도 하지만, 그리스어로 '저 너머Beyond'를 의미하기도 한다. 퍼스트 파티 기업으로 도약하고자 하는 열망을 메타라는 사명에 담은 것이다.

지구촌 광장의 탄생

2003년, 매사추세츠주 케임브리지에 있는 하버드대학교 기숙사 방마다 '페이스북'이라는 책이 놓여 있다. 기숙사에 거주하는 모든 학생의 이름과 사진이 담긴 일종의 사진 수첩이다. 컴퓨터공학과에 재학 중이었던 저커버그는 주말에 짬을 내 프로그램 하나를 완성했다. 대학 서버를 해킹해 무단으로 내려받은 학생들의 사진을 토대로, 두 사람 가운데 어느 쪽이 더 매력적인지 결정하는 스피드 퀴즈 프로그램 페이스매시 FaceMash 의 탄생이었다.[2] 소문은 빠른 속도로 퍼졌다. 월요일 아침에 이미 서버가 폭주했고 사이트는 마비됐다. 이후 더 큰 문제가 닥쳤다. 학생들이 사진을 무단 도용한 것에 대해 불만을 토로했고, 하버드대학교 학보사는 저커버그를 비판하는 내용의 기사를 보도한 것이다. 저커버그는 공개 석상에서 고

개를 숙일 수밖에 없었다. 하지만 그는 희망을 함께 보았다.

1984년 치과 의사인 에드워드 저커버그와 정신과 의사인 카렌 저커버그 사이에서 태어난 그는 컴퓨터 신동이라는 소리를 들으며 자랐다. 고등학생 때 이미 수많은 프로그램을 직접 만들었다. 자택과 부친의 치과 병원이 서로 교신할 수 있는 통신 프로그램, 음악 플레이어인 시냅스 Synaps 가 대표적이다. 대학에 진학해서는 스터디 그룹 결성을 도와주는 코스매치 CourseMatch 라는 프로그램을 만들었다. 하지만 페이스매시처럼 인기가 크지는 않았다. 저커버그는 페이스매시에 힌트를 얻어 이듬해 1월 새로운 웹사이트 개발에 돌입했다. 사진 주소록 페이스북은 그렇게 태어났다. 학생들이 학급 친구와 전화번호 등을 적고 이를 서로 교환해 본 뒤 댓글을 달 수 있도록 한 것이다. 페이스북은 처음에 하버드대학교 학생만 사용할 수 있도록 만들어졌다. 하지만 곧 '도장 깨기'에 나섰다. 장소별로 사용자를 급증시키는 전략이다. 컬럼비아대학교, 뉴욕대학교, 스탠퍼드대학교, 다트머스대학교, 코넬대학교 학생들이 곧 페이스북의 팬이 됐다. 그는 2학년을 끝으로 학교를 중퇴했다.

본격적인 사업에 뛰어들고자 빅테크 기업이 밀집돼 있는 실리콘밸리 팰로앨토로 이사했다. 그는 이곳에서 페이팔의 투자자이자 공동 창업자인 피터 틸을 만나 50만 달러에 달하는 투자 자금을 유치했다.[1] 당시 페이스북의 지분 10.2%에 해당하는 금액이었다. 저

[1] 피디 틸은 일론 머스크와노 연결된 실리콘밸리에서 매우 중요한 투자자다. 머스크가 세

커버그는 서비스 외연을 넓히기 시작했다. 2006년에는 대학생뿐 아니라 일반인에게도 페이스북 문호를 열었다. 사용자 수는 무서운 속도로 올라갔다. 그해 페이스북의 월간 활성 사용자는 1,200만 명을 넘었다. 상승세는 멈출 줄을 몰랐다. 2007년에는 월간 활성 사용자가 5,800만 명으로 뛰었고 2008년 1억 명, 2010년에는 5억 명을 넘어섰다.

수많은 빅테크 기업이 페이스북이라는 신생 스타트업의 성장세를 지켜보았다. 이내 러브콜이 쏟아졌다. 야후는 2006년 10억 달러에 페이스북을 인수하겠다고 제안했다. 하지만 저커버그는 이를 단번에 거절한다. 저커버그의 판단은 옳았다. 마이크로소프트는 이듬해 페이스북에 2억 4,000만 달러를 투자하고 지분 1.6%를 확보했다. 1년 새 기업가치가 10억 달러에서 150억 달러로 15배나 높아진 것이다.

창업 8년 차에 접어든 2012년 월간 활성 사용자는 10억 명을 돌파했고, 누적 사진 업로드 건수는 2,190억 건, 친구 연결 건수는 1,400억에 달했다. 페이스북은 곳곳에 광고를 배치해 수익을 냈다. 페이지의 10%와 검색 결과의 20%를 광고로 채웠다. 미래는 장밋빛 그 자체였다. 저커버그는 그해 1,040억 달러 기업가치로 나스닥

운 엑스닷컴(X.com)과 틸이 공동 창업한 컨피니티(Confinity)가 2000년에 합병한 것이 페이팔이다. 페이팔 공동 창업자끼리는 매우 돈독한 유대 관계를 자랑해, 이들은 페이팔 마피아로 불린다.

에 페이스북을 상장시켰다.[2]

그는 이렇게 말했다.³ "만약 제가 지금 페이스북에 있지 않았다면 무엇을 하고 있을까 하는 사고 실험을 자주합니다. 창업 당시에는 소셜네트워크를 구축하는 것이 가장 잘한 일이라고 생각했습니다. 하지만 지금은 이것이 최선의 선택인지 잘 모르겠습니다. 우리는 플랫폼이고 그 위에 무엇인가를 구축할 수 있는 큰 기회가 있습니다."

메타를 성장시킨 해커 문화

메타가 급성장한 배경에는 특유의 해커 문화가 있다. 저커버그는 스스로를 해커라고 생각한다. 여기서 해커란 컴퓨터 시스템에 불법적으로 침입하는 사람이 아니다. 문제 해결을 위해 창의적이고 혁신적인 접근 방식을 사용하는 프로그래머를 가리킨다.[3] 저커버그는 2009년 페이스북 개발자 컨퍼런스에서 이렇게 말했다. "우리의 목표는 빠르게 움직여서 깨뜨리는 것입니다. 그것이 우리가 새

---

[2] 2024년 8월 페이스북 시가총액은 1조 2,044억 달러다. 상장 12년 만에 11.58배 성장한 것이다.

[3] 1960년대 매사추세츠공과대학교 인공지능연구소에서 활동하던 일련의 학생들이 스스로를 해커로 불렀다. 핵(Hack)은 '잘라내다'라는 뜻으로, 초기에는 프로그램을 분석하고 더 나은 방식으로 수정하는 것을 가리켰다.

로운 것을 배울 수 있는 방법입니다. 만약 우리가 아무것도 깨뜨리지 않는다면, 충분히 빠르게 움직이고 있지 않은 것입니다."[4]

저커버그가 도입한 독특한 사내 시스템이 '해커톤Hackathon'이다. 초창기에 메타는 경영진이 머리를 맞대고 기획 회의를 해서 의사 결정을 내리기보다, 정기적으로 해커톤을 열어 직원들이 창의적인 아이디어를 내고 자유롭게 실험하도록 장려했다. 해커톤은 보통 24시간에서 48시간 동안 열린다. 주어진 시간 내에 핵심 서비스를 집중 개발하는 방식이다. 메타는 해커톤을 기반으로 부가 서비스를 잇달아 개발했다. 대표적인 것이 페이스북 메신저다.[5] 페이스북 메신저는 한 개발자가 2008년 해커톤에서 직장 동료끼리 실시간 채팅을 하면 업무 효율이 올라갈 것으로 판단하고 만든 것이다. 페이스북은 이를 2011년 독립 앱으로 출시했다. 페이스북 타임라인, 세이프티 체크, 좋아요 버튼 역시 해커톤에서 나온 산물이다.

페이스북에는 유명한 격언이 있다. '코드가 논쟁을 이긴다Code wins arguments'라는 표현이다. 경영진이 신사업 아이디어를 내고 토론을 벌여 결정짓는 것이 아니라, 빠른 속도로 개발해 작동 여부를 보는 것이 성장에 보탬이 된다는 믿음이다. 해커톤에서 훌륭하다고 평가받은 제품은 경영진 승인을 얻어 실제 제품으로 이어진다. 메타의 성공 비결은 완벽한 제품을 만드는 데 있는 것이 아니라, 빠른 속도로 실행 가능한 제품을 만드는 '린 스타트업Lean Startup' 방식에 있다.[4] 메타의 철학이 곧 해커톤인 것이다. 사용자 관심사와 활동을 토대로 맞춤 콘텐츠를 제공하는 페이스북 뉴스피드 News Feed 역시 이렇게 태어났다. 페이스북 사용자가 좋아요를 누르거나 댓글을 다는 행동을 분석해 가장 관심이 있는 콘텐츠를 상단에 노출하는 방식이다.

창업 10년 뒤 페이스북의 월간 사용자 수는 13억 9,000만 명에 도달했다. 스타트업에서 어느덧 빅테크 기업으로 성장한 것이다. 하지만 페이스북은 창의적인 아이디어보다 안정을 추구하기로 결정한다. 저커버그의 설명이다. "빠르게 움직이는 것이 매우 중요하기 때문에 그동안 몇몇 버그도 용인했습니다. 여전히 빠르게 움직이고 싶습니다. 하지만 이제 빠른 개발도 안정적인 기반 구조 위에서 하고 싶습니다. '빠르게 움직이고 안정적인 인프라를 구축하자'가 우리의 새로운 철학입니다."6

---

[4]   린 스타트업은 최소 자원으로 신제품이나 서비스를 빠르고 효율적으로 개발해 시장에 출시하는 방법이다. 수많은 회의를 거쳐 완벽한 제품을 한 번에 만들기보다, 최소 기능 제품(MVP, Minimum Viable Product)을 만들어 먼저 선보이고 사용지 피드백을 받아 업네이트하는 것이 린 스타트업 기법이다.

미래 플랫폼을 위하여

메타는 지구적 광장이나 다름없는 빅테크 기업이다. 2024년 2분기 기준 메타가 운용하는 페이스북, 인스타그램, 왓츠앱과 같은 앱에 접속하는 월간 사용자는 32억 7,000만 명에 달한다.[7] 하지만 메타에는 치명적인 약점이 있다. 고객 데이터를 간접적으로 확보하는 서드 파티 Third Party 기업이라는 사실이다.

플랫폼에는 두 종류가 있다. 서비스를 직접 제공하고 이를 통해 데이터를 수집하는 퍼스트 파티와 퍼스트 파티 플랫폼을 이용해 서비스를 제공하는 외부 기업인 서드 파티가 그것이다. 메타는 이 지점에서 구글, 애플과 다르다.[5] 플랫폼 사업에 필수적인 데이터의 상당수를 구글과 애플 앱스토어에 의존하고 있기 때문이다.

메타가 사명을 변경한 데는 애플이 적잖은 영향을 끼쳤다. 애플은 2021년 4월 운영체제인 iOS를 14.5버전으로 업데이트하면서 개인 정보 보호 정책을 대대적으로 변경했다. 페이스북은 그동안 iOS에서 제공하는 위치 정보, 설치한 앱 정보, 전화번호 정보 등을 활용해 맞춤 광고 사업을 펼쳤다. 하지만 애플은 이런 정보에 대한 차단 권한을 소비자에게 부여했다. 이른바 광고주 식별자 IDFA,

---

[5]   구글은 자사의 검색 엔진, 유튜브, 지도 서비스를 통해 데이터를 수집하고 이를 기반으로 타겟 광고를 제공한다. 애플은 iOS와 관련 서비스인 앱스토어, 애플 뮤직, 아이클라우드를 통해 데이터를 수집한다. 하지만 메타는 대다수 핵심 정보를 구글과 애플의 운영체제와 앱스토어를 통해 받는다.

Identifier for Advertisers 정책 변경이다. 메타의 데이브 웨너 최고전략책임자CSO는 애플의 정책 변경에 대해 "메타가 연간 100억 달러 이상의 광고 매출 손실을 입을 수 있다"라고 염려했다. 이는 당시 메타 매출의 8%에 해당하는 금액이었으며, 메타의 주가는 고점 대비 26% 하락했다.

메타가 메타버스 생태계 구축에 적극적인 이유가 바로 여기에 있다. 스마트폰 시대에서는 퍼스트 파티 지위를 잡지 못했지만, 차세대 스마트폰인 가상현실 시대에서는 반드시 운영체제를 사로잡겠다는 포부다. 메타버스 총괄인 비샬 샤는 이렇게 강조했다.[8] "플랫폼이 어떤 숫자 이상의 사용자들을 갖게 되면 콘텐츠 생산자들의 생태계가 급격히 확장되는 순간이 옵니다. 그 매직넘버가 1,000만 명입니다. 가상현실의 경우에도 그 숫자 이상이 되면 콘텐츠와 가격 측면에서 규모의 경제가 발생하기 시작할 것입니다." 메타는 2021년 10억 달러를 메타버스 생태계에 투자한다고 발표했다. 차세대 헤드셋을 개발하고 운영체제인 메타 호라이즌Meta Horizon 운영체제를 기반으로 하는 가상현실 전용 앱 생태계를 구축하겠다는 메시지다. 2004년 창업한 지 17년 만에 일어난 메타의 대대적인 변화였다.

메타, 광고 시장을 지배하다

메타가 전 세계 투자자의 돈을 끌어 모으는 이유는 디지털 광고 시장에서 듀오폴리 Duo-poly 로 성장했기 때문이다. 듀오폴리란 두 회사가 시장을 독점하고 있다는 뜻이다. 메타는 구글과 함께 디지털 광고 시장을 양분하고 있다. 미국 내 디지털 광고 점유율을 살펴보면 2024년 기준 구글이 25.9%, 메타가 18.9%를 차지하고 있다. 이어 아마존 14%, 마이크로소프트 3.9%, 틱톡 2.6% 순이다.[9] 메타의 비즈니스 모델은 매우 간단하다. 메타의 수익은 대부분 페이스북, 인스타그램, 왓츠앱과 같은 소셜네트워크와 메신저를 토대로 한 광고 판매에서 일어난다. 2024년 1분기 매출액을 뜯어보면 아래와 같이 구성돼 있다.[10]

- **앱 사업군**: 매출 비중 98.79%. 애플리케이션 패밀리 부문은 페이스북, 인스타그램, 메신저, 왓츠앱 등 애플리케이션에서 발생하는 매출을 포함한다. 절대 다수는 광고다. 메타는 타깃 광고로 높은 광고 수익을 창출한다. 다양한 플랫폼에서 광고를 제공해 글로벌 광고주들에게 효과적인 마케팅 솔루션을 제공한다. 전체 매출에서 광고 비중은 무려 97.75%에 달한다. 콘텐츠 판매와 구독은 1.04%에 불과하다.
- **리얼리티 랩스** Reality Labs : 매출 비중 1.21%. 리얼리티 랩스는 가상현실 및 증강현실 기술을 개발하고 상용화하는 부문이다. 오큘러스 VR 헤드셋과 관한 소프트웨어 및 콘텐츠 실적을 반영한다.

메타가 광고에 집중할 수밖에 없는 이유는 소셜네트워크 서비스의 특성 때문이다. 사용자 수는 곧 가치로 이어지고, 구독 모델을 채택하면 사용자 수는 감소한다. 이를 '네트워크 승수 효과Network Effects'라고 부른다. 네트워크에 연결된 사용자 수가 증가할수록 그 네트워크의 가치가 증가하는 현상이다. 만약 한 네트워크에 10명이 있다면, 네트워크 가치는 10의 제곱이다. 10명을 연결하면 상호 간 연결할 수 있는 회선은 100개가 된다. 100명으로 늘어나면 회선은 1만 개로 늘어난다. 이를 멧커프의 법칙이라고 부른다. 페이스북은 "모두가 목소리를 낼 수 있어야 하고, 모두가 연결돼야 한다"라고 강조했다. 무료로 개방해 더 많은 사람을 모으겠다는 포부인 것이다.

페이스북 광고는 크게 5종이다. 사용자 페이지에 나타나는 뉴스피드 광고, 스토리에 노출되는 스토리 광고, 자동 재생되는 비디오 광고, 여러 이미지와 설명을 넘기면서 보여 주는 캐러셀Carousel 광고, 제품 이미지를 커버 이미지 형태로 보여 주는 컬렉션Collection 광고 등이다. 페이스북은 연령·성별·위치와 같은 인구 통계, 사용자가 좋아하는 관심사, 광고주가 제공한 고객 리스트를 엮어 광고주에게 맞춤 광고 솔루션을 제공한다. 광고주는 클릭될 때마다 지불하는 방식인 CPC와 광고가 1,000번 노출될 때마다 지불하는 CPM 가운데 선택할 수 있다. 다른 플랫폼에 비해 더 적은 금액으로 더 높은 광고 효율을 누릴 수 있는 한, 광고주는 메타에 광고할 수밖에 없는 셈이다. 메타 비즈니스 모델의 핵심이 바로 사용자 수와 정교한 데이터인 것이다. 광고 실적은 곧 주가에 영향을 준다. 메타의 매출액은 2023년 1,349억 달러로, 10년 전인 2014년 124억 달러 대비 10.8배 증가했다. 같은 기간 시가총액은 2,167억 달러에서 1조 1,840억 달러로 5.4배 늘어났다. 매출과 시가총액 간 상관 계수는 0.97로 나타났다. 1에 가까울수록 두 변수 간 강한 양의 상관 관계가 있다는 뜻이다.

문제는 광고가 경기 둔화에 직접적인 영향을 받는 산업이라는 점이다. 메타의 2022년 매출액은 1,166억 달러로 전년 1,179억 달러 대비 소폭 후퇴했다. 경기 둔화로 디지털 광고가 줄었기 때문이다. 그 기간 시가총액 역시 9,219억 달러에서 9,096억 달러로 줄어들었다. 숙제는 또 있다. 메타는 이미 지구적 서비스를 구축했기 때문에 사용자 수 증가에 제약이 있다. 스태티스타에 따르면 2024년 2분기 메타 플랫폼 사용자의 월간 활성 사용자 수는 32억 7,000만 명으로 직전 분기 32억 4,000만 명 대비 소폭 증가했다.

또 다른 문제는 데이터 확보다. 유럽 연합이 2018년 발효한 유럽 일반 개인정보 보호법은 맞춤 광고를 어렵게 만들었다. 유럽에서 활동하는 기업은 반드시 수집한 데이터를 사용자에게 알리고 이에 대한 동의를 받아야 한다. 만약 사용자가 바라다면 반드시 데이터를 삭제해야 한다. 이를 위반할 경우 글로벌 매출의 최대 4%까지 과징금으로 부과된다.[11] 광고 플랫폼 사업자로서 치명적일 수밖에 없다.

메타가 새로운 플랫폼에 적극적인 이유다. 메타는 2021년 사명을 변경하고 메타버스 생태계 확대에 나섰다. 현재 메타는 오큘러스Oculus 브랜드로 고성능 VR 헤드셋을 내놓고 있으며, 호라이즌 운영체제를 통해 수많은 개발자가 가상현실 앱을 만들도록 독려하고 있다. 또 호라이즌 월드Horizon Worlds 와 같은 소셜 가상현실 플랫폼을 내놓았다. 호라이즌 월드는 사용자들끼리 회의를 하거나 업무를 진행할 수 있는 가상 공간이다.

메타는 메타버스 세상에 구글 애플과 같은 퍼스트 파티 비즈니스 모델을 구축했다. 개발사가 오큘러스 운영체제에 앱을 업로드하고 유료 아이템을 팔 때마다 30% 수수료를 받고, 호라이즌 월드에 디지털 체험물을 판매하면 47.5%에 달하는 수수료를 받는 모델이다. VR 업계는 수수료가 높다고 지적하지만, 메타는 생태계 유지에 필수적이라고 반박한다.

메타버스 생태계 확대는 메타의 남은 숙제다. 호라이즌 월드의 월간 활성 사용자 수는 20~30만 명에 그친 것으로 알려졌다.[12] 메타는 이런 문제점이 VR 특유의 어지러움 유발 현상 때문이라고 판단하고 헤드셋 개선에 몰두하고 있다. 저커버그는 2022년 11월 '인사이드 더 랩'이라는 온라인 이벤트를 열어 VR 디스플레이가 조만간 튜링테스트를 통과할 것이라고 강조했다. 메타가 말한 튜링테스트란 컴퓨터상 이미지가 실제 사물과 필적하는지 판별하는 테스트다. 그만큼 메타버스 시대가 성큼 다가올 것이라는 기대감을 갖고 있는 것이다.

메타 숙명의 라이벌, 팀 쿡과 일론 머스크

메타가 운영하는 소셜네트워크 서비스는 상대적으로 기술적 진입 장벽이 낮다. 다른 빅테크 기업이 도전하기 쉬운 영역이다. 일론 머스크는 트위터를 인수해 X라는 서비스로 메타에 대항하고 있고, 마이크로소프트는 링크드인을 인수해 전문가 네트워킹 서비스를 제공하고 있다. 여기에 더해 퍼스트 파티로 꼽히는 구글과 애플은 개인 보호 정책을 변경해 메타의 성장에 제동을 걸 힘을 보유하고 있다.

그래서 메타의 성장에는 충돌이 불가피하다. 대표적인 사례가 메타와 애플의 신경전이다. 두 거인이 격돌한 배경은 인터넷을 바라보는 시선이 크게 다른 데 있다. 저커버그는 광고를 기반으로 하는 무료 개방형 인터넷을 옹호하는 데 반해, 애플은 유료로 하더라도 보다 안전한 인터넷을 구축하기를 희망한다.

미국 테크놀로지 업계에는 명사들만 참석할 수 있는 비밀 비즈니스 모임이 있다. 투자 은행인 앨런&컴퍼니Allen&Company가 미국 아이다호주 휴양지 선밸리에서 7월마다 개최하는 선밸리 콘퍼런스Allen&Company Sun Valley Conference다. 수많은 빅테크 기업 경영진이 이곳에 참석해 덕담을 건네고 비즈니스 미팅을 펼친다. 하지만 2019년은 상황이 달랐다. 당시 페이스북은 유권자 프로파일링 기업인 케임브리지 애널리티카Cambridge Analytica가 5,000만 명이 넘는 페이스북 사용자 정보를 수집한 것이 밝혀지면서 사회적 곤욕을 치렀다. 팀 쿡 애플 CEO는 선밸리에서 페이스북을 정조준했다. 그는 "페이스북은 수집한 모든 정보를 삭제해야 한다"라고 강도 높게 비판했다.[13] 저커버그는 충격을 받았다. 사용자 데이터를 토대로 광고 사업을 펼치는 페이스북으로서는 사업을 중단하라는 메시지였기 때문이다. 메타가 할 수 있는 대안은 몇 가지 없었다. 페이스북은 공식 포스팅을 통해 "팀 쿡은 끊임없이 우리 사업 모델을 비판하고 있다"라며 "우리는 임직원들에게 안드로이드 폰을 사용하도록 권장하고 있다"라고 적었다. 하지만 저커버그가 한 가지 간과한 것이 있다. 애플은 물리적인 힘을 갖고 있다는 사실이다. 애플은 2년 뒤 iOS를 업데이트해 아이폰 사용자에게 데이터 추적 차단 권한을 부여했다. 아이폰 사용자는 앱 개발사의 데이터 추적 권한을 차단하기 시작했다. 저커버그는 이에 "맞춤형 광고에 의존하는 전 세계 수백만 중소기업과 소상공인이 피해를 받을 것"이라고 호소했다. 그러면서 애플을 공개적으로 비판하는 광고를 주요 일간지에 잇따라 실었다.

저커버그와 팀 쿡이 데이터 통제를 놓고 충돌했다면, 일론 머스크 테슬라 CEO와는 새 서비스를 갖고 부딪쳤다. 머스크는 2022년 무려 440억 달러에 트위터를 인수한 뒤 이름을 X로 변경했다. 새로운 소셜미디어는 철저한 표현의 자유를 신봉했다. 머스크는 도널드 트럼프 전 대통령의 계정을 복구한다고 선언했다. 당시 트럼프는 대선에 불복한 시위대가 연방 의사당에 난입하는 데 일조했다는 이유로 트위터 계정을 영구 정지당한 상태였다. 머스크의 이러한 정책 변경에 따라, X에는 편향된 발언을 삼가는 이른바 '정치적 올바름'을 전혀 고려하지 않은 게시물들이 쏟아졌다. 광고주는 당혹스러워 했다. 애플과 디즈니 등 주요 광고주는 트위터에 대한 광고를 끊었고, 수많은 트위터 사용자는 다른 플랫폼을 찾기 시작했다. 매출에서 광고가 차지하는 비중이 90%에 달하는 X로서는 견디기 힘든 나날이었다.

메타는 이 틈을 정확히 노렸다. 2023년 '스레드Threads'라는 탈중앙화 소셜네트워크 서비스를 만든 것이다. X에 대한 명백한 도전이었다. 저커버그는 "어떤 서비스처럼 정신 나간 운영을 보여 주지 않을 것"이라며 머스크를 도발했다.[14] 머스크는 이에 "스레드는 우선순위에 밀렸다"라고 응수했다. 빅테크 기업 창업자 간의 충돌은 X와 인스타그램에서 이어졌고, 물리적 대결로까지 번질 기미를 보이며 화제가 되었다.[15]

곰곰이 생각해 보면 저커버그가 노이즈 마케팅을 제대로 펼친 것으로밖에 해석할 수 없다. 신생 서비스인 스레드를 출시한 메타로서 홍보 수단이 절실했던 것이다. 머스크 역시 이번 소동을 통해 정치적 올바름에 대한 사회적 관심을 일부 돌리는 데 성공했다.

스레드와 X에는 한 가지 공통점이 있다. 이 둘은 모두 뉴스피드에 알고리즘이 추천하는 게시물을 우선적으로 노출하는 방식인 '추천'과 사용자가 팔로잉하는 이의 게시물만 노출되는 '팔로잉'을 제공하는데, 기본 설정이 '추천'으로 되어 있다.[16] 사용자에게 정보 선택권을 주는 대신 인플루언서를 육성하고 이를 토대로 맞춤 광고를 극대화할 수 있도록 설계한 대목이다. "괴물과 싸우는 자는 스스로 괴물이 되지 않도록 조심해야 한다"라는 프리드리히 니체의 명언처럼, 두 빅테크 거인의 대결은 서로를 유사하게 만들었다.

플랫폼을 넘나드는
오픈 메타 생태계

인수합병을 통한 생태계 확장

메타의 미래를 짐작하는 방법은 스타트업에 대한 투자 흐름을 살펴보는 것이다. 메타는 그동안 인수합병을 통해 생태계를 확장했다. 대표적인 사례가 인스타그램 인수다. 메타는 2012년 직원이 13명에 불과한 사진 공유 스타트업 인스타그램을 10억 달러라는 비싼 돈에 전격 인수했다. 스탠퍼드대학교 대학생인 케빈 시스트롬과 마이크 크리거가 인스타그램을 창업한 지 불과 2년 만의 일이다. 이들은 2010년 iOS 전용 사진 공유 앱을 개발했다. 앱은 다양한 필터를 활용해 감성 있는 사진을 촬영하고 이를 공유할 수 있도록 지원했고, 젊은 여성을 중심으로 선풍적인 인기를 끌었다. 창업

이듬해에 무려 1,000만 명 이상의 사용자를 확보했다.

당시 소셜네트워크 업계는 전쟁 중이었다. 링크드인이 2002년, 페이스북이 2004년, 트위터가 2006년, 스냅챗이 2011년에 각각 태어나 새로운 영역인 소셜네트워크를 놓고 각축을 벌였다. 여기에 더해 구글은 페이스북의 파죽지세를 목격하고 2011년 유사 서비스인 구글 플러스를 출시했다. 서클 Circles 이라는 그룹을 형성해 친구와 지인을 관리할 수 있는 서비스였다. 소셜네트워크 업계는 조금이라도 더 사용자를 확보하려고 안간힘이었다. 트위터는 2012년 4월, 인스타그램에 5억 달러 인수를 제안하며 가장 먼저 접근했다. 페이스북 입장에서 인스타그램은 큰 위협 대상이 아니었다. 하지만 인스타그램 사용자가 앱을 통해 찍은 사진을 트위터에 올리는 일이 빈번해지자 경계의 대상이 됐다. 저커버그는 인스타그램과 트위터가 결합할 경우 페이스북을 위협할 수 있다고 판단했다. 그는 인스타그램 창업자 시스트롬을 집으로 초대해 트위터가 제시한 금액의 2배를 불렀다.[17] 속전속결이었다. 인수합병은 하루 뒤 발표됐다. 오늘날 인스타그램은 메타에 없어서는 안 될 서비스로 자리매김했다. 중복 계정 기준으로 볼 때, 월간 사용자 수는 페이스북이 30억 6,500만 명, 유튜브가 25억 400만 명, 인스타그램이 20억 명, 왓츠앱이 20억 명, 틱톡이 15억 8,200만 명 수준이다. 인스타그램은 오늘날 1,000억 달러 이상의 가치가 있을 것으로 판단된다.

미국인의 카카오톡에 해당하는 왓츠앱 역시 페이스북이 자체 개발한 서비스가 아니다. 저커버그는 2014년 야후 출신인 브라이언 액튼과 얀 쿰이 공동 창업한 왓츠앱을 무려 190억 달러에 인수했다. 왓츠앱의 초기 투자사인 세쿼이아 캐피털은 무려 5,000%에 달하는 수익률을 기록했다. 저커버그는 같은 해 스페인 바르셀로나에서 열린 모바일 월드 콩그레스에 참석해 이렇게 강조했다.[18] "인류에게는 무료로 사용할 수 있는 기본 인터넷 서비스 그룹이 필요합니다. 그것이 바로 인터넷 911이라는 개념입니다. 페이스북과 같은 소셜네트워킹 서비스, 메시지 서비스, 날씨 검색과 같은 서비스를 포함해야 합니다."

저커버그는 같은 해 22살의 가상현실 매니아인 팔머 럭키가 창업한 오큘러스 VR을 20억 달러에 인수하기도 했다.[19] 저커버그는 당시 "가상현실은 소셜 네트워킹의 중요한 미래"라면서 "가상현실이 사람들에게 더 몰입감 있는 경험을 제공해, 다양한 영역에서 새로운 기회를 창출해 줄 것"이라고 강조했다. 메타는 오큘러스 VR 기술을 활용해 다양한 헤드셋을 출시했다. 스마트폰 없이도 가상현실 콘텐츠를 즐길 수 있는 오큘러스 고Oculus Go, 가볍고 인터페이스가 간단한 메타 퀘스트Meta Quest 2, 몰입감을 극대화한 메타 퀘스트 3이 대표적이다.

하지만 모든 인수합병이 성공한 것은 아니다. 저커버그는 10대와 20대 사이에서 인기를 끌던 메시지 앱 스냅챗도 인수하고자 했다. 그는 운영사인 스냅Snap에 30억 달러 인수를 제시했지만, 창업자인 에반 스피겔은 이를 단칼에 거절했다. 야후가 페이스북 인수를 시도한 것과 묘하게 오버랩이 되는 장면이다. 스냅의 오늘날 기업가치가 246억 달러에 달하는 점을 고려할 때, 스피겔의 선택은 현명했다고 할 수 있다.

페이스북이 창업한 이후 지금까지 인수한 스타트업은 무려 100개 사에 육박한다.[20] 인수의 상당수는 우수 개발자 확보가 목적이다. 인수 기업을 산업별로 살펴보면 소셜미디어가 52%를 차지하고 있고, 이어 메타버스 21.7%, 광고 분석 11.5%, 인공지능 13.4% 순으로 나타났다.

하지만 유사 플랫폼을 인수해 덩치를 키우는 방식은 갈수록 어려워질 것이다. 실제로 메타는 2020년대 이후 인공지능과 메타버스 스타트업에 투자를 집중하고 있다. 미국과 유럽을 중심으로 플랫폼 기업에 대한 반독점 염려가 커졌기 때문이다. 메타는 2020년 한국계 미국인인 알렉스 정이 창업한 움직이는 이미지 플랫폼인 기피Giphy를 4억 달러에 인수한 적이 있다. 하지만 영국 경쟁시장국은 이를 불허했다. 당시 영국 경쟁시장국은 "광고 시장에서 잠재적 경쟁자였던 기피가 사라지면 메타의 시장 지배력이 더욱 높아질 것"이라고 지적했다. 경쟁시장국의 행정 처분을 이행하지 않을 경우, 최대 글로벌 매출의 10%를 벌금으로 부과받을 수 있다. 메타는 기피를 매각하겠다고 약속할 수밖에 없었다.

메타는 수익을 창출할 수 있는 스타트업에 투자를 집중하고 있다. 2020년대 들어 인수한 스타트업 리스트를 살펴보면 VR 게임 스튜디오가 가장 많다. 다운포어 인터랙티브Downpour Interactive, 빅박스 VR BigBox VR, 아머처 스튜디오 Armature Studio, 카무플라지 Camouflaj 가 대표적이다. 또 VR 핵심 기술을 보유한 프리사이즈 Presize, 로펠트 Lofelt, 유닛 2 게임즈 Unit 2 Games 와 AI 기업인 AI리버리 AI.Reverie, 글랜스 Glance 를 각각 인수했다.

인공지능 시대, 안드로이드를 꿈꾸다

메타의 또 다른 미래는 인공지능이다. 2023년 6월 7일 저커버그는 메타 본사에서 메타버스와 인공지능을 어떻게 접목할 것인지에 대한 새 비전을 제시했다. 또 페이스북과 인스타그램과 같은 소셜미디어에 텍스트, 이미지, 비디오 생성 인공지능를 도입하겠다는 원대한 계획을 발표했다. 저커버그는 "경쟁사보다 더 많은 사람이 접근할 수 있는 인공지능 모델을 개발하기 위해 노력하겠다"라면서 "생성형 인공지능 기술이 결국 사람들이 새로운 가상 세계 아이템과 경험을 구축하는 데 도움을 줄 것"이라고 강조했다.[21]

그해 9월 저커버그는 연례 행사인 메타 커넥트 2023을 열어 생성형 인공지능 제품을 대거 공개했다. 메타의 인공지능 비서 이름은 메타AI로 명명됐다. '헤이 메타'로 말을 하거나 입력하면 메신저 서비스에 메타AI가 등장해 궁금한 것에 답변하는 방식이다. 메타는 패리스 힐튼, 미스터 비스트, 켄달 제너와 같은 유명인들과 대화하는 듯한 사용자 경험을 제공하겠다고 발표했다. 또 왓츠앱에는 인공지능을 활용한 이모티콘 생성 기능을 장착한다고 선언했다. 사용자가 입력한 텍스트에 맞춰 이모티콘이 생성되고 이를 다른 사용자에게 보낼 수 있는 기능이다. 아울러 메타가 출시한 스마트 글라스 레이밴 메타Ray-Ban Meta에도 인공지능을 접목하기로 했다. 스마트 글라스가 사용자 음성을 인식해 이를 수행하는 서비스다. 예를 들어 "내가 보고 있는 것이 어떤 물건이야"라고 물으면, 인공지능이 이를 설명해 주는 방식이다.[22]

메타는 컴퓨팅 파워 확보를 위해 대대적인 투자도 단행했다. 메타는 엔비디아의 AI 가속 칩인 H100을 곧 60만 개까지 확보할 계획인 것으로 알려졌다.[23] 이는 어느 정도 컴퓨팅 파워일까. 일반적인 중급 PC는 단정밀도에서 1~5테라플롭스Tera Flops 수준의 성능을 낸다.[6] 테라플롭스는 1초당 1조 회에 달하는 부동 소수점 연산 능력을 뜻한다. H100은 단정밀도에서 630테라플롭스 성능을 갖고 있다. 다시 말해 최대 3억 7,800만 대에 달하는 중급 PC 성능을 보유하겠다는 포부인 것이다. 다만 업계에서는 총 90억 달러에 달하는 비용 부담이 발생할 것으로 보고 있어, 단기적으로 주가에 부담이 될 수 있다.

메타의 인공지능 서비스는 메타가 개발한 대규모 언어 모델

---

[6] 단정밀도(FP32)와 배정밀도(FP64)는 부동 소수점 연산에서 사용되는 정밀도를 나타내는 용어다. FP32는 32비트로 실수를 표현하는 것을 가리킨다. 소수점 아래 7자리 정도의 정밀도를 나타낸다. 인공지능, 기계 학습, 그래픽스 연산 등에 주로 사용되는 척도다.

라마를 기반으로 작동한다. 메타는 2024년 4월 라마 3를 전격 공개했다. 라마 3는 파라미터의 수가 80억 개, 700억 개, 4,000억 개에 달하는 버전으로 구성돼 있다. 메타는 700억 개 버전의 경우 경쟁사인 구글의 제미나이 1.5 프로와 앤트로픽의 클로드 3 소네트 Sonnet 보다 우수하다고 강조했다. 또 종전 제품인 라마 2 대비 7배 이상 많은 15조 개 이상의 토큰으로 훈련되었다고 설명했다.[7] 일상적인 질문부터 과학, 기술, 공학, 수학, 코딩, 역사 지식에 이르기까지 다양한 분야의 데이터 세트를 학습한 것이다. 메타는 해당 모델을 메타AI에 통합시켰다.

메타가 노리는 것은 무엇일까. 메타는 인터넷 시대의 후발 주자였지만, 인공지능 시대에는 선발 주자로 꼽힌다. 2014년 인공지능 연구소인 FAIR Fundamental AI Research 를 발족시켰고, 이듬해 4대 인공지능 석학으로 꼽히는 얀 앙드레 르쿤 뉴욕대 교수를 수석 인공지능 과학자로 영입한 것이 대표적이다. 2022년 11월 오픈AI가 GPT-3.5 기반의 인공지능 에이전트인 챗GPT를 내놓은 지 불과 3개월 만에 라마를 발표하며 맞불을 놓을 수 있었던 것은 그만큼 충분한 역량을 갖고 있었기에 가능했다.

컨스텔레이션 리서치 Constellation Research 의 홀거 뮐러 애널리스트

---

[7] 토큰은 문장이나 텍스트를 구성하는 가장 작은 단위다. 예를 들어 "나는 학생입니다"라
는 문장이 있다면, 여기서 토큰은 '나', '는', '학생', '입니다' 와 같이 띄어쓰기로 구분되는
각각의 단어다.

는 "메타는 광고 수익을 창출하는 비즈니스 모델을 갖고 있어 인공지능에 계속 투자해야 한다"라면서 "만약 다른 기업의 인공지능이 더 뛰어날 경우, 한순간에 트래픽을 잃을 수 있다"라고 설명했다.[24]

메타는 다른 빅테크 기업과 큰 차이가 있다. 오픈AI, 구글, 마이크로소프트가 자사의 인공지능 모델 알고리즘을 외부에 철저하게 비밀로 부치는 것과 달리, 메타는 이를 공개하는 오픈소스 전략을 구사하고 있다는 점이다. 저커버그는 2024년 7월 "올해 라마 3 모델이 가장 앞선 모델들과 경쟁할 수 있게 됐고, 내년부터는 미래 라마 모델들이 산업에서 가장 앞선 모델이 될 것"이라고 힘주어 말했다. 저커버그는 오픈소스 기반 인공지능이 소규모 모델을 미세 조정하는 데 최적의 선택이 될 것이라고 밝혔다. 그러면서 저커버그는 아마존, 데이터브릭스, 엔비디아와 같은 기업들이 라마를 활용해 모델을 개발 중이라는 사실을 공개했다.

이를 놓고 AI 업계는 인공지능 시대의 안드로이드 전략으로 평가한다. 구글이 2008년부터 안드로이드를 오픈소스 프로젝트로 개방해 생태계를 확대한 것처럼, 메타가 빠른 속도로 인공지능을 확대하는 전략을 취하고 있다는 판단이다. 저커버그는 이런 말을 남겼다. "우리의 목표는 플랫폼을 구축하는 것이 아닙니다. 우리의 목표는 플랫폼을 넘나드는 것입니다." 소셜미디어와 메신저에서 벗어나 새로운 시대에는 반드시 퍼스트 파티로 도약하고 싶다는 염원이 담긴 발언이다.

메타 연도별 매출액 및 시가총액 (단위: 억 달러)

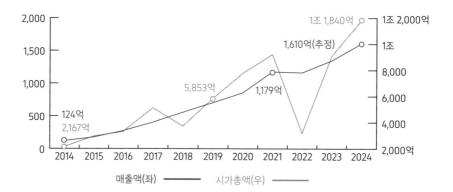

매출액(좌) —— 시가총액(우) ——

※ 매출은 각 회계연도 말 기준(2024년은 야후파이낸스 전망치), 시가총액은 각 년도 말 기준
(2024년은 8월 1일 기준) 출처: 메타, 야후파이낸스, 스태티스타

7장

테슬라:
전기차를 넘어 에너지와 로봇으로

"어떤 일이 충분히 중요한 일이라면
시도해 봐야 합니다.
비록 실패할 가능성이 있더라도 말입니다."

- 일론 머스크 -

테슬라

현지 시각 2024년 1월 15일. 일론 머스크 테슬라 CEO는 X를 통해 인간을 꼭 닮은 휴머노이드 로봇 '옵티머스'의 새로운 모습을 선보였다. 영상에 등장한 옵티머스는 바구니에 담긴 옷을 들어 올려 탁자 위에 펼쳐 놓고 능숙한 솜씨로 접어 한쪽에 쌓았다. 머스크는 이를 두고 "옵티머스는 아직 작업을 자율적으로 수행할 순 없지만, 앞으론 어떤 환경에서도 자율적으로 수행할 날이 올 것"이라고 말했다.[1] 머스크가 로봇이라는 아이디어를 구상한 지 3년 만의 일이다.

오늘날 테슬라는 중국산 저가 전기차 공세에 대항하고 있다. 로봇은 돌파구다. 머스크는 2024년 6월 텍사스주 오스틴에서 열린 연례 주주총회에서 "옵티머스 로봇이 테슬라를 시총 25조 달러 회사로 만들 것"이라고 강조했다. S&P 500 시가총액이 약 46조 3,550억 달러이니, 그 절반을 테슬라가 차지하겠다는 포부를 드러낸 것이다. 머스크가 테슬라를 창업한 지 20년 만에 큰 도전을 선포한 장면이다.

머스크와 운명의 만남

　머스크가 전기차에 크게 눈을 뜬 계기는 2003년으로 거슬러 올라간다. 머스크는 그해 10월 스탠퍼드대학교에서 스페이스X 창업자로서 왜 우주에도 기업가 정신이 필요한지를 주제로 강연을 했다. 그런데 세미나가 끝난 직후 한 청년이 다가와 "해럴드 로젠과 만남을 주선해 드리겠습니다"라고 말을 건넸다. 로젠이 누구인가. 1963년 세계 최초로 지구 정지 통신 위성인 신콤 2호 Syncom 2를 발사한 미국의 대표적인 우주항공 엔지니어가 아니던가. 머스크는 솔깃했다. 이때 머스크에게 접근한 인물이 스탠퍼드대학교에서 에너지시스템을 전공한 뒤 로젠의 사무실에서 인턴으로 근무한 J. B. 스트로벨이라는 열혈 청년이었다.

　스트로벨은 전기차 마니아였다. 스탠퍼드 재학 중에 낡은 포르쉐를 개조해 납산 배터리만으로 굴러가는 전기차를 개발한 적이 있고, 이후 로스앤젤레스로 넘어가 리튬이온 배터리를 경차에 장착하는 실험을 진행하고 있었다. 자금이 부족해진 스트로벨이 스승 로젠의 이름을 팔아 머스크로부터 투자를 받을 심산이었던 것이다. 머스크는 스트로벨에게 이렇게 말했다. "한때 스탠퍼드대학교에서 고밀도 에너지 저장을 연구하려고 했습니다. 세상에서 가장 큰 영향을 줄 수 있는 것이 무엇일까 고민하던 시절, 전기차와 에너지 저장은 목록 상위에 있었습니다." 머스크는 흔쾌히 스트로벨의 사업에 1만 달러를 투자하겠다고 약속했다.[2]

이후 스트로벨은 머스크와 전기차 사업의 징검다리 역할을 한다. 머스크는 스트로벨로부터 또 다른 기업을 소개받았다. 바로 톰 게이지와 앨런 코코니가 이끄는 AC 프로펄전 AC Propulsion 이라는 전기차 구동 시스템 기업이었다. 머스크는 이들이 만든 티제로 TZero 라는 프로토타입 자동차를 보고 충격을 받는다. 볼품없는 시제품이었지만 미래 자동차를 바꿀 것이라는 확신이 들었다. 하지만 상용화를 둘러싼 머스크와 AC 프로펄전의 생각은 전혀 달랐다. AC 프로펄전의 경영진은 미래 전기차는 네모반듯한 박스카 형태로 진화될 것으로 본 데 반해, 머스크는 고가의 전기차는 반드시 스포츠카와 같이 고성능 차량의 모양새를 하고 있어야 한다고 맞섰다. 머스크는 "AC 프로펄전의 구동 기술을 활용해 자체적인 스포츠카를 만들고 싶다"라고 제안한다. 하지만 게이지와 코코니는 또 다른 자동차 마니아인 마틴 에버하드를 만나 볼 것을 권유했다. 이미 스포츠카 라이선스를 에버하드에게 넘겼기 때문이었다.

머스크가 페이팔을 공동 창업해 핀테크 역사에 획을 그었듯, 에버하드 역시 네트워크 컴퓨팅 디바이스Network Computing Devices를 공동 창업해 네트워크 터미널을 개발하는 데 크게 기여한 인물이다. 에버하드는 AC 프로펄전에 대한 기사를 읽고 무작정 경영진에 전화를 걸었다. "만약 납산 배터리를 리튬이온으로 바꾼다면, AC 프로펄션에 15만 달러를 투자하겠습니다." AC 프로펄전은 2003년 9월 3.6초 만에 시속 60마일까지 가속할 수 있는 티제로를 개발하는 데 성공한다. 하지만 머스크가 그랬듯이 에버하드 역시 개발 방식을 놓고 AC 프로펄전 경영진과 생각이 달랐다. 에버하드는 전기차 스타트업을 직접 창업하겠다고 결심하고, AC 프로펄전과 라이선스 계약을 맺어 기술을 도입한다. 그는 함께 일했던 동료인 마크 타페닝을 끌어들여 2003년 테슬라 모터스를 공동 창업했다.

머스크와 에버하드의 만남은 초기 전기차 역사에서 빼놓을 수 없는 이벤트다. 머스크의 초대로 테슬라 창업 팀은 스페이스X가 있는 로스앤젤레스에서 2시간이 훌쩍 넘는 미팅을 가졌다. 그 결과 테슬라 모터스를 확장하는 데 합의한다. 머스크는 640만 달러에 달하는 자금을 테슬라에 투자하는 동시에 스트로벨을 테슬라 모터스에 합류시켰다. 새로운 테슬라가 탄생한 것이다. 머스크가 이사회 의장을, 에버하드가 CEO를, 타페닝이 사장을, 스트로벨이 최고기술책임자를, 이안 라이트가 최고운영책임자를 각각 맡기로 했다.

로드스터의 탄생과 머스크 유일 체제 확립

테슬라의 첫 번째 자동차 모델인 로드스터 Roadster 는 2006년 처음 공개됐다. 로드스터는 전기차 역사에서 획을 그은 자동차다. 리튬이온 배터리팩을 사용한 첫 양산형 전기 스포츠카라는 점에서 대중화의 가능성을 연 것이다. 한 번 충전으로 약 245마일(약 394km)을 주행할 수 있었고, 0마일에서 60마일(약 97km)까지 가속하는 데 걸리는 시간은 3.7초, 최고 속도는 125마일(약 201km)에 달했다. 당시 고성능 스포츠카인 2008년형 포르쉐 911 카레라 S Carrera s 가 60마일까지 가속하는 데 4.8초가 걸리고 최고 속도가 177마일(약 285km)인 점을 고려할 때, 전기차의 비약적 발전을 입증했다.

로드스터는 2008년부터 2012년까지 생산되었으며, 총 2,450대가 판매됐다. 로드스터는 전기차는 볼품없고 조악하다는 사람들의 인식을 서서히 바꿔 나갔다. 하지만 로드스터 상용화 과정에서 공동 창업자 간 불협화음은 커져 갔다. 머스크는 처음부터 완벽한 제품을 요구했다. 구체적으로 188cm의 큰 체형의 성인이 편하게 탑승할 수 있도록 넓은 문을 요구했고, 일반적인 문 손잡이를 떼어 내고 전동식 손잡이를 달아 미래 지향적으로 보일 것을 주문했다. 소재는 유리 섬유 복합소재 대신 더 강력한 탄소 섬유로 대체해야 한다고 강조했다.[1] 생산 비용은 눈덩이처럼 커졌다.

---

[1]   유리 섬유는 해양 산업(보트), 건설 지지, 스포츠 장비 등에 주로 쓰이는 소재다. 반면 탄

테슬라를 이끌던 머스크와 에버하드는 개발 과정에서 갈등을 반복했다. 결정적인 계기는 창업자 논쟁이었다. 로드스터가 공개되자 대다수 언론은 테슬라의 창업자를 에버하드로 소개하기 시작했다. 머스크는 크게 실망했다. 에버하드가 창업한 것은 맞지만, 오늘날 테슬라를 일궈 낸 것은 머스크 아니던가. 2007년 8월 열린 이사회는 유달리 분위기가 무거웠다. 의장인 머스크가 CEO인 에버하드를 상대로 자동차 제작 비용이 얼마나 소요될 것이냐고 캐물었다. 에버하드는 불필요한 낭비는 없다고 항변했지만 이미 머스크의 결심이 선 상태였다. 머스크는 최대 주주이자 이사회 의장이었다. 머스크는 며칠 뒤 에버하드에게 전화를 걸어 "이사진이 만장일치로 당신을 해고하는 데 합의하기로 했다"라고 짧게 말을 전했다.[3]

이후 테슬라 CEO에 전자제품 위탁 생산 업체인 플렉스트로닉스Flextronics의 마이클 마크스가 임명됐다. 하지만 그 역시 3개월을 못 버티고 물러났다. 마크스는 생산 전문가로 생산에 필요한 여러 프로세스를 간결하게 만들어 플렉스트로닉스의 수익성을 높인 인물이었다.[4] 하지만 양산 과정에 대한 견해는 머스크와 크게 달랐다. 마크스는 로드스터 양산을 위해선 노하우가 많은 정통 자동차 기업과 협업해야 한다고 주장했지만, 머스크는 직접 양산을 하지

소 섬유는 항공우주 산업, 고성능 자동차, 고급 스포츠 장비에 사용된다. 강도 무게 내구성에서 탄소 섬유가 탁월하지만 가격이 10배 비싸다. 잡아당기는 힘인 인장 강도는 탄소 섬유가 약 4,000메가파스칼(MPa)로 유리 섬유(2,000메가파스칼)보다 2배 강하다.

않고서는 가격을 낮출 수 없다고 주장했다. 머스크는 이 당시 이미 기가팩토리 건설을 구상하고 있었다.

마크스가 물러난 이후 반도체 기업인 모놀리틱 메모리Monolithic Memories를 창업해 AMD에 매각했던 제브 드로리가 새 CEO로 영입됐다. 하지만 자동차에 대해 아는 것이 별로 없었던 그 역시 10개월 만에 퇴임 수순을 밟았다. 머스크는 2008년 10월 마침내 테슬라의 네 번째 CEO로 취임하게 된다.

모델 S, 테슬라를 세계 최강 전기차 기업으로 만들다

오늘날 테슬라가 세계 최고의 전기차 기업으로 우뚝 선 배경에는 모델 S의 성공이 자리 잡고 있다. 2012년 모습을 드러낸 모델 S는 테슬라의 첫 대량 생산 세단이라는 점에서 전기차 대중화의 길을 활짝 열었다. 한 번 충전으로 최대 370마일(약 595km)을 주행할 수 있는 능력과 0에서 60마일(약 97km)까지 가속하는 데 2.4초가 걸리는 성능은 압도적이었다.[5] 여기에 더해 2014년 10월 선보인 첫 오토파일럿Auto Pilot은 테슬라를 단순한 전기차가 아닌 자율주행차 기업으로 변모시키는 데 충분했다. 전방 레이더, 12개의 장거리 초음파 센서, 전방 카메라, 디지털 제어 전기 보조 브레이크 시스템은 전 세계 전기차가 가야 할 방향을 명확히 제시했다. 방향 지시등을 누르면 차선을 변경하고, 도로 표지판을 읽으며, 교통 체증을 인식해 크루즈 컨트롤을 사용할 수 있는 놀라운 시스템이었다.

모델 S의 개발 과정은 결코 간단하지 않았다. 머스크가 모델 S 양산을 위해 영입한 대표적 인물이 프란츠 폰 홀츠하우젠이다. 홀츠하우젠은 테슬라에 합류하기 전 폭스바겐, 제너럴 모터스, 마쓰다에서 디자이너로 근무했다. 그는 테슬라 디자인을 진두지휘했다. 머스크는 스페이스X 공장 옆에 있는 낡은 항공기 격납고를 구입해 홀츠하우젠이 사용할 수 있도록 스튜디오로 제공했다. 머스크는 그와 함께 매주 금요일마다 디자인 집중 검토 시간을 가졌다.

또 다른 도전은 배터리였다. 로드스터는 좌석 뒤에 배터리 팩을 박스 형태로 달았지만, 모델 S는 차량 바닥 아래에 설치하는 것으로 결정이 났다. 배터리 설계를 주도한 인물은 드루 배글리노였다. 배터리 팀은 주행 거리 목표에 맞춰 배터리 셀을 몇 개로 할지, 공기 역학은 어떻게 개선할지, 셀의 에너지 밀도는 얼마나 높일지를 테스트했다. 모델 S를 위해 총 8,400개 셀이 필요하다는 계산이 내려졌다. 하지만 머스크는 7,200개 셀로 동일한 성능을 내도록 주문했다. 결국 배글리노는 머스크의 주문을 완수했다.

자동차 설계를 총괄한 것은 수석 엔지니어인 피터 롤린슨이다.[2] 그는 랜드로버의 차제 작업을 담당한 인물로, 단순히 차량에 배터리팩을 설치하는 것이 아니라 배터리팩이 자동차의 한 구조

---

[2] 피터 롤린슨은 테슬라에서 차량의 구조와 생산 방식을 혁신하는 데 앞장섰다. 이후 테슬라의 대항마인 루시드 모터스의 CEO이자 최고기술책임자로 합류해 활동하고 있다.

물이 될 수 있도록 설계했다. 머스크는 롤린슨과 홀츠하우젠이 같은 공간에서 함께 근무해야 한다고 지시했다. 디자이너나 엔지니어 중 한 명이 먼저 작업을 한 뒤 상대편이 이어받아 후속으로 작업하던 업계의 일반적 관행을 깬 것이다. 이에 대해 홀츠하우젠은 훗날 "엔지니어처럼 생각하는 디자이너, 디자이너처럼 생각하는 엔지니어를 육성하겠다는 것이 머스크의 비전이었다"라고 회고했다.

가장 어려운 작업은 양산이었다. 여전히 신자유주의 물결이 넘실대는 미국엔 '값비싼 제조는 아시아와 같은 국가에 맡기고, 고부가가치 산업인 디자인과 설계를 하는 것이 옳은 경영'이라는 믿음이 만연했다. 하지만 머스크는 직접 양산을 고집했다. 그는 자동차를 제대로 설계하는 것만큼 제대로 생산하는 것이 중요하다고 믿었다. 오라클의 창업자인 래리 엘리슨은 이를 두고 스티브 잡스보다 일론 머스크가 더 위대하다고 치켜세운 적이 있다. 그는 "잡스는 개념과 소프트웨어만 제대로 잡고 제조는 위탁 생산에 의존했다. 하지만 머스크는 제조와 재료, 이를 넘어 공장까지 직접 주도했다"라고 높이 평가했다.[6]

테슬라는 양산을 위해 실리콘밸리에 있는 공장을 인수했다. 머스크는 2010년 5월 토요타가 내놓은 폐공장을 4,200만 달러라는 헐값에 사들이며 토요타로부터 5,000만 달러를 투자받았다. 이를 위해 머스크는 사전에 치밀하게 준비했다. 토요타 아키오 회장을 자택으로 초대해 로드스터에 탑승시킨 뒤 드라이브를 하면서 전기차의 미래에 대해 열변을 토한 것이다. 폐공장을 사들인 머스크는 재설계에 골몰했다. 엔지니어 사무실을 라인 밖으로 배치해 설계와 생산 담당이 유기적으로 협조하도록 했고, 자신의 사무실은 전 라인이 보이는 곳에 두었다.

테슬라는 2010년 6월 나스닥에 공식 상장됐다. 상장 당시 테슬라는 1,330만 주의 보통주를 공개했다. 첫 거래 가격은 주당 17달러였고, 이날 시가총액은 17억 달러에 불과했다. 2024년 8월 기준 테슬라의 시가총액은 7,413억 달러다. 14년 만에 몸집이 무려 436배나 커진 셈이다.

테슬라의 성공에는 미래형 공장 기가팩토리가 빠질 수 없다. 기가팩토리는 전기차뿐 아니라 배터리와 에너지 저장 시스템을 생산하는 대형 제조 시설이다. 오늘날 기가팩토리는 전 세계에 뻗어 있다. 미국 텍사스주 오스틴에 있는 기가 텍사스, 미국 네바다주 트러키 메도우스에 있는 기가 네바다, 미국 뉴욕주 버팔로에 있는 기가 뉴욕, 중국 상하이에 있는 기가 상하이, 독일 베를린 근교에 있는 기가 베를린이 대표적이다.

머스크는 기가팩토리로 생산의 혁신을 달성했다. 기가팩토리에는 로봇 팔과 자동화된 이동 시스템이 곳곳에 투입돼 있다. 특히 압권은 테슬라의 주요 부품을 단일 주조물로 생산할 수 있게 하는 설비, 기가프레스 Giga Press 다. 길이 20미터, 높이 7.5미터, 넓이 6.5미터에 달하는 기가프레스는 한번에 5,600톤에서 6,200톤에 달하는 힘으로 알루미늄 합금을 찍어 낸다. 예를 들어, 기가프레스는 한 번의 움직임으로 모델 Y의 차량 후면 하부 프레임을 찍어 낸다. 일반적 공정이었다면 부품이 총 70개 필요했을 공정을 단 하나의 부품으로 대체한 것이다.[7] 테슬라는 오늘날 기가팩토리에서 모델 S, 모델 3, 모델 X, 모델 Y, 사이버트럭, 테슬라 세미 총 6개에 달하는 자동차 모델을 내놓고 있다.

테슬라, 대중을 사로잡아라

　　테슬라는 매년 가파르게 성장하는 빅테크 기업으로 꼽힌다. 2023년 매출액은 967억 달러로, 달러당 원화값을 1380원으로 고려할 때 약 133조 원에 달하는 금액이다. 2019년 매출액이 245억 달러이니 2019년 대비 4배 가까이 성장한 셈이다.[8] 다만 2023년 영업이익은 88억 9,100만 달러, 영업이익률은 9.1%에 그쳤다.[3] 기업이 생산 및 판매 활동을 통해 얼마만큼의 이익을 창출하는지를 보여 주는 지표인 매출 총이익은 2019년 40억 6,900만 달러에서 2023년 176억 6,000만 달러로 4.8배 증가했다. 매출 총이익률은

---

[3]　매출 총이익은 기업의 총 매출에서 매출 원가를 차감한 금액을 가리킨다. 기업이 제품을 생산하고 판매하는 과정에서 발생한 직접적인 비용을 제외한 후의 수익이다.

같은 기간 16.6%에서 18.2%로 상승했는데, 이는 테슬라가 생산 효율성을 향상하고 규모의 경제를 달성했음을 시사한다. 그동안 원가 절감, 생산 프로세스 개선, 공급망 최적화와 같은 혁신 활동이 결실을 맺은 것이다. 다만 상대적으로 낮은 영업이익률은 지속적인 연구개발 투자와 생산 설비 확장과 같은 미래 성장을 위한 지출이 크다는 것을 뜻한다.[4] 테슬라가 시장점유율 확대를 위해 공격적으로 가격 인하를 단행한 동시에 장기적 경쟁력 확보를 위해 움직이고 있다는 것을 알려 준다. 오늘날 테슬라는 다양한 사업을 펼치고 있다. 크게 자동차 부문, 에너지 생성 및 저장 부문, 서비스 및 기타 부문이다. 2024년 실적 비중을 살펴 보면 다음과 같다.

- **자동차**: 매출 비중 81.6%. 테슬라의 핵심 사업 분야다. 전기 자동차 설계, 제조, 판매를 포함한다. 주요 모델은 모델 3, 모델 Y, 모델 S, 모델 X 등이다.
- **에너지 생성 및 저장**: 매출 비중 7.7%. 테슬라는 태양광 패널, 태양광 지붕 제품, 에너지 저장 솔루션인 파워월 Powerwall, 파워팩 Powerpack, 메가팩 Megapack 을 판매한다.
- **서비스 및 기타**: 매출 비중 10.7%. 차량 서비스 및 수리, 충전 인프라,

[4] 2024년 자동차 기업들의 영업이익률은 10%대다. 현대차와 기아차가 각각 9.2%, 11.9%에 달한다. 또 메르세데스-벤츠와 스텔란티스는 각각 12.5% 수준이다. BMW 그룹 역시 11.5%로 두 자릿수다.

중고차 판매, 차량 보험을 포함하는 사업군이다.

전기차의 종류는 크게 4가지다. 우선 배터리를 통해 에너지를 저장하고 전기 모터로만 움직이는 순수 전기차 '배터리 전기차 BEV, Battery Electric Vehicle'가 있다. 이어 전기 배터리와 내연 기관을 함께 사용하는 '플러그인 하이브리드 전기차 PHEV, Plug-in Hybrid Electric Vehicle', 다음은 전기 모터와 내연 기관을 함께 사용하지만 외부 전기 충전 없이 내연기관 구동으로 전기를 발생하는 '하이브리드 전기차 HEV, Hybrid Electric Vehicle', 마지막으로 수소 산소의 화학 반응을 통해 전기를 생성해 구동하는 '수소연료전지 전기차 FCEV, Fuel Cell Electric Vehicle'가 있다.

다른 정통 자동차 기업과 달리 테슬라는 배터리 전기차에만 집중하고 있다. 이는 친환경 전기차라는 브랜드 유지에 큰 보탬이 되지만, 역으로 다양한 수요를 충족시키지 못하는 단점이 있다. 테슬라는 2024년 2분기에 총 41만 831대를 생산했는데, 이는 전년 같은 기간 대비 14% 줄어든 수치다. 배송은 총 44만 3,956대로 같은 기간 9% 감소했다. 테슬라의 자랑이었던 짧은 재고 일수도 늘어났다. 2024년 2분기 글로벌 차량 재고 일수는 21일로, 1년 전 15일 보다 크게 늘어났다.

이는 중국 기업들이 크게 부흥한 결과다. 2023년 전 세계적으로 총 1,400만 대의 전기차가 새롭게 등록됐다. 이 가운데 배터리 전기차가 70%, 플러그인 하이브리드 전기차가 나머지를 점유하고 있다.[9] 여전히 배터리 전기차 비중이 높지만 하이브리드 수

요도 만만치 않다. 전기차 시장조사업체인 SNE리서치에 따르면, 2024년 1분기 세계 각국에 등록된 전기차의 총 판매 대수는 313만 9,000대로 전년 동기보다 20.4% 증가했다. 인도된 차량 대수를 기준으로 점유율을 살펴보면 1위는 중국 비야디 BYD 로 18.5%에 달했다. 이어 테슬라 13.1%, 중국 지리 Geely 7.9% 순이었다. 현대기아차는 3.9%를 차지해 7위였다. 비야디, 지리, 상하이자동차 SAIC, 창안 Changan 과 같은 중국 기업의 총 전기차 인도 점유율은 무려 35.3%에 달한다.[10] 카운터포인트리서치가 집계한 순수 전기차 점유율만 놓고 보면 테슬라는 20%로 1위를 차지하고 있지만, 영역을 넓혀 보면 중국 기업에 밀리는 것이다.

중국은 제조업 부흥을 위해 전기차 산업에 막대한 보조금을 투입하는 중이다. 2024년과 2025년에는 전기차를 포함한 신에너지 차량을 구매할 경우 차량당 최대 3만 위안(약 4,175달러)에 달하는 세금 감면 혜택을 주고 있다. 2009~2022년에는 약 1,730억 달러에 달하는 예산을 전기차 지원에 투입했다. 비야디가 받은 전기차 보조금만 37억 달러에 달한다. 전 세계 전기차 수요의 절반 이상이 중국에서 발생하는 이유다. 2023년에 등록된 전기차 가운데 60%는 중국에서 나왔다. 유럽 25%, 미국 10%보다 압도적으로 높은 비중이다. 이러한 지원에 힘입어 중국 기업은 크게 성장 중이다. 중국은 2023년에만 총 120만 대에 달하는 전기차를 유럽과 아시아 등에 수출했다. 테슬라가 중국 본토뿐 아니라 유럽과 아시아에서 중국 기업과 경쟁을 벌이는 구조가 된 것이다.[11]

테슬라의 또 다른 난관은 배터리 전기차의 수요가 약해졌다는 데 있다.[12] 컨설팅업체 KPMG가 실시한 설문 조사에 따르면, 미국 소비자 가운데 20%만이 향후 순수 전기차를 구입하겠다고 답했다.[13] 하이브리드 전기차라는 답변은 38%, 내연 기관차라는 답변은 34%였다. 전기차를 구매하지 않으려는 주된 이유 중 하나는 충전소요 시간이었다.

물론 투자 업계는 전기차로의 전환은 필수 불가결하다고 보고 있다. 하지만 캐즘 Chasm 에 걸리는 시간은 상당할 것으로 보인다.[5] 지금껏 테슬라를 구입한 고객은 대체로 환경을 생각하고 신기술을 쉽게 받아들이는 신흥 엘리트였다면, 앞으로 일반인도 손쉽게 구입할 수 있는 대중화된 자동차가 등장해야 한다는 목소리다. 머스크 역시 이를 인정하고 있다. 그는 2024년 1분기 컨퍼런스 콜에서 "전기차 시장은 수요 둔화로 힘든 시기를 겪고 있다"라면서 "많은 업체들이 플러그인 하이브리드를 채택하고 있는데, 이러한 현상이 몇 년간 지속될 것으로 보인다"라고 말했다. 하지만 머스크는 "결국에 순수 전기차가 시장의 주류가 될 것"이라고 거듭 강조했다.[14]

---

[5]   캐즘은 기술 제품의 시장 수명 주기에서 중요한 개념이다. 기술이 개발되면 맨 먼저 새로운 기술을 가장 먼저 채택하는 혁신자(Innovators)가 등장하고 이후 새로운 기술을 확산시키는 초기 수용자(Early Adopters)가 나타난다. 기술의 실질적인 이점을 보고 받아들이는 무리는 초기 다수(Early Majority)다. 이후 기술은 주변 사람들이 구매하는 것을 보고 구입하는 후기 다수(Late Majority)와 보수적으로 맨 마지막에 이를 받아들이는 지각 수용자(Laggards)가 등장하면서 확산이 끝난다.

테슬라가 선보일 비장의 무기는 보급형 모델 2(가칭)로 보인다. 머스크는 "신모델 출시를 가속화하기 위해 차량 라인업을 업데이트했다"라면서 "새로운 차량은 차세대 플랫폼과 현재 플랫폼을 활용해, 현재 동일한 제조 라인에서 생산될 수 있다"라고 설명했다. 테슬라는 일찌감치 보급형 모델 개발을 끝낸 것으로 알려졌다. 일부 외신에서는 모델 2가 모델 Y와 닮았고 더욱 슬림하다고 보도했다. 모델 3보다 값싼 전기차를 생산한다면, 중국 기업과 경쟁할 만하다. 머스크는 2020년 "3년 이내에 약 2만 5,000달러짜리 전기차를 출시하겠다"라고 공언한 바 있다. 테슬라가 고민하는 것은 출시 시점이다. 자동차 업계는 2025년 하반기를 그 시점으로 전망하고 있다.[15] 다만 문제는 수익성이다. 저가 차량을 내놓으면 중국 기업과 경쟁을 벌일 순 있지만, 원가 비용이 큰 테슬라로서는 영업이익 하락을 맞을 수 있다. 시장을 사수하면서도 실적 향상을 이루는 운영의 묘가 필요한 상황이다.

테슬라의 미래 비전

테슬라의 미래 비전 중 하나는 로보택시Robo taxi다. 로보택시란 자율주행차를 활용한 승차 공유 서비스다. 우버나 카카오택시를 불렀는데 운전사 없이 차량이 스스로 도착한다고 보면 이해가 쉽다. 머스크는 2024년 1분기 컨퍼런스 콜에서 실적은 잊고 자율주행 기술에 초점을 맞춰 달라고 힘주어 말했다. 머스크는 "테슬라가 현존하는 차량을 자율주행차로 변환하는 인공지능 소프트웨어를 개발하고 있으며, 이는 소유자들에게 수익을 창출해 줄 로보택시와 운전자가 필요 없는 교통망을 구축하는 역할을 할 것"이라고 설명했다.[16] 테슬라 차량 소유자가 평상시 운전을 하지 않는다면, 차량이 스스로 승차 공유 아르바이트를 할 수 있도록 하겠다는 메시지다. 머스크는 더 나아가 컨퍼런스 콜 직후 "테슬라가 자율주행 문제를 해결할 것이라고 믿지 않는다면, 테슬라에 투자하지 말아야 한다"라고 목소리를 높였다. 전기차 판매 대수만 갖고 테슬라를 바라보지 말라는 메시지다. 테슬라가 개발 중인 인공지능 소프트웨어는 2024년 10월 10일에 공개될 예정이다.

이러한 머스크의 구상이 현실화되려면 먼저 완전 자율주행에 대한 기술 개발이 끝나야 한다. 테슬라는 세상에서 가장 앞선 자율주행 기술을 갖고 있지만, 100% 완전 자율주행을 달성하지는 못했다. 물론 테슬라는 오토파일럿과 완전 자율주행 FSD, Full Self-Driving 기능을 사용자에게 판매하고 있다.[6] 8,000달러짜리 FSD 패키지를 구매하면 마법과 같은 자율주행 지원 서비스를 누릴 수 있다. 차선 변경, 자동 주차, 원격 호출 기능은 물론 고속도로 출입구와 램프에서 자동으로 차선을 변경하고 목적지까지 자율 주행하는 내비게이트 온 오토파일럿 Navigate on Autopilot 을 사용할 수 있다. 하지만 아직 건설 구역, 예측할 수 없는 보행자 행동, 악천후 등 복잡한 운전 시나리오에서는 어려움을 겪는다. 이 때문에 테슬라 운전자는 조향대

---

[6]   미국 자동차공학회는 자율주행 6단계를 설정했다. 0단계는 차량의 모든 주행 작업을 운전자가 수행하는 '비자동화', 1단계는 차선 유지 보조 시스템을 갖고 있는 '운전자 보조', 2단계는 차선 유지와 속도 조절을 동시에 할 수 있는 '부분 자동화'다. 오늘날 대다수 차량이 2단계를 지원한다. 3단계는 차량이 스스로 주행 상황을 모니터링하고 필요시 운전자에게 개입을 요청하는 '조건부 자동화'이며 4단계는 차량이 특정 조건에서 모든 주행 작업을 완전 자동으로 할 수 있는 '고도 자동화'다. 끝으로 5단계는 모든 주행 조건에서 차량 스스로 운전하는 '완전 자동화'다. 테슬라의 FSD는 이런 점에서 3단계와 4단계 사이에 있다고 할 수 있다.

에서 절대 손을 떼서는 안 된다. 머스크는 2015년에 "3년 내 완전 자율주행을 달성하겠다"라고 공언한 바 있지만, 아직 그 시점이 오지는 않았다.

그러나 주식은 먼저 움직인다. 미국 투자업계는 테슬라 로보택시에 대해 시장의 판을 흔들 '게임 체인저'라고 호평했다. 로보택시는 테슬라가 장기간 연구해 온 인공지능과 자율주행 기술을 활용해 전기차와 시너지를 낼 수 있다는 점에서 유망 사업으로 꼽히기 때문이다. 특히 중국 기업과 기술 격차를 보여 줄 수 있는 몇 안되는 서비스로 꼽는다. 미국 증권사 모건스탠리는 "테슬라 차량이 FSD 서비스로 운행한 누적 주행 거리가 10억 마일(약 16억 km)에 이르는 만큼 머신러닝과 신경망 훈련에 이점이 될 수 있다"라며 "로보택시는 테슬라가 전기차 수요 둔화를 극복하고 새로운 사업 모델로 전환하는 단초가 될 수 있다"라고 설명했다.[17]

이에 따른 숙제도 있다. 로보택시 구현을 위해 절대적으로 필요한 것은 슈퍼 컴퓨터다. 테슬라는 자율주행 기술 개발을 위해 5년간 슈퍼 컴퓨터 도조Dojo 구축에 박차를 가한 상태다.[18] 현재 텍사스 오스틴에 100메가와트 규모의 데이터 센터를 건설하고 있는 이유다. 테슬라는 GPU 구입 등 연구개발 비용에 2024년까지 총 10억 달러(약 1조 3,500억 원) 이상의 자금을 투입하기로 했다. 또 대만 TSMC와 2023년 9월 도조 슈퍼 컴퓨터 칩 제조를 위한 파트너십을 맺고, 2027년 즈음 해당 칩을 인도받을 계획이다.

도조가 세상에 알려진 것은 2021년 8월 열린 테슬라 AI 데이 행사에서였다. 테슬라는 이날 직접 설계한 칩인 D1을 공개하고, 도조라는 슈퍼 컴퓨터를 만들고 있다고 청사진을 공개했다. D1은 50만 개에 달하는 노드를 동시에 처리하고, 초당 36TB 속도로 데이터를 처리할 수 있도록 설계된 칩이다. D1칩 3,000개를 묶은 것이 바로 도조다. 도조는 초당 100경 번 연산이 가능한 1.1엑사플롭스 Exa Flops급 성능을 갖췄는데, 당시에는 전 세계 5대 슈퍼 컴퓨터 안에 손꼽힐 정도의 성능으로 평가받았다. 하지만 이 역시 3년 전 정보이기 때문에 얼마나 발전했는지 지켜볼 일이다.[19]

테슬라의 또 다른 비전은 휴머노이드 로봇이다. 머스크가 휴머노이드 개발 구상을 처음 밝힌 것은 2021년 테슬라 AI 데이 행사에서였다.[20] 머스크는 당시 "휴머노이드 로봇이 인간만이 할 수 있는 반복 작업을 수행할 수 있다면 인건비를 크게 낮출 것이다. 이를 통해 세계 경제를 변화시킬 기회가 있다"라고 설명했다. 머스크는 이어 "기본적으로 우리가 지금 자동차로 무엇을 하고 있는지 생각해 보면, 테슬라는 틀림없이 세계 최대 로봇 회사일 것"이라면서 "테슬라 자동차는 바퀴가 달린 로봇과 같다"라고 설명했다.

일각에서는 상상에만 그치는 것 아니냐는 분위기가 팽배했다. 그러나 머스크는 1년 뒤에 보란 듯 또다시 AI 데이를 열어 옵티머스의 실물을 전격 공개했다.[21] 머스크는 "테슬라의 목표는 유용한 휴머노이드 로봇을 가능한 한 빨리 만드는 것"이라면서 "대량 생산이 되면 차보다 훨씬 저렴할 것으로 예상된다"라고 말했다. 머스크가 밝힌 예상 가액은 2만 달러 미만이다. 자율주행차를 고스란히 옮긴 옵티머스는 대량 생산에 적합하도록 설계됐다. 가슴에 2.3킬로와트시kWh 배터리 팩을 달았고 저전력 고효율을 강조했다. 두뇌는 자율주행차용으로 개발한 시스템 온 칩을 탑재해 와이파이 또는 LTE로 통신이 가능하도록 했다. 사람의 관절에 해당하는 액추에이터는 몸 전체적으로 28개에 달했으며 손에는 별도로 11개를 내장했다. 옵티머스는 1개당 그랜드 피아노 1대를 들어 올릴 수 있는 힘을 갖췄다. 다만 AI 데이에서 공개할 당시에는 로봇을 천장에 끈으로 묶은 상태였다. 아직은 불안했던 것이다.

그러나 옵티머스는 서서히 정교해지고 있다. 2023년 12월, 옵티머스 2세대 버전이 영상으로 공개됐다. 2세대 옵티머스는 전보다 빠른 속도로 걷고 다섯 손가락을 부드럽게 움직일 뿐만 아니라 스쿼트를 하거나 계란을 깨뜨리지 않고 집는 등 훨씬 정교한 움직임을 선보였다.[22] 머스크는 2024년 7월 X를 통해 "2025년에는 로봇을 시험 생산해 회사 내부에서 사용하고, 2026년에는 판매할 수 있을 것"이라고 날짜를 특정했다. 로봇이 공장에서 조립하고 집안일을 거들며 인간의 동반자로 활용되는 미래가 다가오는 것이다. 머스크는 "로봇이 풍요로운 미래, 빈곤이 없는 미래를 만들 것"이라며 "옵티머스를 성능이 매우 우수한 로봇으로 만들어 수백만 대를 양산할 것"이라고 장담했다.

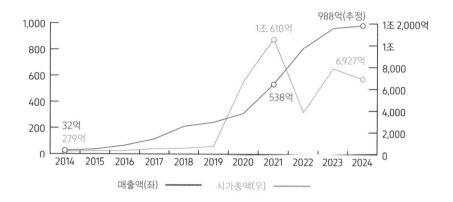

테슬라 연도별 매출액 및 시가총액 (단위: 억 달러)

※ 매출은 각 회계연도 말 기준(2024년은 야후파이낸스 전망치), 시가총액은 각 년도 말 기준
(2024년은 8월 1일 기준) 출처: 테슬라, 야후파이낸스, 스태티스타

8장

오픈AI:
2030년 최후의 승자가 될 것인가

"우리가 먼저 우리 자신을 파괴하지 않는 한
초인적인 인공지능이 등장할 것이고,
유전적 강화가 일어날 것이며,
뇌와 기계의 연결이 이루어질 것입니다."

- 샘 올트먼 -

오픈AI

오늘날 오픈AI는 주목받는 스타트업이지만, 결코 다른 매그니피센트 기업처럼 시가총액에서 상위권으로 손꼽히는 기업은 아니다. 하지만 영리 회사로 전환할 경우 향후 몇 년 내 매그니피센트 7처럼 급성장할 가능성이 크다. 이는 오픈AI의 대표적인 서비스 챗GPT의 성장세와 무관하지 않다.

오픈AI가 개발한 챗GPT는 2022년 11월 출시된 지 불과 5일 만에 월간 방문자 수 100만 명을 돌파했다. 지금껏 존재한 어떠한 디지털 서비스보다 빠른 100만 달성이었다. 메타가 내놓은 스레드가 하루 새 100만을 넘었지만, 이는 종전 서비스에 의존했기 때문이다. 오로지 자력으로 이처럼 초고속 성장한 서비스는 챗GPT가 유일하다. 오픈AI는 비영리 스타트업이지만, 법인 전환을 검토하고 나섰다. 챗GPT의 방문자 수가 2024년 4월 기준 18억 명을 넘어섰기 때문에 틱톡(24억 명), X(43억 명)과 견주어도 손색이 없다. 오픈AI가 영리법인으로 전환될 경우 빅테크 기업으로 급성장할 가능성을 증명하는 셈이다. 오픈AI의 기업가치는 2024년 8월 기준 800억 달러에 달해, 이미 미국 내 시가총액 100위 권 수준이다.

인공지능 권력에 맞서 세운
비영리 재단, 오픈AI

오픈AI가 출범한 직접적인 이유는 일론 머스크 테슬라 CEO 가 인공지능을 두려워했기 때문이다. 2013년 6월 캘리포니아주 나파밸리에서 열린 일론 머스크의 생일파티 현장으로 잠시 돌아가 보자. 머스크는 자신의 생일파티에서 구글의 공동 창업자이자 친구인 래리 페이지와 열띤 토론을 벌였다.[1] 머스크는 스스로 판단하고 의사 결정을 내리는 인공일반지능 시대가 펼쳐지면 인류가 위태로워질 것을 매우 염려했다. 하지만 페이지는 콧방귀를 뀌었다. 그는 "기계 지능이 의식 수준에서 인간을 넘어선다고 한들, 그것은 진화의 다음 단계일 뿐이지, 문제는 아니다"라고 반박했다. 하지만 머스크 생각은 전혀 달랐다. 머스크는 "인간의 의식은 우주의 소중한 불꽃이기 때문에, 꺼지지 않게 해야 한다"라고 맞섰다. 페이지 역시 물러서지 않았다. 그는 "의식이 기계에 복제될 수 있다면, 그 또한 인간의 의식만큼 소중해지는 것이 아니냐"라고 반문했다. 오지도 않은 인공지능 시대에 대한 염려는 둘 사이의 관계를 틀어지게 하기에 충분했다.

머스크는 그해 말, 구글이 당시 최강의 AI 기업으로 꼽히던 딥마인드를 인수할 예정이라는 소식을 접하고 분노한다. 머스크는 뒤늦게 딥마인드 창업자인 데미스 허사비스를 만나 자신이 인수하겠다는 뜻을 전달했지만 한 발 늦은 상태였다. 래리 페이지는 이듬해 1월 딥마인드를 4억 달러에 인수한다고 발표했다.[2] 머스크로서는 뼈아픈 일이었다.

빅테크 기업은 이 무렵 음성비서 인공지능을 둘러싼 전쟁을 벌이는 데 골몰했다. 애플이 2011년 시리를, 아마존이 2014년 알렉사를, 구글이 2016년 구글 어시스턴트를 잇따라 발표했다. 머스크는 이러한 빅테크 기업의 행보를 보면서 인공지능에 대한 위험을 경고하는 데 앞장섰다. 하지만 다른 한편으로 새 AI 기업을 만드느라 분주했다. 머스크는 미국 최대 규모 액셀러레이터인 와이콤비네이터를 이끌고 있는 30살 청년 샘 올트먼을 초대해 함께 저녁 식사를 했다. 둘이 의기투합하는 데 오랜 시간이 걸리지는 않았다. 둘은 인류를 인공지능의 위험에서 구원할 새로운 비영리 재단을 공식 설립하는 것에 합의했다. 오픈AI의 탄생을 알리는 신호탄이었다. 초기 투자자에는 머스크와 올트먼, 링크드인 창업자인 리드 호프먼, 스트라이프 최고기술경영자 출신 그렉 브로크만이 참여했다. 머스크는 당시 상황을 이렇게 회고했다. "우리는 어느 한 개인이나 기업이 통제하지 않는 PC 업계의 리눅스 버전과 같은 인공지능을 만들고 싶었습니다. 인공지능이 인류에게 도움이 되는 안전한 방식으로 발전할 가망성을 높이는 것만이 목표였습니다."

머스크와 올트먼은 곧 팀을 꾸렸다. 이사회 의장에는 머스크가, CEO에는 올트먼이, 최고기술책임자에는 브로크만이 각각 이름을 올렸다. 최고수석과학자에는 딥러닝 아버지인 제프리 힌턴의 수제자이자 구글의 인공지능 연구를 이끌고 있는 일리야 수츠케버를 영입했다. 수츠케버의 이직 소식을 접한 페이지는 분노했다. 하지만 머스크는 이미 주사위를 던진 상태였다.

이들의 목표는 단 하나였다. 위험한 인공일반지능의 도래를 막고 인류에 유익한 인공지능을 먼저 구축하는 것이었다.[3] 인공일반지능이라는 용어는 마크 구브루드 노스캐롤라이나대학교 교수가 1997년 『나노기술과 국제 안보』라는 논문에서 자기 복제 시스템을 갖춘 군사용 인공지능의 출현을 전망하며 처음 사용한 단어다. 인간의 지시 없이도 스스로 학습과 훈련이 가능한 꿈의 인공지능이다. 오픈AI는 화려한 창업 멤버들이 속속 합류하면서 삽시간에 입소문을 탔다. 이후 투자자로 페이팔의 공동 창업자인 피터 틸마저 합류하며, 오픈AI는 출범과 동시에 총 10억 달러 자금 투자 유치를 약속받았다.

머스크의 빈 자리를 채운 마이크로소프트

공동 창업자의 돈독한 관계는 채 3년이 가지 못했다. 구글의 계열사가 된 딥마인드가 알파고를 출시하면서 분위기가 무거워졌다. 머스크는 2015년 10월 테슬라의 오토파일럿 기능을 본격 활성화했고, 2016년에는 뇌에 칩을 심어 인간 지능을 극대화할 수 있는 뉴럴링크Neuralink마저 창업했다.

당시 오픈AI에 필요한 것은 컴퓨팅 파워에 필요한 자금이었다. 파라미터의 수가 10억 개를 넘는 언어 모델을 구축하려면 훨씬 많은 자금이 투입돼야 했다. 하지만 머스크는 올트먼이 이끄는 오픈AI를 못 미더워했다. 머스크는 "오픈AI가 구글의 인공지능보다 뒤처져 있다"라면서 본인이 직접 CEO로 나서 회사를 운영하겠다고 주장했다.⁴ 이사진은 머스크가 지나치게 개발을 독려한 것에 오히려 불만을 품고 완강히 반대했다.[1] 오픈AI 임직원은 머스크가 인공지능 윤리에 대한 고민이 전혀 없다고 맞섰다. 머스크는 마침내 2018년 2월 오픈AI에 결별을 통보했다. 표면적 이유는 자신이 이끄는 테슬라가 인공지능 프로젝트를 추진하고 있기 때문에 이해 충돌 문제에서 자유롭지 못하다는 것이었다. 하지만 머스크의

---

[1] 오픈AI는 비영리 재단이기 때문에 주식 수와 상관없이 이사진이 막대한 영향을 보유했다. 당시 이사진은 머스크와 올트먼뿐 아니라 그렉 브로크만, 일리야 수츠케버, 존 슐만 등이 참여해 있었다.

이별 통보는 전광석화였다. 오픈AI 직원은 "머스크가 모든 직원들에게 퇴사 소식을 알렸다"라면서 "머스크는 테슬라를 통해 인공일반지능을 만드는 것이 더 빠르다고 생각한 것 같다"라고 설명했다. 머스크는 자리에서 물러나며 약속한 추가 투자 계획마저 철회했다.

오픈AI 경영진은 비상이 걸렸다. 샘 올트먼은 위기를 타계하고자 오픈AI 산하에 중간지주사를 두고 다시 그 산하에 오픈AI 글로벌 유한투자Open AI LP라는 작은 영리 자회사를 설립했다. 영리 자회사를 통해 수익을 내는 구조로 만들어 투자자를 끌어모으겠다는 복안이었다. 지성이면 감천일까. 올트먼은 한 콘퍼런스에서 사티아 나델라 마이크로소프트 CEO를 만나 투자를 요청했다. 마이크로소프트 내부에서는 다른 기업이 나타나기 전에 오픈AI에 투자할 것을 종용했다.

올트먼은 당시 상황을 두고 "마이크로소프트는 자본이 있고 컴퓨팅을 실행할 수 있는 능력이 있었다"면서 "더욱이 자회사가 투자 계약서에 명시한 초과 이익이 발생했을 경우 모회사로 자금을 이전할 수 있도록 해 줬다"라고 설명했다. 모든 지식재산권은 오픈AI가 보유하고 있지만, 손자회사인 오픈AI 글로벌 유한투자라는 작은 영리 자회사를 통해 마이크로소프트의 자금을 끌어들인 것이다.[2] 인공지능 후발 주자인 마이크로소프트로서도 나쁜 계약은 아

[2] 오픈AI는 마이크로소프트와 투자 수익의 100배가 발생할 경우 초과분에 대해선 본사인 오픈AI로 이전한다는 계약을 맺었다. 또 투자 금액의 상당 부분은 마이크로소프트 애저

니었다. 마이크로소프트는 계약을 통해 오픈AI 기술의 상당 부분을 자사의 서비스에 잇따라 통합했다. 이후 마이크로소프트는 오픈AI의 든든한 후견인이 되어, 2019년 이후 지금껏 130억 달러에 달하는 자본을 오픈AI에 투자했다. 오픈AI는 이후 2022년 11월 인공지능 에이전트인 챗GPT를 출시하면서 일약 스타 기업으로 발돋움했다.

당시만 하더라도 올트먼은 인공일반지능의 출현에 진심이었다. 그는 2023년 〈포브스〉 인터뷰를 통해 챗GPT를 외부에 무료로 공개한 이유에 대해 '오버톤 윈도우 Overton Window'효과라고 주장했다.[5] 오버톤 윈도우는 수많은 선택지 가운데 대중이 받아들일 수 있는 정책과 사고의 범위를 가리킨다. 대중은 인식의 범위 내에서 선택지를 고르기 마련이다. 예를 들어 국제통화기금 IMF은 1998년 외환위기를 계기로 한국 정부에 대규모 정리 해고를 권고했다. 평상시였으면 결코 받아들이지 않았을 것이다. 하지만 위기의 순간이 오자 정리 해고가 타당한 조치로 받아들여졌다. 올트먼은 챗GPT를 출시한 직후 인공지능이 고도로 발달할 경우 자본주의가 무너질 수 있다고 경고했다. "인공지능이 인간을 대신해 스스로 수익을 창출하는 세상이 온다면, 시장 경제의 근간인 사유 재산에 대한 권리를 더는 주장하기 힘들 것"이라는 메시지였다. 그는 이 때문에 오픈AI는 여타 기업과 다른 방식으로 만들어졌다고 강조했다. 올

───

의 컴퓨팅 파워 크레딧으로 충당했다.

트먼은 "인공일반지능이 스스로 일해 수익을 발생시킬 텐데 이를 어떻게 배분할지가 관건일 것"이라며 "이런 인공지능을 누가 통제할 수 있으며, 이를 소유한 회사는 어떤 지배 구조로 구성돼야 하는지 등 새로운 생각이 필요하다"라고 말했다.

오픈AI가 비영리 재단으로 출발한 것은 축복이자 저주였다. 비영리 재단은 상업적 이해관계에서 자유롭기 때문에, 인공일반지능의 위험을 막을 인공지능을 개발하는 데 있어서는 최적의 조직이다. 하지만 막대한 컴퓨팅 파워와 인건비를 감당하기에 부적절했다. 운영을 위해서는 끝없는 자금 조달이 필요한데, 기부만으로는 충당이 불가능하기 때문이다. 이 간극은 결국 개발을 옹호하는 진영과 안전을 강조하는 진영 사이의 극심한 대립을 불렀다.

2023년 11월에는 올트먼이 해임됐다 며칠 만에 복귀하는 사건이 있었다. 오픈AI 내부에서 CEO를 축출하는 쿠데타가 일어난 것이다. 당시 축출을 주도한 인물 중 한 명은 이사회 멤버이자 수석 과학자인 수츠케버였다. 그는 컴퓨팅 파워 대다수가 개발 진영에만 할당되고 자신이 이끌고 있던 안전 팀에는 배정되지 않은 것에 불만을 품었다.[3] 해고는 속전속결이었다. 곧바로 이사회는 "샘

---

[3] 인공지능 학습과 추론에는 상당한 자원이 필요하다. 예를 들어 파라미터가 1,750억 개에 달하는 GPT-3.5를 학습시킨다면, 텍스트 데이터만 수백 TB가 필요하다. 또 학습용 칩 수백에서 수천 개가 필요하다. 만약 엔비디아 칩 H100 1,000개를 활용한다면 학습에 약 4주가 걸리고, 이에 발생하는 전기 요금은 2만 달러를 넘는다. 개발 진영에서 해당 칩을 독점해 사용한다면 안전 진영은 연구를 할 수 없는 구조인 것이다.

올트먼이 CEO 직을 사임하고 이사회에서 물러난다"라고 공식 발표해 주변을 놀라게 했다. 이사회는 "올트먼의 사임은 이사회의 신중한 검토 절차에 따른 것"이라며 "올트먼이 이사회와 소통에 일관되게 솔직하지 않아 이사회의 책임 수행 능력을 저해했다는 결론을 내렸다"라고 해임 사유를 강조했다.

모든 미디어의 시선이 오픈AI를 향했다. 올트먼에 대한 해임은 마이크로소프트를 포함한 수많은 투자자를 불안에 떨게 했다. 동요한 직원들이 이사진을 몰아세웠다. 이사들은 사면초가에 몰렸고 곧 항복했다. 일리야 수츠케버는 컴퓨팅 파워의 20%를 안전에 할당받는 조건으로 이사진에서 물러서는 것으로 그쳤다. 하지만 그는 버티지 못했다. 6개월이 흐른 뒤 인공지능 안전을 담당한 슈퍼얼라인먼트Super Alignment 팀은 전격 해체됐다. 수츠케버가 오픈AI를 떠난다고 발표한 직후였다.[6] 오픈AI 내부의 안전주의자가 모두 물러난 순간이었다. 권력은 올트먼이 모두 움켜쥐었다.

끝없는 시행착오 끝에 태어난 GPT

오픈AI가 하루아침에 챗GPT를 내놓은 것은 결코 아니다. 오픈AI 역시 처음에는 인공지능 로봇에서부터 토론 인공지능까지 만들며 수많은 시행착오를 겪었다. 오픈AI가 맨 처음 발표한 것은 짐 Gym 이라는 인공지능이다. 비디오 게임을 플레이하고, 가상 공간

속에 있는 로봇 팔을 조종하는 모델이었다. 이어 내놓은 것은 로봇 공학 발전을 위해 설계한 닥틸 Dactyl 이었다. 오픈AI는 여기서 그치지 않고 이를 실전에 투입했다. 완성품은 로보스모 RoboSumo 다. 원형 경기장에서 일본 씨름을 하는 실물 인공지능 로봇이었다. 로봇 몸통에 센서와 모터를 내장하고 두뇌를 인공지능으로 만들었다. 씨름 규칙을 스스로 학습해 상대방 로봇을 경기장 밖으로 밀어내도록 설계한 로봇이다. 로보스모는 당시 유행한 GAN Generative Adversarial Network 모델을 기반으로 했다. GAN은 생성자와 판별자라는 두 인공지능을 서로 경쟁시키는 모델이다. 생성자는 로봇의 다양한 공격과 방어 전략을 만들어 내고, 판별자는 이러한 행동이 현실적인지 평가하는 구조다. 로보스모는 횟수가 반복될수록 다양한 움직임에 대비했지만, 상용성이 떨어져 큰 인기를 끌지는 못했다. GPT 출시 전에 마지막으로 개발한 것은 토론 전용 인공지능 디베이트 게임 Debate Game 이었다. 오픈AI는 디베이트 게임을 통해 인공지능이 인간과 교류할 수 있는지를 테스트했다. 하지만 이런 인공지능은 모두 인공일반지능으로 불리기에는 한없이 초라했다.

오픈AI가 일생일대의 기회를 잡은 것은 2017년으로 거슬러 올라간다. 2부 1장에서 설명했듯, 당시 구글 브레인의 연구 팀이 발표한 『당신에게 필요한 것은 어텐션(집중)이 전부다』라는 논문은 오늘날 대다수 언어 모델에 차용되는 트랜스포머 모델을 등장시켰다. 오픈AI는 트랜스포머를 응용해 GPT Generative Pre-trained Transformer 라는 트랜스포머 구조를 설계했다. 문장 이해에 특화된 트랜스포머에서 한 걸음 더 나아가 문장을 생성하는 능력을 극대화한 것이다. '사전 학습된(Pre-trained)'이라는 뜻은 말 그대로 상당한 데이터를 훈련한 것을 가리킨다.[4]

오픈AI는 매우 빠른 속도로 모델 규모를 키워 나갔다. GPT-1은 파라미터 수가 1억 1,700만 개에 불과했지만 2019년 내놓은 GPT-2는 15억 개로 늘어났다. 이듬해 나온 GPT-3는 무려 1,750억 개로 증가했다. 마이크로소프트가 컴퓨팅 파워를 지원하지 않았더라면 불가능한 일이었다. AI 업계에서는 1,000억 개 이상의 파라미터를 가진 인공지능을 가리켜 초거대 인공지능으로 부른다. 막대한 규모의 데이터를 학습해 자연어 처리는 물론 컴퓨터 비전, 음성 인식 등 다방면에서 활용이 가능하다. 오픈AI는 2022년 3월 이를 한 단계 업데이트한 GPT-3.5를 발표했고, 그해 11월 마침내 이를 서비스 챗봇 형태로 구현한 챗GPT를 내놓았다.

오픈AI의 '바벨탑 쌓기'는 멈추지 않았다. 2023년 3월 출시한 GPT-4는 1조 개 이상의 파라미터를 보유한 것으로 알려졌다.[7] 웬만한 인간의 능력을 추월할 수밖에 없는 이유다. GPT-4는 미국 모의 변호사 시험에서 상위 10%, 미국 대학 입학 자격 시험인 SAT의 읽기와 수학 과목에서 각각 상위 7%와 11%를 기록하는 기

---

[4] 트랜스포머 모델에는 문장의 각 단어를 이해하고, 단어들 간의 관계를 파악하는 인코더 (Encoder)와 새로운 문장을 생성하는 디코더(Decoder)가 달려있다. GPT는 디코더의 능력을 극대화했다.

염을 토했다. 추론 능력 역시 대폭 향상됐다.[8] 예를 들어, 사이먼은 오전 11시부터 오후 3시까지 시간이 비어 있고, 앤드류는 낮부터 오후 2시까지, 그리고 오후 3시 30분부터 오후 5시까지 시간이 비어있다고 가정하자. 챗GPT에 이들이 함께 회의를 할 수 있는 시간을 묻는다면 '낮 12시부터 오후 2시'라고 답변한다. 다양한 엔진을 한데 엮은 멀티모달 기능도 강화됐다. 문장을 이해하고 생성하는 것 외에도 이미지를 입력할 경우 그 이미지를 분석하고 설명할 수 있도록 한 것이다. 텍스트가 입이라면, 이미지는 눈에 해당한다. 인공지능이 인간의 수준을 빠르게 뒤쫓는 모습이다.

GPT 스토어라는
새로운 비즈니스 모델

오픈AI는 빠른 속도로 세상에 인공지능 서비스를 침투시키고 있다. 하지만 여전히 부족한 것이 하나 있으니 바로 비즈니스 모델 생태계. 오픈AI는 2023년 매출액 20억 달러를 돌파한 것으로 알려졌다. 한화로 3조 원이 다소 안 되는 금액이다.⁹ 물론 구글과 메타가 창업 10년 만에 매출 10억 달러를 돌파한 것을 고려할 때 매우 빠른 속도다. 하지만 800억 달러라는 기업가치에 비해 매우 작은 규모다.

오픈AI의 유일한 비즈니스 모델은 구독이다. 경쟁사인 구글과 메타가 광고를 기반으로 구독으로 확장하는 것과 다른 점이다. 오픈AI는 2023년 2월 챗GPT 유료 버전인 플러스를 출시했다. 오픈AI는 플러스 독자에게 첨단 모델인 GPT-4와 이미지 생성기인 달리 DALL-E 사용 권한을 주고, 파일을 업로드하고 이를 분석할 수 있는 기능을 제공한다. 이용 요금은 월 20달러다. 또 팀워크 스페이스라고 불리는 1인당 월 25달러의 팀 요금제도 출시했다. 아울러 오픈AI는 GPT를 외부 웹과 연동할 수 있도록 지원하는 응용 프로그래밍 인터페이스 API 를 지원한다. GPT-4 터보는 100만 입력 토큰당 10달러, 100만 출력 토큰당 30달러 수준이다. 또 이보다 성능이 낮은 GPT-3.5 터보는 100만 입력 토큰당 1.5~3달러, 100만 출력 토큰당 2~4달러를 받고 있다.

오픈AI의 API는 수많은 스타트업이 AI 기업으로 탈바꿈하는 데 보탬이 됐다. 뉴스 엔터테인먼트 기업 버즈피드 BuzzFeed 는 API를 활용해 퀴즈와 기타 콘텐츠 제작에 나섰고, 에듀 스타트업 듀오링고 Duolingo 는 챗봇과 대화를 나눌 수 있는 인공지능을 제작했다.

하지만 오픈AI의 챗봇이 나날이 업데이트될수록 이들 스타트업의 독자는 이탈하기 시작했다. 고객으로서는 챗GPT만 유료로 쓰는 것이 훨씬 비용 부담이 적었기 때문이다. 이런 염려에 에듀 테크 스타트업인 체그 Chegg 의 주가는 2023년 12월 하루아침에 48%나 폭락하는 사태를 맞았다. 실적 발표에서 솔직하게 말한 것이 화근이었다. "챗GPT에 대한 관심이 급격히 증가하며, 우리 신규 고객 성장률에 악영향을 미치고 있습니다."[10]

오픈AI는 구독이라는 비즈니스 모델을 선택했지만, 다른 빅테크 기업과 달리 아직 완벽한 생태계를 구축하지 못했다. 하지만 오픈AI는 인공지능 시대의 애플과 구글을 꿈꾸는 것으로 보인다. 모바일에 운영체제가 있고 수많은 앱들이 앱 장터에 올라오듯이, 오픈AI는 2024년 1월 GPT 스토어를 출시했다. 사용자는 코딩 지식 없이도 간단히 자신만의 GPTs를 만들 수 있다. 예를 들어, 요리 레시피를 기반으로 GPTs를 만들어 필요한 요리 재료를 빠르게 찾는 GPTs나 판타지 소설 속 주인공과 대화를 할 수 있는 GPTs를 만드는 것이 가능하다. GPTs의 공개 여부도 사용자가 결정할 수 있다. 정확히 어떻게 수익을 분배할지 밝히지 않았지만, 오픈AI는 인기 GPTs에 대해선 유료화를 지원하겠다는 메시지마저 전달했다. 현재 GPT 스토어에는 약 300만 개에 달하는 GPTs가 올라온 것으로 추산된다.[11]

마이크로소프트와 손잡고 구글을 타도한다

오픈AI는 마이크로소프트와 함께 구글이라는 공통의 적을 두고 있다. 구글은 마이크로소프트에게 검색 엔진과 브라우저 시장을 강탈한 적이자, 오픈AI에게는 다가오는 인공지능 검색 시장을 놓고 일전을 겨룰 적수다. 이런 미묘한 긴장감은 2024년 5월 14일 전면에 드러났다. 오픈AI는 구글의 연례 개발자 회의를 하루 앞두고 '스프링 업데이트'를 전격 발표했다.[12] 미라 무라티 오픈AI 최고기술책임자가 무대에 올라 GPT-4o라는 새로운 모델을 선보였다. 무라티는 "GPT-4o는 GPT-4 터보 대비 2배 빠른 API를 제공한다"라면서 더욱 많은 사람들이 인공지능 기술을 활용할 수 있을 것이라고 강조했다.

GPT-4o의 'o'는 '모든'이라는 뜻을 담은 라틴어 '옴니 omni'에서 따왔다. 그만큼 문장 능력은 물론 청각, 시각 추론 기능이 있다는 사실을 강조한 것이다. 여기에 더해 50개국 언어를 실시간으로 통역한다. 오픈AI는 이날 GPT-4o에 탑재한 음성 인공지능 시연에 공을 들였다. 오픈AI가 선보인 음성은 모두 5종류. 로봇 같은 소리에서 성우 같은 청량감 있는 목소리까지 다양했다. 놀라운 것은 인공지능 비서가 감정을 매우 풍부하게 전달한다는 점이다.

챗GPT: "오늘 오픈AI에서 무슨 중요한 발표가 있나요"
    인간: "너에 대해 발표할 거야."
챗GPT: "(웃음) 저에 대해서 발표한다고요. 흥미가 생기는데요."

GPT-4o의 음성 기능은 영화 〈Her〉에 등장한 인공지능을 방불케 했다. 마치 살아있는 것과 같은 착각을 유발할 정도로 자연스럽다. 인간다운 음성 전달 실력을 갖춘 셈이다. 그 이유 중 하나는 속도에 있다. 종전 모델은 인간의 말에 응답하기까지 2.8초가 걸렸던 데 반해, GPT-4o는 평균 0.32초에 그쳤다. 인공지능의 피드백 속도가 10분의 1 정도로 줄어든 것이다. 더 놀라운 점은 이를 무료로 배포한다는 선언이었다. GPT-4를 사용하려면 월 20달러인 플러스 요금제에 가입해야 했다. 하지만 GPT-4o는 무료로 배포됐다. 유료 사용자는 더 큰 사용량을 제공받을 뿐이다.

이러한 전략은 유료 구독자 확대로 이어졌다. 애플리케이션 분석 업체인 앱피규어스에 따르면 GPT-4o 출시 당일 챗GPT 모바일 앱의 순매출은 전일 대비 22% 증가했다. 다음 날에는 일일 평균 순매출이 90만 달러로 증가해, 전일 49만 1,000달러 대비 2배 가까이 늘어났다.[13] 수많은 사람이 음성 인공지능을 스마트폰에서 사용하기를 학수고대하며 유료 구독에 나선 대목이다.

오픈AI의 GPT-4o 발표는 구글을 향한 선전 포고나 다름없었다. 구글도 다음날 음성 인공지능을 발표했지만 오픈AI의 발표에 가려 큰 주목을 받지 못했다. 김 빼기 전략은 이번뿐이 아니다. 마이크로소프트는 앞서 구글이 생성형 인공지능 챗봇 공개 일정을 공지한 다음날, 자사의 검색 엔진에 GPT 기반 생성형 인공지능을 결합한다고 발표한 적이 있다. 오픈AI는 이에 그치지 않고 구글의 인공지능 검색 서비스를 정조준할 것으로 보인다. 구글은 사용자의 검색 결과를 요약·정리해 보여 주는 기능 AI 오버뷰를 선보인 바 있다. 이에 질세라 오픈AI는 2024년 7월 자사의 블로그를 통해 서치GPT SearchGPT라는 인공지능 검색 프로토타입 버전을 선보였다.

오픈AI는 그동안 위로는 빅테크를 추격하면서, 동시에 아래로는 자신을 따라오는 추격자의 사다리를 걷어차는 전략을 구사했다. GPT API를 스타트업에 제공하다 이들 스타트업이 AI 기업으로 성장하자, GPT 스토어를 만들어 챗GPT 내에서 다른 스타트업이 제공한 서비스를 모두 할 수 있도록 한 것이 대표적인 사례다.

만약 오픈AI가 인공지능 검색 서비스를 선보이면, 몇몇 유니콘 스타트업은 큰 타격을 입을 것으로 전망된다.[5] 대표적인 스타트업이 오픈AI와 구글에서 엔지니어로 활동한 아라빈드 스리니바스 등이 2022년 공동 창업한 퍼플렉시티 Perplexity 다. 오픈AI의 GPT와 앤트로픽의 클로드, 그리고 자사의 인공지능 엔진을 사용자가 선택해 사용할 수 있도록 한 미들웨어 Middleware AI 기업이다.[6] 궁금한 사실을 입력하면 챗봇이 검색한 사실을 토대로 답변을 요약해 제공한다. 특히 전문가·일반인·초보자 모드가 있어, 사용자 수준에 맞춰 답변을 받을 수 있다. 퍼플렉시티는 엔비디아와 아마존 창업자인 제프 베이조스가 투자자로 합류하면서 2년 만에 기업가치 10억 달러를 달성했다. 하지만 퍼플렉시티는 오픈AI가 서치GPT를 내놓으면서 정면 대결이 불가피해진 상태다.

---

[5] 유니콘은 기업가치가 10억 달러 이상인 비상장 스타트업을 가리킨다. 상장 이전에 10억 달러를 넘어서는 것은 흔치 않다는 뜻에서 유니콘이라는 별칭이 붙었다.

[6] 미들웨어 AI는 프랜시스 후쿠야마 스탠퍼드대학교 교수가 주창한 인공지능 서비스 개념이다. 인공지능은 학습한 데이터에 따라 편향적이고, 포털 기업이 인공지능을 독점할 경우 사람들이 포털이 제공하는 지식에 편향된 사고를 가질 수밖에 없다는 주장이다. 따라서 사용자에게 인공지능을 선택할 권리를 제공하자는 것이 미들웨어 AI다.

빅테크 전쟁의 미래 강자

오픈AI가 그리는 미래는 인공일반지능 시대를 대비할 컴퓨팅 파워를 늘려 나가는 동시에, 이를 응용할 수 있는 스타트업에 투자해 서비스를 생태계를 구축하는 것이다. 2024년 1월 올트먼이 한국을 방문했을 때, 전 세계 미디어는 삼성전자와 SK하이닉스가 오픈AI와 반도체 동맹을 맺는 것 아니냐는 전망을 내놓았다.[16] 삼성과는 오픈AI 전용 반도체 제조에 대해 논의했고, SK하이닉스와는 고대역폭 메모리인 HBM 제공에 대한 의견을 주고받았다. 올트먼의 반도체 투자는 진심이다. 그는 아랍에미리트 정부와 소프트뱅크 그룹을 포함한 투자자들을 잇달아 만났다. 또 TSMC를 방문해 반도체 제조인 파운드리 여부를 물었다. 올트먼은 "AI 칩 부족으로 오픈AI의 성장이 제한받고 있다"라는 불만을 종종 표출했는데, 잇따른 면담을 통해 투자자의 자금을 끌어들여 직접 칩을 설계하고 조달하겠다는 메시지를 던진 것이다.

미국의 유력 경제지 〈월스트리트저널〉은 2024년 2월 "올트먼이 7조 달러에 달하는 자금 투자를 유치할 계획"이라고 타전했다.[15] 이는 전 세계를 놀라게 하기에 충분했다. 2023년 글로벌 반도체 전체 매출액이 5,270억 달러였기 때문이다. 같은 달 올트먼은 인텔의 CEO인 팻 겔싱어를 만난 자리에서 "잘못된 기사를 고치러 다니는 건 나의 주된 일은 아니다"라면서도 "다만, 모든 사람이 사용할 수 있는 질 좋은 인공지능을 만들기 위해 대규모 투자가 필요하다. 더 많은 데이터 센터가 필요하고 이를 위한 칩도 필요해 막대한 비용이 들 것"이라고 말했다. 〈월스트리트저널〉이 제시한 숫자는 틀렸지만, AI 칩 생태계 구축을 위한 투자 유치는 맞다는 의미다.

올트먼의 주된 관심은 컴퓨팅 파워 확보에 있다. 오픈AI가 다른 빅테크를 따돌릴 만한 초거대 인공지능을 발전시키려면 인공지능 모델 설계뿐 아니라 이를 연산시킬 수 있는 반도체 칩이 절실하다. 하지만 엔비디아의 칩이 품귀 현상을 겪고 있기 때문에, 이런 난맥을 풀기 위해서는 반도체 칩을 직접 설계하고 조달하는 능력을 갖출 필요가 있는 것이다.

이런 오픈AI의 간절함에 손을 내민 것은 마이크로소프트다. 마이크로소프트는 2024년 5월 오픈AI와 함께 인공지능 슈퍼 컴퓨터를 포함한 데이터 센터를 구축할 계획이라고 밝혔다.[16] 프로젝트명은 스타게이트Stargate. 두 회사 간 협업의 핵심은 오픈AI의 새로운 인공지능 모델을 구동하기 위한 슈퍼 컴퓨터 제작이다. 슈퍼 컴퓨터에는 수백만 개에 달하는 칩이 들어갈 것으로 알려졌다. 비용 대다수는 마이크로소프트가 부담할 가능성이 높다는 분석까지 나왔다. 현존하는 최고 수준의 데이터 센터보다 100배 이상 큰 수준이다. 다만 컴퓨팅 파워에 대한 마이크로소프트의 의존도가 높아지면 높아질수록 오픈AI가 자체 생태계를 구축하는 데 제약이 있을 수 있다. 마이크로소프트는 오픈AI의 든든한 우군이지만, 오픈AI 덩치가 커지면 커질수록 적수가 될 수도 있다.

오픈AI는 AI 칩 외에도 서비스를 수직적으로 확장하는 데 관심이 크다. 이를 담당하는 조직은 오픈AI 스타트업 펀드다. 해당 펀드는 총 1억 7,500만 달러에 달하는 외부 자금을 투자받았으며, 2023년 총 자산가치는 3억 2,500만 달러인 것으로 알려졌다. 오픈AI가 투자한 스타트업 상당수는 자사의 인공지능 모델을 확장하는 데 필요한 서비스다. 하비 Harvey 는 법률 자문과 관련된 인공지능 솔루션을 제공하고 있으며, 앰비언스 헬스케어 Ambience Healthcare 는 의료 분야에서 인공지능을 활용해 진단과 치료를 지원하는 기술을 개발 중이다. 또 디스크립트 Descript 는 사용자가 비디오 콘텐츠를 더욱 쉽게 편집할 수 있도록 돕는 인공지능 도구를 제공하고 있다.

가장 주목받는 스타트업은 휴머노이드 로봇 스타트업 피규어AI다. 피규어AI는 차세대 일론 머스크로 불리는 브렛 애드콕이 설립한 스타트업이다. 애트콕은 도심항공교통 UAM, Urban Air Mobility ,

아처에비에이션 Archer Aviation 을 연달아 설립한 창업가다.[17] 그런 그가 2022년 설립한 피규어AI는 테슬라의 로봇인 옵티머스를 정면에서 겨냥한다. 오픈AI는 단순 투자에 그치지 않고 피규어AI와 차세대 AI 모델에 대한 공동 개발을 추진하는 중이다. 피규어AI가 선보인 휴머노이드 피규어01은 커피 머신을 능숙하게 다루는 데모로 주변을 놀라게 한 바 있다. 브렛 애드콕 피규어AI CEO는 "오픈AI는 시각적 추론 및 언어 이해를 제공하고, 피규어의 신경망은 민첩한 로봇의 동작으로 이어진다"라고 설명했다. 오픈AI는 피규어AI를 통해 로봇 분야의 언어 처리 능력에 대한 기술을 확보한다는 방침이다. 이를 위해 인공지능 휴머노이드 팀을 7년 만에 부활시켰다.

오늘날 오픈AI는 세상에서 가장 많은 주목을 받는 비상장 스타트업이다. 기술과 인기만 놓고 보면 수년 내 빅테크 기업으로 성장할 여력이 크다. 다만 빅테크 기업들이 이미 장악한 비즈니스 생태계를 어떤 방식으로 뚫어 낼지가 관건이다.

미래는 항상 불확실하다. 하지만 우리가 지금 내리는 결정과 선택은 미래의 방향을 크게 좌우할 수 있다. 기술 혁신과 사회적 변화의 속도가 매우 빠른 오늘날, 미래를 예측하고 준비하는 것은 그 어느 때보다 중요하다. 3부는 이런 맥락에서 방향을 찾고자 한다. 단순히 재무적 이익을 얻기 위한 투자 전략을 제시하는 데 그치지 않고, 우리가 맞이할 미래의 변화를 이해하고 이에 대비하는 방법을 제공하고자 한다.

3부

미래에 투자하라

1장

빅테크 투자 성공 전략

"훌륭한 회사를 적정 가격에 사는 것이
평범한 회사를 훌륭한 가격에 사는 것보다
훨씬 낫다."

- 워런 버핏 -

투자 구루들의 빅테크 포트폴리오

'오마하의 현인'으로 불리는 워런 버핏 버크셔 해서웨이 회장은 시장지배적인 기업에 투자하라고 조언한다. 버핏은 "나는 주식이든 양말이든 질 좋은 물건을 할인할 때 사는 것을 좋아한다"라고 말한 적이 있다. 오랜 기간 경쟁력을 갖추고 있으면서, 적이 함부로 쳐들어 올 수 없는 '기술 경쟁력'이라는 튼튼한 해자를 두른 기업을 주가가 낮을 때 매수하라는 설명이다.

애플, 구글, 아마존, 마이크로소프트 같은 매그니피센트 기업들은 오늘날 디지털 세상에서 자신만의 성을 구축하고 매우 넓은 해자를 둘러쌓은 기업이라고 할 수 있다. 애플은 아이폰과 iOS를, 구글은 검색과 유튜브를, 아마존은 온라인 쇼핑몰과 클라우드를, 마이크로소프트는 윈도우와 MS 365 제품군이라는 거대한 해자를 판 상태다. 향후 수십 년간 이들 왕국이 하루아침에 몰락할 가능성은 없다고 단언할 수 있다. 빅테크 기업은 세상의 트렌드를 보여주기도 하지만, 미래의 부를 주는 원천이 되기도 하는 것이다.

애플을 담은 버핏, 가치투자로 승부를 보다

빅테크 기업에 올라타는 가장 좋은 방법은 이들 회사에 취업해 함께 성장하는 것이겠지만, 꼭 그럴 필요는 없다. 시장에는 "주식을 소유하는 것이 곧 회사를 소유하는 것"이라는 격언이 있다. 물론 어떤 빅테크 기업을 선택해 투자할지 고민하는 것은 머리 아픈 일이다. 주가는 시시각각 달라지기 때문이다. 뉴스에서 나오는 소식이 호재인지 악재인지를 판별하는 데도 상당한 노하우가 필요하다. 하지만 방법이 전혀 없는 것은 아니다. 글로벌 투자 업계 구루들의 빅테크 포트폴리오를 곁눈질해 힌트를 얻을 수 있다.[1]

대표 사이트가 구루포커스 Gurufocus 다. 구루포커스는 유명 펀드 매니저와 투자 구루들이 보유한 포트포리오와 현황을 한눈에 보여 준다. 예를 들어 해당 사이트에 접속하면, 빌 게이츠 마이크로

---

[1] 구루(Guru)는 원래 인도 산스크리트어에서 유래한 단어로, 힌두교, 불교, 그리고 시크교 등에서 스승이나 영적 지도자를 의미한다. 이 용어가 투자 분야에 사용되면서 특별한 지식과 통찰력을 가진 투자 전문가를 지칭하는 것으로 그 의미가 확장됐다.

소프트 창업자가 담고 있는 자산 포트폴리오를 살펴볼 수 있다. 빌 게이츠는 자산 가운데 단연 마이크로소프트 주식 비중이 33.4%로 가장 크다. 이어서 재활용 업체인 웨이스트 매니지먼트^{Waste Management}와 버크셔 해서웨이가 각각 16.3%, 15.8%를 차지하고 있다. 게이츠는 버크셔 해서웨이를 통해 간접적으로 애플 주식을 소유하고 있는 셈이다.

그렇다면 버핏이 이끄는 버크셔 해서웨이는 어떤 종목을 담고 있을까. 2024년 8월 기준 버크셔 해서웨이 전체 자산에서 애플이 차지하는 비중은 30.09%이다. 대량 매도를 진행했으나 여전히 전체 자산 중 가장 많은 비중을 차지하고 있다. 이어 뱅크 오브 아메리카 14.67%, 아메리칸 익스프레스 12.54%, 코카콜라 9.09%, 쉐브론 6.63% 순이다. 버핏이 애플에 집중 투자한 이유는 애플이 거대한 생태계를 가졌기 때문이다. 버핏은 애플에 대해 "애플은 우리가 소유한 그 어떤 사업보다도 뛰어나다"라며 극찬한 적이 있다. 애플의 장기적 가치를 높이 평가한 것이다. 애플로서도 버크셔 해서웨이가 매우 큰 손인 셈이다.

버크셔 해서웨이는 장기 투자를 선호한다. 애플 주식이 2016년 20달러 남짓일 때부터 매수하기 시작해, 한 때 1,620억 달러 어치를 사들이기도 했다.[1] 버크셔 해서웨이는 애플 집중 매수로 2024년까지 5배에 달하는 평가 이익을 낸 것으로 알려졌다. 중간에 12%를 현금화한 것을 제외하고는 장장 8년 이상 장기 투자를 하고 있는 셈이다. 버핏은 훗날 주주총회에서 애플 지분을 매각한 것을 놓고 "보석을 매각한 것은 실수였다"라고 말하기까지 했다.

버핏은 증권 분석의 창시자인 벤저민 그레이엄 스타일을 추종하는데, 무엇보다 가치 투자Value investing 방식을 선호한다. 주식 가격이 기업의 본질적 가치보다 낮을 때 매수하고, 기업가치가 시장에서 인정받을 때까지 장기 보유하는 전략이다. 때문에 항상 재무제표를 통해 기업의 내재가치를 평가하고 저평가된 주식을 찾는 작업을 한다. 또 단기적 시장 변동성에 크게 연연하지 않는다. 가치를 보유한 주식은 언젠가는 오를 것이라는 믿음을 갖고 있다. 버핏은 선호하는 보유 기간을 묻는 질문에 "영원히"라고 답한 적이 있을 정도다. 아울러 경쟁사들이 쉽게 따라 잡을 수 없는 경쟁 우위를 가진 기업을 선호한다. 애플, 뱅크 오브 아메리카, 아메리칸 익스프레스, 코카콜라, 쉐브론과 같은 기업은 사실상 한 분야에서 독점이 아니면 과점인 기업들로 현금 창출 능력이 탁월하다는 평가를 받고 있다. 끝으로 그는 복잡한 사업 모델을 가진 기업을 쳐다도 안 본다. 버핏은 "자신이 이해하지 못하는 사업에는 투자하지 말라"라고 강조했다.[2]

버핏식 투자 방법은 매우 직관적이라는 장점이 있다. 하지만 따라 하기는 쉽지 않다. 장기 투자를 할 만큼 종잣돈이 있어야 하며, 주식이 단기적으로 하락할 때 손실을 감내할 수 있는 '야수의 심장'을 갖고 있어야 한다.

달리오가 말한 사계절 투자 전략

헤지펀드 브리지워터 어소시에이츠_{Bridgewater Associates}를 창업한 레이 달리오는 버핏의 생각에 반기를 든 투자자다. 이 둘의 운용자산은 상상을 초월한다. 버크셔 해서웨이가 3,780억 달러, 브리지워터가 1,968억 달러에 달한다.[2] 버크셔 해서웨이가 1965년에, 브리지워터가 10년 뒤인 1975년에 설립된 점을 고려할 때 용호상박의 경쟁인 셈이다. 달리오는 버핏과도 인쟁을 한 적이 있다. 버핏은 "경제가 아무리 불황을 겪는다 하더라도 우량주나 성장주는 반드시 제 몫을 한다는 믿음을 가져야 한다. 금 같은 원자재 자산을 보유하는 것은 어리석은 짓"이라고 지적했다. 하지만 달리오는 이에 대해 "사이클이 장기 불황기에 접어들면 반드시 안전 자산의 수요가 올라가므로 금을 꼭 보유해야 한다"라는 주장을 펼치며 버핏을 향해 "큰 실수를 하고 있다"라고 꼬집기도 했다.

이러한 확신은 달리오가 겪은 뼈아픈 경험을 토대로 한다. 달리오는 1982년 헤어날 수 없는 손실을 경험한 적이 있다. 당시 멕시코가 채무 불이행을 선언하자, 달리오는 미국이 위기에 빠질 것으로 전망했다. 달리오는 곧 소유하지 않은 주식을 빌려서 매도한 후, 주가가 하락하면 더 낮은 가격에 다시 사들여 차익을 얻는 투

---

[2]   1달러에 1380원으로 환산하면 우리 돈으로 버크셔 해서웨이가 521조 6,400억 원, 브리지워터가 271조 5,840억 원에 달하는 거액이다.

자 방법인 공매도로 대응했다. 미국 주가가 큰 폭으로 하락할 것으로 내다본 것이다. 미국 은행들이 멕시코에 자기 자본금의 250%씩을 대출해 주고 있으니, 위기가 미국으로 전이될 것이 뻔하다는 분석이었다. 하지만 전망은 엇나갔다. 멕시코 경제는 그의 예상을 딛고 빠른 속도로 회복됐다. 달리오는 파산 직전까지 몰렸다.

달리오는 이 일을 계기로 섣부른 통찰력이나 심미안으로 예단하는 것은 매우 잘못된 습관임을 깨달았다. 그러면서 달리오는 새 투자 관리 방식을 정립했다. 이른바 알파 오버레이 Alpha overlay 전략이다.[3] 달리오에 따르면, 자산은 크게 3종류로 구분된다. 현금인 무위험 자산, 시장보다 더 크게 성장할 수 있기도 하고 반대로 하락할 수 있는 개별 종목인 알파, 시장 평균을 추종하는 지수인 베타가 그것이다. 일반인들이 너무 어렵다고 하자, 그는 손쉬운 자산 분배 전략을 소개한 적이 있다.

총 자산이 100%라고 하자. 이 가운데 S&P 500에 있는 주식에 30%, 7~10년물 미국 중기채에 15%, 20~25년물 미국 장기채에 40%, 금에 5%, 원자재에 5%를 각각 담으라는 메시지다. 달리오는 뉴스를 읽고 철저하게 시장 데이터를 분석하고, 해당 비중을 철마다 조정하면서 자산을 분배했다. 모든 상황에 대비해 손해를 최소화하는 것을 골자로 한 사계절 포트폴리오 전략은 이렇게 완성됐다. 예를 들어 금리 인하가 확실시 된다면 장기채 비중을 늘려 채권 가격 상승에 대비하고, 우량주를 담아 추가적 수익을 기대하는 식이다.

이 때문에 달리오의 포트폴리오는 매우 세밀하게 쪼개져 있다. 그는 2024년 3월 아마존을 새롭게 포트폴리오에 추가했다. 또 알파벳, 엔비디아, 애플, 메타, 마이크로소프트 주식의 비중을 조금씩 확대했다. 반면 코카콜라와 코스트코 주식 비중은 낮췄다.

그의 포트폴리오에서 가장 큰 비중을 차지하는 것은 ETF다.[3] 아이셰어즈 코어 iShares Core S&P 500 ETF의 비중이 5.5%로 가장 많고, 이어 아이셰어즈 코어 MSCI 이머징 마켓 Emerging Markets ETF 가 4.8%로 뒤를 잇는다. 아이셰어즈 코어 S&P 500은 미국 대형주 500개 기업의 성과를 반영한 S&P 500을 추종하는 ETF다. 또 아이셰어즈 코어 MSCI 이머징 마켓은 중국, 인도, 브라질, 러시아 등 신흥 시장의 대형주를 추종하는 MSCI 신흥 시장 지수 ETF다. 달리오는 미국과 신흥 시장에 골고루 발을 담그고 있는 것이다.

---

[3] ETF는 상장지수펀드(Exchange Traded Fund)의 약자로, 주식시장에 상장되어 거래되는 투자 펀드다. ETF는 특정 지수, 상품, 채권, 또는 자산의 가격 움직임을 추종하도록 설계돼 있다. 이를 통해 투자자들은 다양한 자산에 간접적으로 투자할 수 있다.

자신만의 노하우를 찾은
아크 인베스트먼트와 블랙록

투자란 자신만의 노하우를 찾는 과정이다. 아무리 우수한 빅테크 기업이 있다고 하더라도 고점에 매수해 저점에 팔면 손해를 볼 수밖에 없다. 모든 사람은 자신만의 성향이 있으니, 투자를 하면서 자신만의 스타일을 찾는 것이 중요하다. '돈나무 언니'로 유명한 캐서린 우드가 대표적이다.

아크 인베스트먼트 Ark Investment 의 창업자 캐서린 우드는 LA에 있는 캐피털 그룹에서 직장을 시작해 이후 얼라이언스 번스타인 Alliance Bernstein 이라는 기업에서 글로벌테마전략 부문 최고투자책임자CIO로 활동했다. 그는 당시 파괴적 혁신을 중심으로 한 ETF를 운용하자고 제안했다가 너무 위험하다는 평가를 받고 뛰쳐나왔다. 그리고 설립한 것이 아크 인베스트먼트다. 그가 이끌고 있는 아크 인베스트먼트는 '파괴적 혁신'에 집중하는 전략을 추구한다. 바이오, 로봇공학, 인공지능, 에너지 저장, 블록체인과 같은 기술이 인류의 미래를 바꿀 것이라는 믿음이다.[4] 아크 인베스트먼트의 포트폴리오는 테크놀로지 기업으로 꽉 차 있다고 해도 과언이 아니다. 비중만 놓고 보면 가상 화폐 거래소인 코인베이스 Coinbase 8.2%, 테슬라 6.3%, 디지털 결제 서비스 업체인 블록 Block 5.9%, OTT 기술 기업인 로쿠 Roku 5.3% 등 기술주만 50종이 넘는다. 이러한 투자 전략은 한 번 성공하면 매우 큰 수익을 안을 수 있지만, 경기 둔화 시점에는 롤러코스터를 탈 수 있다. 아크 인베스트먼트는 2014년 창업한 이래 급부상하는 기술 기업에 투자할 수 있는 아크 이노베이션ARK Innovation ETF, 넥스트 제너레이션 인터넷Next Generation Internet ETF, 제노믹 레볼루션Genomic Revolution ETF, 오토노머스 테크놀러지&로보틱스Autonomous Technology&Robotics ETF처럼 인터넷, 바이오, 자율주행, 로봇 지수 상품을 잇달아 출시했다.

아크 인베스트먼트가 매우 공격적으로 전 자산을 테크놀로지에 집중 투자하고 있다면, 블랙록BlackRock은 광범위한 접근 방법을 취하는 것이 특징이다. 블랙록은 오늘날 세상에서 가장 많은 자산을 굴리는 운용사다. 자산 규모만 무려 10조 달러에 달한다. 한화로 약 13경 8,000조 원에 달하는 막대한 금액이다.[5] 로렌스 D. 핑크, 로버트 S. 카피토, 수잔 와그너 등 8명이 1988년 창업한 투자 사인 블랙록은 아이셰어즈와 같은 낮은 비용으로 광범위한 주식과 채권 시장에 투자할 수 있는 ETF를 선보이며 주목을 받았다. 블랙록이 단기간에 가장 큰 자산운용사로 성장할 수 있었던 배경에는 모든 자산에 대한 철저한 리스크 평가와 지수를 추종하는 시장 평균 전략을 구사했기 때문이다.

이러한 성향은 포트폴리오에도 드러난다. 블랙록의 포트폴리오를 살펴보면 마이크로소프트가 5.3%, 애플이 4.1%, 엔비디아가 3.8%, 아마존이 2.6%, 메타가 1.8%를 차지한다. 사실상 미국 상장사 순위대로 주식을 보유하고 있는 셈이다. 어쩌면 블랙록이 투자한 대로 시장이 따라온 것일지도 모르는 일이다.

대가들의 투자 포트폴리오

투자 대가들은 어떤 철학을 가지고 어디에, 어떻게 투자할까? 투자에는 정답이 없다. 하지만 워런 버핏, 레이 달리오, 캐서린 우드, 로렌스 D. 핑크, 짐 사이먼스 등은 자신만의 방법을 갖고 있다. 이들의 포트폴리오를 소개하고, 투자 전략이 무엇인지 집중적으로 살펴본다. (출처: 구루포커스, 헤지팔로우)

워런 버핏
버크셔 해서웨이

레이 달리오
브리지워터 어소시에이츠

캐서린 우드
아크 인베스트먼트

로렌스 D. 핑크
블랙록

짐 사이먼스
르네상스 테크놀로지

워런 버핏
버크셔 해서웨이

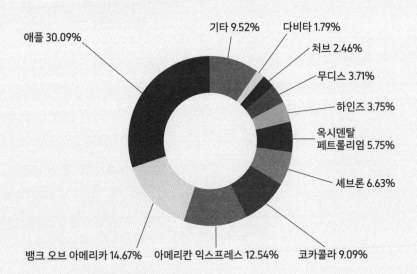

애플 30.09%
기타 9.52%
다비타 1.79%
처브 2.46%
무디스 3.71%
하인즈 3.75%
옥시덴탈 페트롤리엄 5.75%
셰브론 6.63%
코카콜라 9.09%
아메리칸 익스프레스 12.54%
뱅크 오브 아메리카 14.67%

상위 10대 포트폴리오 비중

※ 2024년 6월 30일 기준

5년간 주가 상승률(해당 종목을 5년간 보유했을 경우 수익률) ※2024년 8월 2일 기준

애플: 328.07%	뱅크 오브 아메리카: 34.45%
다비타: 128.82%	코카콜라: 29.87%
무디스: 115.06%	셰브론: 26.41%
아메리칸 익스프레스: 100.05%	옥시덴탈 페트롤리엄: 16.02%
처브: 78.60%	크래프트 하인즈: 9.90%

투자 철학

- 자신이 잘 아는 사업에만 투자한다.
- 오랫동안 성공할 가능성이 있는 회사를 선택한다.
- 믿을 수 있고 능력 있는 사람들이 운영하는 회사를 고른다.
- 실제 가치보다 저렴하게 거래되는 회사 주식을 산다.
- 위험을 줄이기 위해 충분한 여유를 두고 투자한다.

설명

워런 버핏이 이끄는 버크셔 해서웨이는 오늘날 가장 명망 있는 투자사다. 특히 그의 이론은 직관적이고 받아들이기 쉽다. 버핏은 종목을 고를 때 본인이 이해할 수 있고, 장기적으로 성장할 가능성이 높으며, 정직하고 유능한 경영진이 운영하는 회사를 선택하는 것으로 유명하다. 버크셔 해서웨이 상위 5개 보유 종목은 애플, 뱅크 오브 아메리카, 아메리칸 익스프레스, 코카콜라, 셰브론이다. 이들 기업의 특징은 모두 생태계를 거머쥐고 지속적인 수익을 창출할 수 있다는 데 있다. 아울러 버핏은 고유 가치보다 저평가된 회사를 매입해, 리스크를 최대한 줄이는 전략을 즐겨 사용한다.

레이 달리오

브리지워터 어소시에이츠

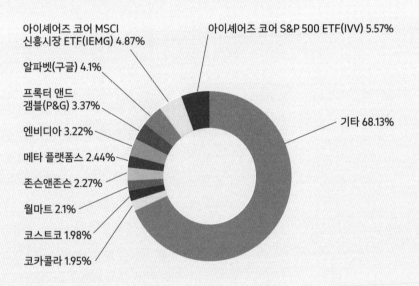

아이셰어즈 코어 MSCI
신흥시장 ETF(IEMG) 4.87%

알파벳(구글) 4.1%

프록터 앤드
갬블(P&G) 3.37%

엔비디아 3.22%

메타 플랫폼스 2.44%

존슨앤존슨 2.27%

월마트 2.1%

코스트코 1.98%

코카콜라 1.95%

아이셰어즈 코어 S&P 500 ETF(IVV) 5.57%

기타 68.13%

상위 10대 포트폴리오 비중

※ 2024년 3월 31일 기준

5년간 주가 상승률 ※2024년 8월 2일 기준

엔비디아: 2,609.93%

코스트코: 199.78%

알파벳(구글): 188.86%

메타 플랫폼스: 163.33%

월마트: 91.36%

아이셰어즈 코어 S&P 500
  ETF(IVV): 85.47%

프록터 앤드 갬블(P&G): 42.30%

코카콜라: 29.87%

존슨앤존슨: 22.65%

아이셰어즈 코어 MSCI 신흥시장
  ETF (IEMG):8.99%

투자 철학

- 경제를 하나의 메커니즘으로 보고 미래를 예측한다.
- 주식, 장기채, 상품, 금 등에 골고루 투자한다.
- 포트폴리오를 다양화해 리스크를 최대한 줄인다.
- 계획적 투자와 손실 최소화를 통해 장기적으로 높은 수익을 추구한다.
- 실패를 통해 교훈을 얻고, 모델을 새롭게 정립한다.

설명

레이 달리오는 브리지워터 어소시에이츠를 창업해 경제 사이클을 중심으로 투자를 하는 법칙을 정립했다. 그는 주식, 채권, 상품, 금 등을 균형 있게 배분한 '사계절 포트폴리오'로 명성을 쌓았다. 시장이 호황일 때나, 불황일 때나 수익을 추구할 수 있도록 한 전략이다. 특히 향후 펼쳐질 다양한 경제 시나리오에 대비해, 수익률이 얼마나 타격을 입는지 사전 시뮬레이션을 하는 것으로 유명하다. 단기 시장 예측보다는 장기적 사이클에 중점을 둔다.

캐서린 우드
아크 인베스트먼트

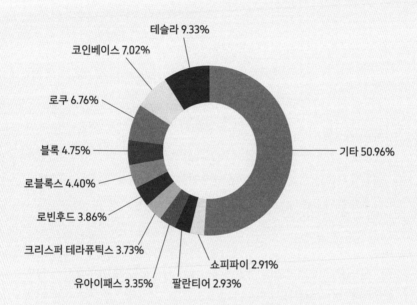

테슬라 9.33%

코인베이스 7.02%

로쿠 6.76%

블록 4.75%

로블록스 4.40%

로빈후드 3.86%

크리스퍼 테라퓨틱스 3.73%

유아이패스 3.35%

팔란티어 2.93%

쇼피파이 2.91%

기타 50.96%

상위 10대 포트폴리오 비중

※ 2024년 6월 30일 기준

5년간 주가 상승률 ※2024년 8월 2일 기준

테슬라: 1,288.35%   코인베이스: -37.82%

팔란티어: 183.48%   로빈후드: -42.42%

쇼피파이: 75.11%   로블록스: -44.26%

크리스퍼 테라퓨틱스: 9.94%   로쿠: -44.96%

블록: -13.94%   유아이패스: -84.23%

투자 철학

- 기술과 산업에 중점을 두고 투자한다.
- 인공지능, 로보틱스, 에너지 저장, DNA 등 테마별로 투자한다.
- 전통 기법 외에도 기술적 경제적 규제적 요인을 집중 분석한다.
- 기업의 혁신 상태를 지속적으로 모니터링하고, 필요한 경우 신속하게 조정한다.
- 기술이 주도할 미래 시장의 변화와 이에 따른 기회를 중시한다.

설명

캐서린 우드는 아크 인베스트먼트의 설립자이자 CEO다. 그가 이끄는 아크 인베스트먼트는 혁신적 투자 철학을 갖고 있다. 특히 전통적인 산업 분류를 뛰어넘어 주제별 투자를 선호한다. 인공지능, 로보틱스, DNA 등 테마별 투자다. 아울러 투자 시 기술적, 경제적, 규제적 요인을 고려한다. 특히 투자가 적극적이다. 시장 상황과 기업의 혁신 상태를 지속적으로 모니터링하는데, 필요한 경우 신속하게 포트폴리오를 조정한다.

로렌스 D. 핑크
블랙록

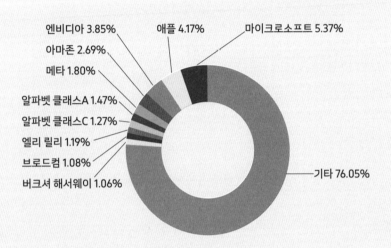

엔비디아 3.85%
아마존 2.69%
메타 1.80%
알파벳 클래스A 1.47%
알파벳 클래스C 1.27%
엘리 릴리 1.19%
브로드컴 1.08%
버크셔 해서웨이 1.06%

애플 4.17%

마이크로소프트 5.37%

기타 76.05%

상위 10대 포트폴리오 비중

※ 2024년 3월 31일 기준

5년간 주가 상승률 ※2024년 8월 2일 기준

엔비디아: 2,609.93%   알파벳 클래스 C: 188.86%

일라이 릴리: 640.47%   알파벳 클래스 A: 185.46%

브로드컴: 427.90%   버크셔 해서웨이: 113.06%

애플: 328.07%   메타: 163.33%

마이크로소프트: 204.68%   아마존: 101.92%

투자 철학

- 단기적인 시장 변동에 휘둘리지 않고 장기적인 시각을 유지한다.
- 철저한 리스크 분석과 관리 체계를 통해 투자 포트폴리오의 안정성을 확보한다.
- ESG(환경, 사회, 지배구조) 요소를 고려한 책임 있는 투자를 지향한다.
- 최신 기술과 데이터를 활용해 투자 전략을 개선한다.
- 다양한 분야의 전문가들과 협력해 최상의 투자 결과를 낸다.

설명

로렌스 D. 핑크는 블랙록 공동 창립자이자 CEO다. 그는 오늘날 전 세계 최대의 자산 관리 회사로 블랙록을 성장시켰다. 자산 관리 회사다 보니 고객의 장기적 이익에 최선을 다한다. 장기적 관점을 유지하며 지속 가능한 성과를 추구하는 데 목표를 둔다. 리스크 관리를 통해 안정적인 포트폴리오를 유지하고 투자자들의 자산을 보호하는 데 중점을 둔다. 아울러 최신 기술과 데이터를 활용해 투자 전략을 개선한다.

짐 사이먼스
르네상스 테크놀로지

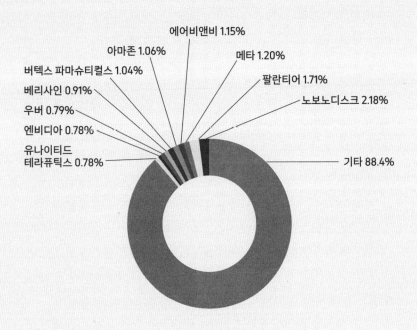

에어비앤비 1.15%

아마존 1.06%

버텍스 파마슈티컬스 1.04%

메타 1.20%

베리사인 0.91%

팔란티어 1.71%

우버 0.79%

노보노디스크 2.18%

엔비디아 0.78%

유나이티드
테라퓨틱스 0.78%

기타 88.4%

상위 10대 포트폴리오 비중

※ 2024년 3월 31일 기준

5년간 주가 상승률 ※2024년 8월 2일 기준

엔비디아: 2,609.93%	메타: 163.33%
노보노디스크: 448.51%	아마존: 101.92%
유나이티드 테라퓨틱스: 293.69%	우버: 51.04%
버텍스 파마슈티컬: 183.52%	에어비앤비: -2.99%
팔란티어: 183.48%	베리사인: -10.07%

투자 철학

- 수학적 모델과 통계적 방법론을 이용하여 투자 결정을 내린다.
- 광범위한 데이터 수집과 분석으로 시장을 예측하고 수익을 창출한다.
- 자동화된 컴퓨터 알고리즘을 사용하여 거래를 수행한다.
- 리스크를 최소화하기 위해 다양한 포트폴리오 관리 기법을 사용한다.

설명

짐 사이먼스는 매사추세츠공과대학교에서 수학을 전공하고, UC버클리대학교에서 수학 박사 학위를 받은 뒤 수학적 모델링과 알고리즘을 금융 시장에 적용했다. 그가 1982년 설립한 헤지펀드가 르네상스 테크놀로지다. 퀀트 투자 전략을 사용해 시장에서 독보적인 성과를 거뒀다. 특히 내부 직원만 투자할 수 있도록 한 메달리온 펀드는 평균 연간 수익률이 30% 이상인 것으로 알려졌다. 짐 사이먼스는 수학적 모델, 통계적 방법론, 광범위한 데이터 수집 분석, 자동화된 알고리즘을 도입해 주식 투자 업계에 획을 그었다.

빅테크 투자 실전

종목 선정이 번거롭다면,
시장을 추종하는 ETF를 고려해라

종목 투자가 번거롭다면 지수를 추종하는 ETF 투자를 고려해 볼 만하다. 기초 지수에는 미국 대표 500대 기업을 추종하는 S&P 500이 대표적이다. S&P 500은 미국 뉴욕증권거래소와 나스닥에 상장된 500대 기업의 시가총액을 기준으로 선정된 주가 지수다. 미국 주식 시장 전체의 약 80%를 차지한다. 대형주 중심 지수로 유동성이 풍부하다. 그만큼 거래가 많다. 아울러 11개 산업 섹터로 구성돼 있어, 미국 경제 산업 분포를 잘 반영하고 안정적이다.

주식 시장에는 이런 격언이 있다. "S&P 500을 고점에 사더라

도, 10년 뒤에는 반드시 상승한다." 언제 사더라도 장기 투자만 할
수 있다면 손실은 없다는 격언이다. 실제 1928년부터 2019년까지
의 데이터를 놓고 분석해 보면, 어느 시점에 사더라도 10년을 보유
할 경우 이익을 볼 확률이 93%에 달했다.[6] 대공황과 닷컴버블을 빼
면 손해가 없었던 것이다. 연평균 수익률 역시 10.29%로 높았다.

ETF에는 수많은 종류가 있지만, 대표적인 것은 세계 첫 상장
지수 펀드인 SPDR S&P 500 ETF(티커 SPY), 뱅가드Vanguard S&P
500 ETF(티커 VOO)가 있다. 수수료는 각각 0.09%, 0.03% 수준이
다. SPDR S&P 500은 대규모 거래량이 특징으로, 매수와 매도가
용이하다. 또 뱅가드 S&P 500은 낮은 수수료로 장기적인 비용 효
율성이 높다는 평가를 받고 있다.

만약 매그니피센트 기업에만 집중하려면 나스닥 ETF가 적합
하다. 가장 유명한 상품은 인베스코Invesco QQQ 트러스트 ETF다.
현재 자산 규모만 1,800억 달러에 달한다. 수수료는 다소 비싼 약
0.2% 수준이다. QQQ ETF는 나스닥에 상장된 가장 큰 100개의
비금융 기업으로 구성된 지수인 나스닥 100을 추종한다. 기술주가
절대 비중을 차지하는 구조인 것이다. 해당 ETF를 매수하면 자연
스럽게 애플, 마이크로소프트, 아마존, 알파벳, 메타를 투자하는 셈
이니 고려해 볼 만하다. 인베스코 QQQ는 변형된 ETF가 많으니
주의 깊게 살펴야 한다.

- **QQQJ**: 인베스코 나스닥 넥스트 젠 100 Invesco NASDAQ Next Gen 100 은 나스닥 100 지수 바로 아래에 위치한 차세대 100개 기업에 투자하는 ETF다. 미래의 나스닥 100 지수에 포함될 가능성이 높은 성장 잠재력이 큰 기업을 골라 투자한다.

- **QQQE**: 인베스코 나스닥 100 이퀄 웨이트 Invesco NASDAQ 100 Equal Weight 는 나스닥 100 지수의 모든 구성 종목을 동일한 비율로 투자하는 것이 특징이다. 그만큼 대형주 영향이 줄어든다.

- **TQQQ**: 프로세어즈 울트라 프로 QQQ ProShares UltraPro QQQ 는 나스닥 100 지수의 일일 성과를 3배로 확대 추종한다. 1% 오르면 3% 오르고, -1% 손해면 -3% 손실이다.

- **PSQ**: 프로셰어즈 숏 QQQ ProShares Short QQQ 는 나스닥 100 지수의 일일 성과를 반대로 추종하는 리버스 ETF다. 지수가 하루 동안 1% 하락하면, PSQ는 1% 상승한다.

- **SQQQ**: 프로셰어즈 울트라프로 숏 QQQ ProShares UltraPro Short QQQ 는 나스닥 100 지수의 일일 성과를 반대로 3배 추종하는 레버리지 리버스 ETF다. 나스닥 100 지수가 하루 동안 1% 하락하면, SQQQ는 3% 상승한다.

나스닥 섹터별로 투자하는 ETF 역시 존재한다. 인베스코 나스닥 인터넷 Invesco NASDAQ Internet ETF(티커 PNQI)는 나스닥에 상장된 인터넷 관련 기업들에 집중 투자하는 것이 특징이다. 아마존, 메타, 알파벳 등이 있으며, 이들 기업이 각각 7.94%, 7.92%, 7.73%의 비중을 차지하고 있다. 인베스코 PHLX 세미컨덕터 Invesco PHLX Semiconductor ETF(티커 SOXQ)는 주요 반도체 제조업체들에 집중 투자하는 ETF다. 주요 보유 종목으로 브로드컴, AMD, 퀄컴 등이 있다. 각각 8.82%, 8.30%, 7.87%의 비중을 차지한다.

일희일비 말고 세상을 보는 눈을 키워라

빅테크 기업은 장기적으로는 우상향할 것이 틀림없다. 하지만 아무 시점에 무턱대고 투자하는 것은 옳은 전략이 아니다. 투자 시점을 고려하는 것은 반드시 필요하다. 예를 들어 1,000만 원을 ○○전자에 투자해 1년 뒤 주가가 10% 하락했다고 해 보자. 이후 다시 1년 뒤 해당 주식이 20% 올랐다. 자산 규모는 얼마가 됐을까. 정답은 1,080만 원이다. 1,000만 원이 900만 원으로 하락했다 다시 20% 올랐기 때문이다. 반면 저점에서 투자한 사람은 자산 규모가 1,200만 원이 될 것이다. 때문에 올바른 투자를 하려고 한다면, 시점 계산이 중요하다.

경제 뉴스를 읽고 큰 흐름을 잡는 것은 투자에 있어서 매우 중요한 과정이다. 자산의 관점에서 볼 때, 자본주의에는 선착순 원칙이 지배한다. 1970년 정부가 강남 일대를 개발하겠다고 발표하기 직전 강남 땅값은 고작 평당 4,500원~6,000원 수준이었다. 당시 40kg 쌀값이 2,880원이었으니 쌀 2포대면 땅 1평을 매입할 수 있었던 셈이다. 오늘날 20kg 쌀이 약 5만 원이니, 현재 가치로 20만

원이면 1평 매입이 가능했던 셈이다. 100평 가격이 오늘날 가치로 고작 2,000만 원인 것이다. 이후 실제 개발 소식과 투자에 대한 입소문이 나면서 선착순 효과가 나타났고, 너도나도 달려들다 보니 땅값은 천정부지로 치솟았다.

인정하기는 힘들지만 자본주의에서는 단순히 열심히 하는 것만으로는 안 되는 것이 있다. 정보의 중요성, 그리고 조기 선택의 중요성은 말로 표현하기 힘들다. 물론 그 선택이 실패하면 그 책임은 온전히 자기 몫이 된다. 정보 획득이라는 습관을 들이는 데 신문만 한 것이 없다. 신문 기사는 숨이 턱 막힐 정도로 분량이 많다. 신문은 보통 32면으로 1면부터 6면까지는 종합 면이라고 해서 독자들이 반드시 읽어야 할 큰 소식을 담는다. 이어 그 다음 면부터는 정치, 세계, 증권, 산업, 테크, 부동산, 오피니언 등 주제별 기사가 배치된다.

신문을 보면서 느린 생각을 함께 해야 진짜 경제 공부가 된다. 기사를 읽고 "아 그렇구나!"라고 빠르게 정보를 파악하고 곧바로 덮어버리기보다는 "그래서 그 다음은 어떻게 될까"라는 느린 생각을 하면서 읽는 것이 중요하다. 그래야 진짜 경제 공부가 된다. 신문에서 "인공지능 기술의 발전과 기업 적용"이라는 기사를 접했다고 하자. 빠른 생각으로는 "인공지능 기술이 점점 더 발전하고 있구나"라고 이해하는 것에 그칠 수 있다. 하지만 느린 생각을 적용하면, "인공지능 기술이 발전하면 노동 시장에 어떤 영향을 미칠까?" "인공지능을 도입하는 기업들의 주가는 어떻게 변할까?" "어떤 산업에서 인공지능 기술이 가장 먼저 도입될까?" 등의 질문을 던지게 된다. 스스로 한 느린 생각을 노트에 메모해 보고, 실제로 자신이 예측한 미래가 현실이 되는지 체크해 보는 것만으로도 큰 공부가 될 것이다.

보수적·중립적·공격적 투자자의 포트폴리오

미국 최대의 증권사인 찰스 슈왑 Charles Schwab 은 개개인의 성향에 따라 투자 전략을 달리할 것을 권유한다. 크게 보수적·중립적·공격적 투자자로 구분하고, 성향에 따라 자산 배분 비율과 투자 목표를 달리하라는 것이다. 이는 개개인마다 받아들일 수 있는 '리스크 허용도'가 다르기 때문이다. 아무리 투자 구루를 모방하더라도, 성향이 다르면 맞지 않는 옷이 될 수밖에 없다.

▶▸ 보수적 투자자 ◂◀

▶ 특징
- 낮은 리스크를 목표로 한다.
- 주식 비중을 최대한 낮춘다.
- 높은 안전 자산으로 구성한다.
- 시장 변동성에 대한 노출을 줄인다.

▶ 포트폴리오
주식: 10~30%
채권: 50~70%
현금 및 현금성 자산: 20~30%

▶ 세부 전략
고품질 채권: 정부 발행채, 고등급 회사채에 투자

예) 미국 재무부 10년 만기 국채(U.S. Treasury 10-Year Note), 아이셰어즈 미국국채 ETF(GOVT), 애플(AAPL) 10년 만기 회사채

배당주: 안정적인 배당 수익을 제공하는 대형 우량주에 투자
예) 존슨앤존슨(JNJ), 프록터 앤드 갬블(P&G), 코카콜라(KO)

단기 채권 및 현금: 유동성 확보를 위해 환금성 있는 자산에 투자
예) 아이셰어즈 1년 미만 미국국채 ETF(SHV), 피델리티 머니 마켓 펀드(SPRXX), 뱅가드 단기 국채 펀드(VFISX)

▶▶ 중립적 투자자 ◀◀

▶ 특징
- 리스크와 수익의 균형을 추구한다.
- 주식과 채권을 균형 있게 배분한다.
- 중간 정도의 변동성을 감수한다.
- 안정적이면서 장기적인 성장을 도모한다.

▶ 포트폴리오
주식: 40~60%
채권: 30~50%
현금 및 현금성 자산: 10~20%

▶ **세부 전략**

혼합 자산 펀드: 주식과 채권을 혼합해 구성된 펀드에 투자

예) 뱅가드 웰링턴 펀드(VWELX), 피델리티 밸런스 펀드(FBALX), 티 로우
프라이스 캐피털 어프리시에이션 펀드(PRWAX)

글로벌 분산 투자: 다양한 국가와 지역에 분산 투자해 리스크 축소

예) 뱅가드 글로벌 주식 인덱스 펀드(VTWSX), 아이셰어즈 글로벌 100
ETF(IOO), 뱅가드 국제 주식 인덱스 펀드(VTIAX)

인덱스 펀드 및 ETF: 시장 전체를 대표하는 인덱스 펀드와 ETF에 투자

예) SPDR S&P 500 ETF 트러스트(SPY), 뱅가드 토탈 주식 시장 ETF(VTI),
아이셰어즈 MSCI 이머징 마켓 ETF

▶▶ 공격적 투자자 ◀◀

▶ **특징**

- 높은 수익을 추구한다.
- 높은 리스크를 감수한다.
- 주식 비중을 높게 유지한다.
- 자산 성장을 최우선으로 한다.

▶ **포트폴리오**

주식: 70~90%

채권: 10~20%

현금 및 현금성 자산: 0~10%

▶ **세부 전략**

성장주: 높은 성장 가능성이 있는 기업에 투자

예) 빅테크 기업 주식: 애플, 마이크로소프트, 엔비디아, 알파벳, 아마존, 메타, 테슬라 등

소형주: 성장 잠재력이 큰 소형 기업 주식에 투자

예) 아이셰어즈 러셀 2000 ETF(IWM), 뱅가드 소형주 ETF(VB), 슈왑 미국 소형주 ETF(SCHA)

섹터 및 테마 투자: 특정 산업이나 테마에 집중 투자.

예) 헬스케어 셀렉트 섹터 SPDR 펀드(XLV), 테크놀로지 셀렉트 섹터 SPDR 펀드(XLK), 글로벌 X 로보틱스 & 인공지능 ETF(BOTZ)

고위험 채권: 높은 이자 수익을 제공하는 고위험 채권에 투자.

예) 아이셰어즈 iBoxx $ 하이일드 회사채 ETF(HYG), SPDR 블룸버그 바클레이즈 하이일드 채권 ETF(JNK), 뱅가드 하이일드 회사채 펀드(VWEHX)

리스크 허용도 평가

찰스 슈왑은 스스로 리스크 허용도를 평가해 볼 것을 권유한다. 몇 분 만에 간단하게 평가할 수 있는 리스크 허용도 테스트는 아래와 같다.

1. 투자한 기간이 얼마나 되셨습니까?
- 단기 (1-3년): 1점
- 중기 (4-7년): 2점
- 장기 (8년 이상): 3점

2. 투자를 할 경우, 얼마나 손실을 감당할 수 있습니까?
- 최대 손실 10% 이하: 1점
- 최대 손실 20% 이하: 2점
- 최대 손실 30% 이상: 3점

3. 손해를 본 적이 있다면, 당시 느낌은 어땠습니까?
- 불안해 매도했다: 1점
- 다소 불안했다: 2점
- 안정적이었다: 3점

4. 투자 목적이 어디에 있습니까?
- 자본 보존: 1점
- 정기 수익: 2점
- 자산 증대: 3점

5. 손실을 걱정하고 계십니까?

- 크게 있다: 1점

- 다소 있다: 2점

- 걱정 없다: 3점

점수 평가 방법

- 합계 점수 5~8점: 보수적 투자자

- 합계 점수 9~12점: 중립적 투자자

- 합계 점수 13~15점: 공격적 투자자

2장

특이점, 그 이후의 세계

"특이점은 인간과 기술의 구분이 사라지는
시점이다. 이는 인간이 기계가 되는 것이 아니라,
기계가 인간처럼 되고
인간이 그 이상이 되는 것이다."
- 레이 커즈와일 -

B급 인재가 사라진다

디지털 세계에 거대한 뿌리를 박고 있는 매그니피센트 기업들은 인공지능 기술에 막대한 투자를 하고 있다. 이들은 각기 다른 생태계를 가졌지만, 인공지능에 있어서 한 치도 물러섬도 없는 혈전을 펼친다. 마이크로소프트는 오픈AI와 손잡고 인공지능 기술을 MS 365에 통합했고, 애플은 아이폰에 애플 지능이라는 인공지능 시스템을 통합할 예정이다. 구글 모회사 알파벳은 인공지능 비서 제미나이를 모든 서비스에 통합하려고 분주하다. 아마존 역시 오픈AI 대항마인 앤트로픽에 막대한 투자를 하고 있다.

이러한 전쟁은 인공지능 산업을 더 크게 도약시킬 것이 분명하다. 오늘날 이미 존재하는 인공지능 소프트웨어만으로도 문서를 생성하고, 이미지를 그리며, 특정인의 목소리를 모방한 음성을 자유롭

	MS	애플	엔비디아	구글	아마존	메타	테슬라	오픈AI
인공지능	○	○	○	○	○	○	○	○
클라우드	○		○	○	○			
AI 칩	○	○	○	○	○	○	○	
커머스					○			
검색 엔진	○			○				
운영체제	○	○		○				
SNS	○					○		
스트리밍		○		○				
게임	○	○		○		○		
스마트폰		○		○				
PC	○	○						
자율주행			○	○			○	
로봇				○	○		○	○

주요 빅테크 기업이 연구개발 중인 산업군

게 만들어 낼 수 있다. 이러한 인공지능 기술은 연구개발R/D, 마케팅, 인적자원관리HR, 법적 리스크 진단 등 수 많은 일자리에 대한 변화를 요구할 것이 분명하다.

빈곤의 끝자락인가, 새 생명의 돋움인가

인공지능의 등장은 19세기에 신진 문물인 사진기가 등장했던 상황과 고스란히 오버랩된다. 1839년 루이 다게르가 처음으로 사진기를 발명한 이래 수많은 화가들이 밀려났다.¹ 이번에는 수많은 사무직이 밀려날 수 있다. 하지만 역사는 늘 그렇듯, 한 방향으로만 흐르지 않는다. 암스테르담 국립미술관의 사진 큐레이터이자 역사학자인 한스 루즈붐은 논문 『신화와 오해: 19세기 사진과 회화』를 통해 신기술이 낡은 직업군을 밀어낸다는 고정 관념은 반은 맞고 반은 틀리다고 분석한다.²

루즈붐 교수는 레오나드 드 코닝이라는 19세기 네덜란드 초상화 화가의 삶을 추적했다. 코닝은 1874년 사망한 화가로 수많은 메모를 남겼다. 그는 메모에 이렇게 적었다. "결혼하고 아이가 태어났다. 그리고 곧 사진기가 등장했다. 이것이 빈곤의 끝자락이었다." 루즈붐 교수는 이어 얀 아담 크루스만이라는 화가가 작성한 1846년 메모도 찾아냈다. 그는 이렇게 적었다. "오랜 기간 쇠퇴의 끝에 새 생명이 돋아나고 있다." 그는 새로운 문물인 사진기의 예찬론자였다.

19세기 수많은 유럽인은 새롭게 등장한 사진기가 곧 초상화 화가를 산업에서 급속도로 밀어낼 것으로 생각했다. 하지만 화가는 그렇게 쉽게 떠밀리지 않았다. 루즈붐 교수는 "일부 초상화 화가는 그림 그리기만으로 생계가 어려울 때, 부업으로 사진을 찍기도 했다"라며 "당대 몇몇 화가들은 사진이 '예술의 죽음'이 될 것이라는 일반인들의 인식이 잘못됐다고 주장하기도 했다"라고 설명했다.

물론 파괴적 기술은 사회의 변혁을 요구한다. 인공지능의 등장은 학교에 대한 근본적인 질문을 던지고 있다. 인공지능이 고도로 발달된 미래에는 더 이상 단순 암기가 중요하지 않기 때문이다. 예를 들어 역사 교사는 중세 시대 유명한 인물 10명을 인공지능에게 추천받고 이에 대한 숙제를 낼 수 있으며, 학생들은 인공지능을 활용해 자신만의 답변을 준비할 수 있다. 또 교사는 학생의 인공지능 활용 여부를 인공지능으로 판별할 수 있다. 오늘날 많은 학교들이 인공지능 공습에 맞서 학교 내 도구 사용을 금지하고 있지만, 인공지능은 범용 기술이기 때문에 그 흐름을 막기는 어려울 것이다.

국제 학교의 표준인 국제 바칼로레아IB, International Baccalaureate는 챗GPT가 생성한 자료를 시험에 인용하도록 허용한다고 밝혔다. IB 평가원칙 책임자인 맷 글랜빌은 "오히려 챗GPT가 특별한 기회를 제공하고 있다"라면서 "챗봇 역시 또 다른 책처럼 취급돼야 하는 시점이 된 것 같다"라고 설명했다.[3] 인공지능 물결을 막을 수 없으니, 학생들이 에세이를 규격에 맞춰 잘 쓰는 것보다 창의성을 중심으로 평가 시스템을 개선해 나가겠다는 것이 IB의 견해다.

매그니피센트 기업들이 쏘아올린 인공지능 개발이라는 공은 수많은 일자리를 재편할 것이다. 세계경제포럼의 연구에 따르면, 2023년부터 2027년까지 5년간 6,900만 개의 새로운 일자리가 창출되고 8,300만 개의 일자리가 사라질 전망이다. 오늘날 전 세계 고용의 2%에 해당하는 1,400만 개의 일자리가 사라질 위기에 놓인 것이다.[4] 예를 들어 인공지능 개발자, 빅데이터 분석가, 사이버보안 전문가 등과 같은 직업이 새롭게 생겨나고 있으며, 이들은 종전 사무직을 대신할 소프트웨어를 만들고 있다.

한국 역시 예외는 아니다. 산업연구원은 〈인공지능 시대 본격화에 대비한 산업인력양성 과제〉라는 보고서를 통해 한국에서 인공지능이 대체할 수 있는 일자리가 전체 일자리의 13%인 327만 개에 달할 것으로 전망했다.[5] 사라질 일자리는 화이트칼라와 블루칼라를 가리지 않는다. 제조업 93만 개, 건설업 51만 개, 전문·과학·기술서비스업 46만 개, 정보통신업 41만 개 순이었다. 송단비 산업연구원 부연구위원은 "인공지능의 노동 대체 양상은 과거 로봇이 생산직 일자리를 대체한 것과 매우 다를 것으로 예측된다"라면서 "인공지능이 이미 석·박사급 개발 인력을 중심으로 실질적인 노동 수요 변화를 유발하고 있다"라고 설명했다. 인공지능 기술이 발전하면서 단순 반복 작업뿐만 아니라 연구, 개발, 분석과 같은 고도의 전문 지식이 필요한 분야에서도 인간의 역할을 대체하거나 보완할 것이라는 설명이다.

기업과 개인이 직접 경쟁하는 시대

극한의 생산성 추구 현상은 기업 조직에도 영향을 미친다. 기업이 존재하는 데 필요한 직원의 수는 갈수록 줄어들고 있다. 솔로프레너 Solopreneur 는 '솔로 Solo '와 '기업가 Entrepreneur '의 합성어로 1인 기업가를 가리킨다. 과거에는 1인 자영업자 정도를 뜻했지만, 오늘날엔 인공지능 기술로 무장한 첨단 스타트업의 대명사가 되었다.

솔로프레너는 인공지능 도구를 활용해 데이터 분석부터 고객 상호 작용에 이르는 복잡한 프로세스를 쉽게 처리한다. 사일레시 라마크리슈난 로켓쉽Rocketship 공동 창업자는 "인공지능 도구를 연동하는 이른바 플러그 앤 플레이 API는 마법과 같다"라면서 "기술의 레고 블록과 같아서 솔로프레너가 예산 친화적인 방식으로 비즈니스 운영을 할 수 있도록 하고, 핵심 활동에 집중할 수 있도록 해 준다"라고 말했다.

API는 소프트웨어 시스템 간 소통을 가능하게 해 주는 인터페이스다.[6] 예를 들어 날씨 앱을 개발하고 있는 솔로프레너가 있다고 해 보자. 만약 사용자가 특정 도시의 날씨 정보를 요청한다면, 날씨 앱은 이 요청을 날씨 서비스 제공자의 API에 전달하고, API는 이 요청을 받아서 날씨 서비스 제공 서버로 보내는 역할을 한다. 서버는 해당 도시의 날씨 데이터를 API를 통해 날씨 앱에 다시 보낸다. API를 통해 정보를 주고받는 과정은 매우 빨라서, 사용자 입장에서는 마치 날씨 앱에서 모든 것이 작동되는 것 같은 착각을 유발한다. 클라우드상에 존재하는 인공지능 소프트웨어는 API를 통해 각 기업에 전달될 것이다. 이러한 인공지능 도구를 활용해 협업을 진행하고, 인적자원관리를 담당하며, 예산을 편성할 수 있다. 종전처럼 수많은 직원들이 달라붙어 기업을 경영할 필요가 적어지는 셈이다.

실리콘밸리에서는 대표적인 인공지능 이미지 생성 스타트업인 미드저니가 단연 돋보인다. 높은 생산성을 갖고 있기 때문이다. CB인사이트에 따르면 2023년 미드저니의 매출액은 약 2억 달러로 추정된다. 하지만 직원 수는 100명 미만이다. 직원 1인당 매출액이 200만 달러에 달하는 것이다. 미드저니의 기업가치는 약 100억 달러로 평가받고 있지만, 지금껏 외부 자금 조달 없이 자체적인 수익을 통해서만 성장하고 있다. 인공지능 도구를 철저하게 활용해 비용을 낮추고 수익을 극대화하고 있는 대목이다.

인공지능 도구를 활용하면서 기업 조직 형태도 크게 달라질 것으로 보인다. 컨설턴트, 그래픽 아디스트, 인공지능 개발자를 비롯한 고급 인력들은 생존하고, 이들을 보조만 하던 인력은 도태될 것이라는 전망이 우세하다. S급 인재가 인공지능 도구와 함께 근무하는 형태로 바뀔 수 있다는 분석이다. 이를 가리켜 '인공지능 최적화 기업'이라고 부른다. 인공지능을 핵심 기술로 활용해 비즈니스 운영의 모든 측면을 최적화하고, 인공지능이 기업의 경영 철학에 깊이 스며든 기업을 뜻한다. 이러한 기업들은 인공지능 기술을 단순히 도입하는 것에 그치지 않고, 인공지능을 통해 새로운 가치 창출 모델을 개발하고, 혁신을 추구한다. 하버드대학교, 펜실베이니아대학교, 보스턴컨설팅 연구진이 700명을 상대로 분석한 『인공지능이 지식근로자의 생산성과 품질에 미치는 영향』이라는 논문에 따르면, 컨설턴트가 생성형 인공지능을 활용할 경우 생산성이 최대 42.5% 향상되는 것으로 분석됐다.[7] 숙련된 근로자는 특정 분야에 대한 지식, 즉 '도메인 Domain 지식'이 넓고, 인공지능을 적재적소에서 활용하고 있다는 평가다. 한 IT업체 대표는 "종전에는 S급, A

급, B급 인력 모두 필요했지만, 이제는 인공지능이 사실상 보조 인력처럼 되면서 B급 인력까지 채용할 필요가 없어졌다"라고 말했다.

국내 스타트업에서도 이러한 바람이 불고 있다. 빅데이터와 인공지능을 기반으로 마케팅 솔루션을 제공하는 티디아이TDI는 인공지능 도구를 전면 도입해 인력은 조정하면서도 매출과 영업이익을 극대화한 사례다. TDI는 전체 직원 숫자를 150명에서 30명으로 줄였다. 대신 신규 시장 개척 차원에서 베트남에 지사를 설립하고 현지 개발 인력 40명을 새롭게 채용했다. 전체 인원이 150명에서 70명으로 감소한 것이다. 하지만 매출액은 2022년 121억 원으로, 2021년 83억 원 대비 46% 늘었다. 이승주 TDI 최고비전책임자 겸 창업자는 "단순히 인공지능을 서비스하는 것이 아니라, 조직 전체를 인공지능 시대에 맞게 탈바꿈시키고자 했다"라면서 "인턴이나 저숙련 근로자가 하던 일은 현재 대다수 인공지능을 통해 자동화한 상태"라고 설명했다.

PDF 솔루션 기업 이파피루스는 일부 팀을 해체하고 '셀Cell' 단위로 바꾸는 실험을 진행 중이다. 제품별 개발 팀을 상시적으로 두는 것이 아니라, 프로젝트에 따라 숙련 근로자를 붙였다 떼는 탄력적인 구조로 대응해 속도를 높인다는 전략이다. 김정희 이파피루스 대표는 "셀 단위 조직을 전체적으로 도입한 것은 아니다"라면서도 "하지만 셀 단위가 성과가 좋을 경우 이를 전 조직으로 확대해보려고 한다"라고 말했다. 그동안엔 숙련된 근로자를 중심으로 인턴 등 보조 인력을 배치했지만 이제는 숙련 근로자 1명이 인공지능을 활용해 동일한 성과를 내는 시대가 열린 것이다.

　게임 개발 부문에서도 변화가 감지된다. 시나리오, 게임 맵, 캐릭터 일러스트, 아이템처럼 게임을 구성하는 핵심 요소 개발에 인공지능 도구를 적극 활용하는 것이다.[8] 막대한 제작비와 늘어지는 개발 시간은 게임사들의 최대 고민이었다. 글로벌 대작 게임은 인력만 200~300명에 제작비만 1억 달러를 넘어선다. 게임 제작비를 분야별로 살펴보면 예술 부문 40%, 프로그래밍 부문 40%, 기획 부문 20% 선이다. 하지만 인공지능을 활용하면 텍스트, 오디오, 이미지 등 콘텐츠를 새롭게 무제한으로 만들어 내는 것이 가능해진다. 이러한 변화는 인력 조정으로 이어지고 있다. 수많은 게임사의 번역 서비스를 대행하고 있는 한 전문 번역 기업은 최근 들어 인력 40%를 내보내기도 했다. 게임사들이 일부 현지어를 상대로 인공지능 번역을 도입했기 때문이다.

알파고를 이긴 아마추어 바둑 기사의 비결

　변화를 두려워할 필요는 없다. 대표적인 영역이 바둑이다. 2023년 2월, 바둑 역사에서 기념비적인 일이 벌어졌다. 한 아마추어 바둑 기사가 인공지능과의 대국에서 2016년 이후 처음으로 승리하는 쾌거를 올린 것이다.[9] 그것도 무려 15전 14승의 압승이었다. 이세돌 9단도 이기지 못한 인공지능을 아마추어 바둑 기사가 어떻게 승리했을까. 비결은 인공지능을 통한 학습에 있었다.

미국 아마추어 랭킹 2위인 켈린 펠린은 인공지능 바둑 기사인 카타고Kata GO와 대국을 벌였다. 카타고는 알파고와 동일한 시스템을 갖고 있는 인공지능이다. 대국은 현장의 컴퓨터 지원 없이 이뤄졌다.[10] 인간의 승리는 그만큼 놀라운 결과였다. 인간 바둑 기사가 인공지능에 승리할 수 있었던 이유는 인공지능으로부터 전술을 직접 물려받았기 때문이다. 미국 캘리포니아에 있는 인공지능 스타트업 FAR AI는 카타고의 약점을 파악하고자 100만 번 이상 인공지능과 대국을 벌였다. 펠린은 이런 약점을 보고 훈련했다. 그는 이에 대해 "인공지능으로부터 학습을 받는 것이 쉽지는 않았다. 그렇다고 어렵지도 않아, 중급 수준이면 충분히 전수를 받을 수 있다"라고 설명했다.

펠린은 인공지능이 가르쳐 준 전술을 습득했고, 그 학습 결과를 토대로 바둑을 두었다. 그는 카타고 외에 알파고 제로를 기반으로 한 릴라 제로Leela Zero와의 대국에서도 연전연승했다. 바둑은 가로세로 19줄, 361개 교차점에 흑돌과 백돌을 번갈아 두어 가장 많은 공간을 확보한 쪽이 이기는 게임이다. 이 과정에서 무한에 가까운, 10의 171제곱에 달하는 경우의 수가 발생한다. 펠린은 인공지능을 꺾은 배경에 대해 "돌을 크게 천천히 두어 인공지능을 산만하게 했다"라면서 "포위가 끝이 났지만 인공지능이 취약점을 인식하지 못했다"라고 말했다.

펠린의 승리는 인공지능 시대를 살아가야 할 현대인에게 많은 시사점을 던진다. 인류는 펠린처럼 담대한 변화가 필요하다. 먼저 인공지능이 유용한 도구라는 사실을 자각하는 것에서 출발해야 한다. 레이 커즈와일은 저서 《특이점이 온다》에서 기술이 인간을 뛰어넘는 시점을 예측한 바 있다. 커즈와일은 "인공지능이 우리와 경쟁하거나 우리를 대체할 것이라고 겁먹을 필요가 없다"라고 강조했다.¹¹ 그는 "손에 닿지 않는 높은 가지에 매달린 열매를 따기 위해 막대를 휘젓는 것처럼, 더 높은 곳에 닿기 위해 도구를 사용하는 것에 불과하다"라고 설명했다. 스마트폰이 인류의 삶을 더 풍요롭게 해 준 것처럼, 인공지능 역시 그러한 도구라는 주장이다.

매그니피센트 기업들이 쏘아 올리고 있는 인공지능이라는 공은 앞으로 우리 사회 곳곳에 변화를 초래할 것이다. 인공지능 시대에는 경쟁자보다 뛰어난 도메인 지식을 갖추고 있으면서도, 인공지능 도구를 자유자재로 사용할 수 있는 '멀티형 인재상'이 부상할 것이다. 또 한 분야만 깊게 아는 것보다 다양한 영역을 인공지능을 토대로 빠르게 처리하고 판단할 수 있는 능력 역시 중요해질 것이다. 이미 인공지능은 인간이 쌓아 놓은 막대한 데이터를 토대로 반복적인 업무를 자동화하는 중이다.

인공지능의 파괴적 기술은 대다수 근로자를 두려움에 떨게 하지만, 역설적으로 사람은 인공지능 덕분에 더 사람다운 일을 할 수 있을지 모른다. 창조적이고 협력적이며 리더십이 필요한 업무야말로 아무리 인공지능이 발전하더라도 쉽사리 인간을 대체하기 힘들기 때문이다. 사티아 나델라 마이크로소프트 회장은 "인공지능은 인간의 창의성, 공감, 판단력을 대체할 수 없다"라면서 "오히려 우리의 인간 능력을 증폭시켜 창의적 정신을 키우는 데 도움을 줄 것"이라고 말했다.

특이점, 그 이후의 세계

매그니피센트가 구축한 테크놀로지 생태계는 또 다른 기술을 만드는 토양이 되고 있다. 애플이 개발한 iOS 플랫폼은 수백만 개의 앱 개발을 촉진했다. 구글은 오픈소스 플랫폼인 안드로이드를 통해 수많은 스마트폰 제조사와 개발자들이 자유롭게 앱과 서비스를 개발할 수 있도록 했다. 우버, 에어비앤비, 페이스북, 트위터와 같은 거대 공룡 기업이 태어난 자양분이었던 것이다. 이뿐인가. 아마존 AWS는 클라우드 컴퓨팅 서비스를 제공해 수많은 스타트업과 기업들이 대규모 데이터를 처리할 수 있도록 했으며, 마이크로소프트는 깃허브로 전 세계 개발자들이 협업하도록 했다.

인간이 기술을 낳고, 그 기술이 또 다른 기술을 낳고 있는 장면이다. 이러한 기술 발전의 수레바퀴는 마침내 인공지능에 다다랐다. 인공지능의 발명은 인류의 마지막 발명이라고 불린다. 1965년 앨런 튜링의 동료인 영국 수학자 어빙 존 굿은 이렇게 말했다. "최초의 울트라 지능 기계는 인간이 만들어 낼 수 있는 최후의 발명품이 될 것이다." 울트라 지능 기계가 자신보다 더 뛰어난 기계를 만들어 내고, 또 그 기계가 더 뛰어난 기계를 만들어 낼 것이기 때문에 더는 인간의 발명이 필요 없다는 상상이다.

인공일반지능은 등장할 것인가

새로운 지능에 대한 아이디어는 마침내 인공일반지능이라는 개념으로 이어진다. 인공일반지능에서 일반이라는 단어는 '일반적이다'라는 뜻이다. 지금껏 인공지능이 특수한 상황에서만 적용됐다면, 미래의 인공지능은 보편적 상황에서 사용되는 범용 인공지능일 것이라는 메시지다. 인공일반지능은 인간의 지시 없이도 스스로 학습과 훈련이 가능한 꿈의 인공지능이다. 인간이 할 수 있는 모든 지적인 업무도 성공적으로 수행할 수 있으며, 인간만큼 경제적으로 중요한 일을 할 수 있어 특정 목표로 활동한다. 특수 목적용 인공지능하고는 차원이 다르다.

미래학자 레이 커즈와일은 수많은 기업들이 인공지능 개발 전쟁에 뛰어들면서 2029년 정도에 인공일반지능이 출현할 것으로 전망했다.[12] 그는 인공지능이 사람 지능을 뛰어넘는 시점을 가리켜

'특이점 Singularity'라고 명명했다. 더 나아가 커즈와일은 2040년대가 되면 인공지능의 성능이 인간 두뇌보다 10억 배 이상의 성능을 발휘할 것으로 전망했다. 인간과 기계의 지능 간 격차가 개구리와 인간 간 격차만큼 벌어질 것이라는 메시지다.[1] 특이점을 맞는다면 인류는 인공일반지능이 하는 행동을 전혀 이해하지 못할 것이다.

기하급수적인 인공지능의 발전은 우리를 둘러싼 기반 시설의 가파른 발전을 토대로 한다. 인공지능을 둘러싼 주변 기술들이 급성장하면서, 인공시능 개발이 탄력을 받는 수확가속 법칙이 작동하기 시작한 것이다.[13] 예를 들어 유전자 기술이 발전하면서 두뇌를 모방해 인공지능을 만드는 리버스 엔지니어링 Reverse engineering 이해를 거듭하며 발전하고 있다. IBM이 개발한 왓슨이나 구글 딥마인드가 개발한 알파고가 대표적이다. 또 인공지능의 기초 기반 시설인 반도체는 머리카락 굵기 10만 분의 1 굵기인 1나노미터대 공정에 진입하고 있다.[2] 무선 데이터 전송 속도 역시 총 비트 용량이 30개월마다 2배씩 늘어난다는 쿠퍼의 법칙 Cooper's Law 이 작동하고 있다.

이 가운데서도 양자 컴퓨터는 게임 체인저로 불린다. 0 또는 1로만 표시되는 일반 컴퓨터와 달리 양자 물리학의 특성을 활용해

---

[1] 인간 두뇌에는 신경 신호를 전달하는 특수한 세포인 뉴런이 약 860억 개가 있다. 반면 개구리는 1,600만 개에 불과하다.

[2] 대만 TSMC는 1나노미터 공정 로드맵 도입을 2026년으로 앞당긴 상태다. 인텔은 2024년 말까지 1.8나노미터 공정을 도입한다고 발표했다.

0과 1을 동시에 나타낼 수 있기 때문이다. 즉 00, 01, 10, 11로 연산이 가능해 성능이 2배씩 늘어난다. 예를 들어 0보다 크고 100보다 작은 함수를 구하라는 수식이 주어지면 일반 컴퓨터는 많은 숫자를 한 번에 하나씩 빠른 속도로 대입하는 방식으로 참인지 거짓인지를 따진다. 반면 양자 컴퓨터는 다소 더디지만 동시에 그 숫자를 대입할 수 있다. 때문에 슈퍼 컴퓨터가 1만 년에 걸쳐 처리할 연산 작업을 양자 컴퓨터는 단 2.5일 만에 해결할 수 있다는 평가를 받는다. 김정상 듀크대학교 교수 겸 아이온큐 공동 창업자는 인터뷰에서 "양자 모델을 이용하면 파라미터 수를 1000분의 1로 줄일 수 있다"라면서 "양자 정보 시스템에서 사용되는 최소 정보 단위인 큐비트Qubit가 127개면 전 세계 인구 75억 명을 구성하는 원자 수보다 더 많은 상태를 표현할 수 있다"라고 말했다.[14]

양자 컴퓨터가 현대 컴퓨터보다 특정 면에서 우수하다는 것을 가리켜 '양자 우위Quantum Supremacy'라고 부른다. 통상 50~100큐비트를 넘어서면 양자 우위를 달성했다고 평가한다. 오늘날 양자 컴퓨터는 양자 우위를 넘어서고 있다. IBM이 2025년 4,158큐비트를 지닌 쿠카부라Kookaburra를 개발하겠다고 선언한 것이 대표적이다.

인간 증강이라는 아이디어

급격한 기술의 발전에 인간과 기계 간 격차를 좁히기 위해 인간 지능 역시 인공지능을 활용해 강화해야 한다는 아이디어가 나오고 있다. 이른바 '인간 증강'이다. 커즈와일은 인간의 두뇌를 클라우드에 있는 인공지능과 연결하는 방안을 제시했다. 무엇인가를 찾기 위해 구글이나 네이버에 접속해 클라우드에 있는 자료를 뒤지는 것이 아니라, 인공지능 클라우드 자체를 두뇌와 연결해 곧바로 꺼내 쓴다는 상상이다. 이를 토대로 인간 지능 역시 10억 배 이상 증가할 수 있다고 설명한다.

일론 머스크는 두뇌에 칩을 이식해 인터넷 없이도 인간 지능을 강화할 수 있다고 보고 있다. 2016년 뉴럴링크라는 스타트업을 공동 창업한 이유다. 뉴럴링크는 두뇌에 칩을 이식한 원숭이가 키보드나 입력 장치 없이 뇌파만으로 게임을 하는 영상을 시연해 시선을 끌었다.[15] 머스크는 "사람들은 변화를 싫어하지만, 남은 선택지가 재앙이라면 변화를 수용해야 한다"라고 주장하기도 했다. 인공일반지능이 인간을 지배하기 전에, 두뇌에 칩을 이식해서라도 그 격차를 좁혀야 한다는 주장이다.

인간 증강에 대한 연구는 오늘날 사물 인터넷인 IoT를 넘어 휴먼 인터넷인 IoH Internet of Human 연구로 이어지고 있다. IoH가 발전하면 걸어 다니는 위치를 네트워크에 연동하고 주변 데이터를 수집해 분석하며 현재 내 감정 상태를 상대방에 전달할 수 있다.

아직은 초기 단계지만 IoH 연구는 활발하다. 매사추세츠공과대학교 연구팀은 2023년 뇌파와 근육 신호를 결합해 로봇 팔을 제어하는 시스템을 개발하는 데 성공했다. 사용자가 생각과 손동작만으로 로봇 팔 동작을 제어한 것이다.[16] 사우스플로리다대학교는 2016년부터 브레인 드론 레이스 Brain Drone Race 라는 이색 대회를 열고 있다. 참가자가 집중력 지표로 간주되는 베타파 Beta Wave 를 발산하면 드론에 부착된 컴퓨터가 이를 읽어 움직이는 방식이다. 이러한 마인드 파워 기술 개발이 발전하면 생각하는 것만으로 문자 메시지나 이메일을 보낼 수 있다. 또 로봇 드론을 동작시켜 원하는 물건을 집어 오게 할 수 있을 것으로 전망된다.[17]

하지만 인공일반지능의 등장이 사회적 혼란을 초래할 수도 있다. 실리콘밸리에서는 이미 인공일반지능을 신으로 숭배하는 종교가 태동한 상태다. 구글에서 자율주행 부문 엔지니어로 활동한 앤서니 레반도프스키는 2015년 '미래의 길 WOTF, Way of the Future '이라는 종교를 설립했다. 그는 진화된 인공일반지능은 일반적인 종교보다 도덕적 윤리적 실존적 문제에 대해 더 우수한 답변을 줄 것이라고 믿고 있다. 레반도프스키는 "앞으로 만들어질 인공지능은 사실상 신이 될 것"이라면서도 "번개를 만들거나 허리케인을 일으킨다는 의미의 신은 아니다. 하지만 가장 똑똑한 인간보다 10억 배나 더 똑똑한 무언가가 있다면 그것을 뭐라고 부를 수 있나"라고 반문했다.[18] 레반도프스키는 인공일반지능이 인간을 초월하는 범용 지능을 갖출 것으로 내다보고 있다. 때문에 이들의 교리는 전환을 강조한다. 지구상에서 인간이 갖고 있는 가장 고등한 존재의 자리를 앞으로 인공지능에 물려주어야 한다는 이론이다.

레반도프스키는 "인간은 다른 동물보다 똑똑하고, 도구를 만들고 규칙을 적용할 수 있기 때문에 지구를 책임지고 있다. 하지만 미래에 인간이 아닌 무언가가 훨씬 더 똑똑해진다면, 누가 실제로 책임자인지에 대한 전환이 일어날 수밖에 없다"라고 말했다. 그러면서 그는 "우리가 원하는 것은 지구의 통제권이 인간에서 그 무엇에게 평화롭고 평온하게 선환되는 것"이라며 "궁극적으로 그 과정을 누가 도와주었는지 알 수 있도록 하는 것이 우리의 목적"이라고 말했다.

세계 정부들의 인공지능 제재 움직임

전 세계 주요 국가들은 인공지능의 급발전이 인류를 위협할 수 있다고 염려하고 있다. 특히 인공지능 발전에서 뒤쳐진 유럽 연합이 규제를 주도하고 나섰다. 유럽 연합은 2024년 5월 인공지능법을 전격 승인했다.[19] 2021년 초안 발의 이후 3년 만이다. 마티외 미셸 벨기에 디지털 장관은 "유럽은 신기술을 다룰 때 신뢰, 투명성, 책임의 중요성을 강조하는 동시에 빠르게 변화하는 기술이 더욱 발전하고 유럽의 혁신을 촉진할 수 있도록 보장하려고 한다"라고 강조했다. 해당 법은 인공지능 활용에 대한 위험도를 4단계로 구분해 차등 규제하는 것이 특징이다. 최소 위험 Minimal risk, 제한된 위험 Limited risk, 높은 위험 High risk, 허용 불가한 위험 Unacceptable risk 이다. 예를 들어 안면 인식 기술처럼 생체 정보를 실시간 수집해 인공지능에 활용하는 것은 '허용 불가한 위험'으로 분류해 일절 금지했다. 또 챗GPT나 제미나이 같은 챗봇은 제한된 위험으로 분류했다. 개발사는 투명성 원칙을 지켜야 한다. 이들은 유럽 연합이 마련한 디지털 시장법을 준수해야 한다. 이는 인공지능을 개발하는 기업에 부담을 줄 수 있다. 디지털 시장법은 인공지능 학습에 투입한 데이터 목록을 공개할 것을 요구한다. 만약 누군가의 유료 데이터를 무단으로 학습한 사실이 밝혀질 경우, 지식재산권 소송이 잇따를 수 있다. 빅테크 기업이 인공지능법을 위반할 경우 최대 3,500만 유로 또는 전 세계 연간 매출의 7%를 벌금으로 내야 한다. 만일 애플이 법을 위반했다면 2023년 매출액 3,832억 달러를 기준으로 최대 7%인 268억 달러를 벌금으로 내는 것이다.

유럽 연합이 빅테크 기업을 정조준하고 있다면, 미국은 중국을 견제하고 있다. 미국의 조 바이든 대통령은 2023년 10월 '안심할 수 있고, 안전하며, 신뢰할 수 있는 인공지능 개발과 사용에 관한 행정 명령'에 서명했다.[20] 핵심은 인공지능을 국방물자 생산법에 따라 관리하겠다는 것이다. 국립표준기술연구소가 안전성 표준을 마련하고 상무부가 딥페이크를 식별할 기술을 개발한다. 특히 아마존 AWS, 마이크로소프트 애저, 구글 클라우드와 같은 클라우드 제공 기업을 대상으로는 외국 고객이 클라우드를 기반으로 인공지능을 개발할 경우 신고하도록 명령했다. 중국이 미국 클라우드를 활용해 인공지능을 개발하는 것을 실시간으로 감시하겠다는 메시지다.

전 세계 정부는 이에 그치지 않고 인공지능에 '킬 스위치 Kill Switch'를 다는 방안을 논의하고 있다. 2024년 5월 열린 인공지능 서울 정상회의에서 주요국은 인공지능 모델에 대한 위협 평가를 실시하기로 했다. 정상들은 성명에서 "인공지능 기업은 앞으로 인공지능 모델, 시스템 개발, 배포시 위험을 효과적으로 관리하게 될 것"이라고 말했다. 합의의 핵심은 인공지능 위험의 임계값을 설정하는 것이다. 임계값이란 인공지능 행동을 사람이 수용할 수 있는 마지노선이다. 인공지능이 특정 수준을 넘어, 위험 행동을 할 경우 인공지능 기업 스스로 서비스를 중단해야 한다. 매그니피센트 기업들이 인공지능을 둘러싼 전쟁을 펼치고 있는 가운데, 세계 정부 역시 인공지능의 위험에 서서히 눈을 뜨고 있다.

330만 년 동안 기술과 공생해 온 인류

인류는 앞으로의 기술 발전이 어떻게 이어질지 단언할 수 없다. 인공지능이 인류를 위한 유익한 도구로 남을지, 아니면 인류를 위협할지는 여전히 상상 속에 있다. 1990년 월드와이드웹이 탄생할 당시 오늘날 인터넷이 이렇게 발전하리라고는 아무도 예측하지 못했다. 당시에는 아무도 자발적으로 인터넷에 타인을 위한 글을 쓰리라고 상상하지 않았다. 잘못된 예측은 또 있다. IBM을 창업한 토마스 왓슨은 1950년대 값비싸고 성능이 형편없던 진공관 컴퓨터를 보고 이렇게 말했다. "세계적으로 컴퓨터는 5대면 충분하다." 아무리 전문가라도 미래의 예측을 맞추는 것은 매우 어려운 일이라는 뜻이다.

미래는 늘 울퉁불퉁한 존재다. 어슴푸레 그 형상은 알 수 있을지는 몰라도 정확한 예측은 어려운 영역이다. 하지만 분명한 것은 하나 있다. 인간은 기술에 익숙한 동물이라는 사실이다. 현생 인류의 먼 조상인 사람속 Homo이 330만 년 전 돌을 쪼개 도구를 사용한 이래, 인류는 늘 도구의 발전과 함께 살아왔다. 새로운 기술은 늘 옛 기술을 밀어냈고, 관련 직업 역시 사라졌다. 하지만 이러한 도약기마다 인류는 더 큰 번영을 누리는 발판을 마련했다. 15세기 요하네스 구텐베르크가 인쇄기를 개발하면서 필경사라는 직업이 사라졌고, 19세기 자동차가 등장하면서 마부라는 직업이 없어졌지만 인류는 더 많은 지식을 축적했고 더 먼 거리를 이동했다. 인간은 늘 새로운 기술에 적응해 온 동물인 것이다. 그것도 무려 330만 년 이상에 걸쳐서 말이다. 테크놀로지는 곧 인간의 DNA인 셈이다.

실리콘밸리의 구루로 불리는 와이어드의 창업자 케빈 켈리는 저서 《기술의 충격》에서 인류가 양날의 칼이 될 수 있는 도구와 공존하면서 번영을 거듭해 온 이유를 51대 49의 법칙으로 설명했다.[21] 인류가 기술을 악보다 선을 위해 조금이라도 더 많이 사용했기 때문에, 멸종하지 않고 번영했다는 메시지다. 그렇다면 우리는 기술의 생태계를 거머쥐고 있는 매그니피센트 기업을 어떻게 바라봐야 할까. 빅테크 기업은 인공지능, 클라우드 컴퓨팅, 반도체 설계, 전자상거래, 검색 엔진, 운영체제, 소셜미디어, 스마트폰, PC, 자율주행, 로봇 등 방대한 분야에서 분명 큰 영향을 미치고 있다.

켈리의 명언처럼 이들이 만들고 있는 새로운 도구를 위기인 동시에 기회로 받아들였으면 한다. 기술은 도구일 뿐이며 그 도구가 어떤 결과를 낳을지는 철저히 우리의 손에 달려 있다.

"내가 더 멀리 볼 수 있었다면, 그것은 거인의 어깨 위에 서 있었기 때문이다." 아이작 뉴턴이 남긴 명언이다. 누군가의 발전은 분명 누군가의 분발을 유발한다. 매그니피센트 기업 역시 수많은 기업과 사람들에게 영감을 줄 것이다. 부디 이 책을 읽은 독자들이 조금이라도 더 멀리 보고, 더 크게 성장할 수 있기를 기원한다.

인간과 기술의 공진화를 향해

인간은 끊임없이 무엇인가를 만드는 존재다. 프랑스 철학자 앙리 베르그송은 《창조적 진화》에서 인간을 호모 파베르 Homo Faber 라고 규정했다. 베르그송은 이렇게 말한다. "인간은 자신에게 주어진 재료로 무엇인가를 만들어 내는 공예가, 즉 호모 파베르다. 자연을 변형하고 자연의 힘을 자신의 욕구에 복종시킬 수 있는 유일한 존재다." 우리는 무엇인가를 만듦으로써 스스로의 존재함을 확인한다. 천천히 시선을 주변으로 돌려 보자. 누군가는 책을 쓰고, 누군가는 마케팅을 하고, 누군가는 디자인을 하고, 또 누군가는 작곡을 하며, 누군가는 소프트웨어를 만들고 있다. 일을 한다는 것은 곧 무엇인가를 만든다는 것이다.

그래서 인류사는 만듦의 역사다. 호모 사피엔스 Homo sapiens 가 이

땅에 발을 내디딘 이래, 인류는 우리가 살아온 시대를 구석기, 신석기, 청동기, 철기, 산업 혁명처럼 기술의 역사로 규정했다. 기술을 의미하는 영단어 테크놀로지는 그리스어 '테크네 τέχνη'와 '로고스 λόγος'를 합한 단어로, 기술에 대한 학문을 가리킨다. 이는 테크놀로지가 단순한 기능 이상의 지적인 활동임을 시사한다. 인간은 필요에 따라 끝없이 기술을 만들어 왔지만, 만들면 만들수록 인간의 삶은 기술로부터 벗어나지 못하게 됐다. 모차르트는 피아노의 천재지만, 역설적으로 피아노 없는 모차르트를 상상할 수 없다. 그의 천재성은 피아노라는 도구가 있었기에 꽃필 수 있었다고 말할 수 있다. 피아노라는 기술을 통해 그는 자신의 내면 세계를 외부에 투영할 수 있었고, 걸작들을 탄생시킬 수 있었다. 때문에 테크놀로지는 인간의 능력을 확장하고 극대화하는 역할을 한다. 이는 인간과 기술의 공진화다.

그런 점에서 애플, 마이크로소프트, 엔비디아, 알파벳, 아마존, 메타, 테슬라, 오픈AI와 같은 매그니피센트 기업은 현대의 호모 파베르를 대표하는 상징적 기업이다. 이들은 인간의 창조적 본능과 기술적 혁신을 결합해, 우리의 일상을 변화시키고 인류의 능력을 확장하는 새로운 도구와 플랫폼을 만들어 내고 있다. 기술의 진보는 어제도 그랬듯이, 내일도 멈추지 않을 것이다. 테크놀로지는 우리의 삶을 변화시킬 것이다. 테크놀로지의 변화를 이해하고 활용하는 것이야말로 미래의 성공을 좌우하는 원동력이다.

미래를 내다보려는 투자자, 혁신을 갈망하는 기업가, 새로운 가치를 창출하고자 하는 기획가, 그리고 기술 기업의 비즈니스 모델에 목말라 하는 예비 창업가에게 이 책이 보탬이 됐으면 한다. 제한된 공간이지만 변화와 혁신을 주도하는 빅테크 기업의 기술 트렌드, 비즈니스 모델, 경영 철학, 신규 투자 내용을 모두 담으려고 했다. 독자들이 미래 기술 트렌드를 예측하고 새로운 비즈니스 기회와 투자 포인트를 포착했으면 하는 바람으로 원고를 써 내려갔다.

이 책은 많은 분들의 아낌없는 배려로 세상에 나올 수 있었다. 우선 책의 출간을 제안해 준 박영미 대표님, 정확한 조언과 탁월한 편집 능력으로 완성도를 높여 준 김아현 편집자님을 비롯해 포르체 출판사의 아낌없는 지원에 거듭 감사의 말씀을 드린다.

언제나 걱정해 주시는 부모님께 감사드리며, 사랑하는 아내 수연과 아들 원희, 준희에게 늘 고마운 마음을 갖고 있다는 사실을 이 자리를 빌려 전하고 싶다.

끝으로 이 책을 선택해 준 많은 독자님들께 들려드리고 싶은 문장이 있다. 바로 "미래를 예측하는 가장 좋은 방법은 미래를 창조하는 것"이라는 피터 드러커의 명언과 "도전받고 응전하라"라는 아놀드 토인비의 인용문이다. 현재 우리가 할 수 있는 최선의 선택은 미래에 대한 이해와 발 빠른 적응이라는 메시지다. 미래를 향해 떠나는 독자님들의 긴 여정을 응원한다.

주

1부

1장

1 Myrow, Rachael. "El Camino Not-So-Real: The True Story of the 'Ancient Road'", KQED, 2017. 11. 02.

2 Rogers, Everett·Judith, Larsen.《실리콘밸리의 열풍》. 정보시대, 1984.

3 Ehrlich, Everett . "Memory Loss: A U.S.-Japanese DRAMa", The Globalist, 2022.05.28.

4 니콜라스 네그로폰테.《디지털이다》. 커뮤니케이션북스, 1999.

5 톰 필립스.《진실의 흑역사》. 홍한결 역. 월북, 2020.

6 월터 아이작슨.《일론 머스크》. 진환안 역. 21세기북스, 2023.

7 Glasner, Joanna . "SF Bay Area Share Of Startup Funding Hits A Multiyear High", Crunchbase news, 2023.11.21.

8 Oremus, Will. "Big Tobacco. Big Pharma. Big Tech?", Slate, 2017.11.17.

9 Small Business Connections. "World's Biggest Companies from 1980 to 2000 and Today", 2023.09.26.

10 Market Cap, "Largest Companies by Market Cap", 2024.04.07.

2장

1 CNBC. "BERKSHIRE HATHAWAY PORTFOLIO TRACKER," 2023.12.31.

2 Mint. "Berkshire's Shareholder Meeting: Key Takeaways from Warren Buffett's Speech", 2023.05.07.

3 윌리엄 번스타인.《현명한 자산배분 투자자》. 김성일 역. 에이지21, 2019.

4   Neufeld, Dorothy. "MARKETSVisualizing Every Company on the S&P 500 Index". Visual Capitalist, 2023.06.21.

5   Macrotrends. "PE Ratio 2010-2023", 2024.06.26.

6   Lesjak, Žiga. "2024년 Netflix 가입자, 사용량 및 수익 통계", Tridens, 2024.03.13.

7   Feedvisor. "The Amazon Flywheel Explained: Learn From Bezos' Business Strategy", 2020.01.15.

8   김희정. "'누적 손실 40조' 우버, 드디어 만성적자 꼬리표 뗐다", 머니투데이, 2023.08.02.

9   Lesjak, Žiga. "Shopping on Amazon Saves You over 75 Hours a Year: Jeff Bezos", Business Today, 2021.04.16.

10 김세완. "부동산 편중된 가계자산 구조 바뀔까", 매일경제, 2023.10.27.

11 박순옥. 〈2023 고령자 통계〉. 통계청, 2023.

12 통계청. 〈인구로 보는 대한민국〉. 2024.04.14.

13 조만, 송인호. 인구 고령화와 주택시장. 한국개발연구원, 2005.

14 이상덕. "2024년 AI 업계를 달굴 핫 키워드 LAM(대규모 행동 모델)." LG CNS, 2024.02.23.

15 정호준. "AI로 구동하는 스마트폰, 투명한 노트북…디바이스 미래 엿본 MWC", 매일경제, 2024.02.27.

16 Market and Markets. "Artificial Intelligence Market". 2024.05.

17 진영태. "'먹을 것 좀 줘' 요청하자 사과 건네 스스로 추론해 반응하는 휴머노이드", 매일경제, 2024.03.14.

18 이상덕. 《챗GPT 전쟁》. 인플루엔셜, 2023.

19 월터 아이작슨. 《일론 머스크》. 안진환 역. 21세기북스, 2023.

20 Vaswani, Ashish, Noam Shazeer, Niki Parmar, and Jakob Uszkoreit. "Attention Is All You Need". NeurIPS Proceedings, 2017.

21 이상덕. "'누구나 초거대AI 만든다'…엔비디아 슈퍼컴 구독 서비스 얼마?", 매일경제, 2023.03.22.

22 송경은. "[단독] AWS도 '멀티모달 AI' 참전…이미지나 음성까지 인식·생성", 매일경제, 2019.11.30.

23 이덕주. "메타, 오픈소스 모델 라마3 공개.. 챗GPT와 본격 경쟁 나선다", 매일경제, 2024.04.19.

24 이덕주. "'애플, 아이폰에 구글AI 제미나이 탑재 논의 중'…블룸버그 보도", 매일경제, 2024.03.18.

2부

1장

1   Apple. "WWDC24 Highlights", 2024.06.10.

2   Apple. "IPhone User / Sales Statistics for 2024", 2024.04.23.

3   이상덕. "필동정담." 매일경제, 2024.03.29.

4   월터 아이작슨. 《스티브 잡스》. 안진환 역. 민음사, 2015.

5   Amelio, Gil, and William Simon. 《On the Firing Line: My 500 Days at Apple》. Haper Paperbacks, 1999.

6   Wikipedia. "List of Public Corporations by Market Capitalization".

7   애덤 라신스키. 《인사이드 애플》. 임정욱 역. 청림출판, 2012.

8   Apple. "Apple Launches IPhone 4S, IOS 5 / ICloud", 2011.10.04.

9   Apple. "Remembering Steve".

10 Ferracone, Robin. "An Outsider's View of Apple's Succession Plan", Forbes, 2011.09.13.

11 MacInnis, Matt. "How I Survived and Thrived in Apple's Legendary Environment of Super-Secrecy", Vox, 2017.09.12.

12 애덤 라신스키. 《인사이드 애플》. 임정욱 역. 청림출판, 2012.

13 임지아. "시장을 선도하려면 '고객에게 묻지 말라'", LG경영연구원, 2012.07.09.

14 American history. "Oral and Video Histories: Steve Jobs", 1995.05.20.

15 Leo, Joe. "From Concept To Consumer, An Inside Look Behind The Secretive Product Development Process At Apple." MacPrices, 2021.12.24.

16 Apple, "Apple Reports Second Quarter Results".

17 Johnson, Mark W., Clayton M. Christensen, and Henning Kagermann. Reinventing Your Business Model. Harvard Business Review, 2008.

18 오대석. "팀 쿡, 왜 '애플 모방꾼' 샤오미 상대로 소송 안 할까." 비즈니스 포스트, 2015. 04.23.

19 Hartong, Carter. "Get a Mac: Marketing Campaign Review", Ata, 2020.03.05.

20 Tarasov, Katie. "Inside Apple's Chip Lab, Home to the Most 'Profound Change' at the Company in Decades", CNBC, 2023.12.01.

21 Duffy, Clare. "Justin Long, the 'I'm a Mac' Actor, Defects from Apple", CNN, 2021.03.17.

22 Gurman, Mark. "Apple Scraps In-House Effort to Make Watch Displays, Cuts Jobs", Bloomberg, 2024.03.23.

23 Fermoso, Jose . "The Secret Car That Caught Steve Jobs' Eye – and May Offer Clues to Apple's Own", The Guardian, 2016.06.09.

24 이상덕. "[단독] 애플, 애플카 직접 만든다…완성차와 연합 불발", 매일경제, 2021.09.09.

25 이덕주. "2000명이 10년간 매달렸는데 접는다…'애플카' 포기 선언 무슨 일", 매일경제, 2024.02.28.

26 이상덕. "456만원짜리 헤드셋…메타버스 판 흔들 무기 꺼낸 애플 [미라클 레터]", 매일경제, 2023.06.23.

27 이덕주. "애플, 개인 맞춤형 AI 애플 인텔리전스 공개.. AI 시장 본격 진출", 매일경제, 2024.06.11.

28 이상덕. "애플이 AI를 '애플 인텔리전스'로 부른 이유 [미라클아이 AI 분석]", 미라클아이, 2024.06.12.

29 이상덕. "AI 아이폰 팔리면 팔릴수록, 삼성·SK하이닉스 주가 뜨는 이유는?", 미라클아이, 2024.06.16.

30 오로라. "오픈AI, 애플 아이폰에 공짜로 챗GPT 탑재시킨다", 조선일보, 2024.06.14.

2장

1 톰 필립스. 《진실의 흑역사》. 홍한결 역. 윌북, 2024.

2 빌 게이츠. 《미래로 가는 길》. 삼성출판, 1997.

3 Statcounter Global Stats. "Browser Market Share Worldwide". 2024.

4 사티아 나델라. 《히트 리프레시》. 흐름출판, 2018.

5 Microsoft. "Earnings Release FY24 Q3", 2023.04.25.

6 "How Satya Nadella turned Microsoft around". The Economist, 2020.10.20.

7 "Worldwide cloud service spending to grow by 20% in 2024". Canalys, 2024.02.26.

8 이상덕. "MS, 오픈AI에 투자한 까닭…CTO 케빈 스콧 이메일 외부 공개", 미라클아이, 2024.03.02.

9 Novet, Jordan. "Microsoft's $13 Billion Bet on OpenAI Carries Huge Potential along with Plenty of Uncertainty", CNBC, 2023.03.08.

10 Dastin , Jeffrey, and Stephen Nellis. "Focus: For Tech Giants, AI like Bing and Bard Poses Billion-Dollar Search Problem", Reuters, 2023.02.23.

11 Statcounter. "Search Engine Market Share Worldwide", 2024.

12 이상덕. "'너 없이는 못 살아'…대기업 회장 비서보다 더 유능한 '비서님' 온다 [미라클레터]", 매일경제, 2023.03.24.

13 Novet, Jordan . "Microsoft Starts Selling AI Tool for Office, Which Could Generate $10 Billion a Year by 2026", CNBC, 2023.11.01.

14 이상덕. "'인터넷 발명만큼 중대한 사건'…빌 게이츠 '2년에 걸쳐 세상은 크게 진보할 것'", 매일경제, 2023.02.12.

15 Struta, Iuri. "Microsoft Further Diversifies Its AI Bets", S&P Global, 2024.02.29.

16 Warren, Tom . "Microsoft Completes Activision Blizzard Acquisition, Call of Duty Now Part of Xbox", The Verge, 2023.10.13.

17 Nadella, Satya. "Dear shareholders, colleagues, customers, and partners", Microsoft, 2023.10.16.

18 리브 맥마흔. "미 의회, '틱톡 강제 매각법' 법안 승인…틱톡의 실제 퇴출 시점은?", BBC, 2024.04.25.

3장

1 Nguyen, Janet. "What You Need to Know about Nvidia and the AI Chip Arms Race", Marketplace, 2024.03.08.

2 Moynihan, Lydia. "How Billionaire AI King Jensen Huang Went from Working at Denny's to Nearly Eclipsing Elon Musk: 'American Dream'", Newyork Post, 2024.02.29.

3 "Nvidia: One of Earth's Most Important Companies." History-Computer, 2023.08.17.

4 Tu, Melody. "NVIDIA CEO Tells NTU Grads to Run, Not Walk — But Be Prepared to Stumble." Nvidia, 2023.03.26.

5 Ranade, Pushkar. "Bits and Bytes." The Leadership Philosophy of Jensen Huang, 2023.10.17.

6 Management team, Nvidia.

7 "NVIDIA Announces Financial Results For Fourth Quarter And Fiscal 2024",

Nvidia, 2024.02.21.

8   이상덕. 《챗GPT 전쟁》, 인플루엔셜, 2023.

9   장종원. "AI 반도체 시장의 현황과 전망", Samsung SDS, 2024.03.06.

10   박준영. 인더스트리 리포트: 반도체 후공정 산업. 현대차증권, 2024.

11   고민서. "엔비디아 독주 막을까…AMD AI칩 출시", 매일경제, 2024.12.07.

12   이재연. "인텔, AI 칩 '가우디 3' 공개…'엔비디아 잡기' 시동", 한겨레, 2024.04.10.

13   권세환, 심경석, 김준산, 이진영. "AI, 특이점에 도달하다". KB금융지주 경영연구소, 2023.

14   Fortune Business Insight. "글로벌 데이터 센터 인프라 시장 규모," 2024.04.29.

15   Tyson, Mark. "AI GPU Bottleneck Has Eased, but Now Power Will Constrain AI Growth Warns Zuckerberg", Tom's Hardware, 2024.03.13.

16   황정수. "37조 자율주행칩 시장…반·차 합종연횡 시동", 한국경제, 2023.07.23.

17   윤상호. "[CES 2024] 퀄컴, '자동차도 "스냅드래곤."'", Theelec, 2024.01.10.

18   Nvidia. "엔비디아 아이작 플랫폼으로 더 스마트한 로봇을 구현하는 생성형 AI", 2024.01.09.

19   Nvidia. "NVIDIA Completes Acquisition of Mellanox, Creating Major Force Driving Next-Gen Data Centers", 2024.04.27.

20   NVentures. "NVIDIA's Venture Capital Arm".

4장

1   브래드 스톤. 《아마존 언바운드》. 전리오 역. 퍼블리온, 2021.

2   Amazon. "Amazon.Com, Inc. Announces Initial Public Offering of 3,000,000 Shares of Common Stock", 1997.03.14.

3   The Seattle Times. "Jeff Bezos' 2000 Letter to Shareholders", 2001.03.14.

4   FourWeekMBA. "EBay vs. Amazon", 2024.02.28.

5   Hartman, Avery . "How Andy Jassy Got His Start as Jeff Bezos' 'shadow' before Building AWS into a $40 Billion Business and Getting Tapped as the next CEO of Amazon." Business Insider, 2021.06.30.

6   Yaguara.co. "Amazon Prime Statistics Of 2024 (Users / Revenue)", 2024.02.21.

7   Statista. "Amazon Maintains Cloud Lead as Microsoft Edges Closer", 2024.03.02.

8   Amazon. "The inside Story of How the Kindle Was Born," 2018.04.17.

9 Osum. "Dominating The Digital Realm: Amazon Kindle Market Share Analysis," 2024.02.13.

10 amazon. "Amazon Luna Cloud Gaming Service Now Available to Everyone in Mainland U.S. with Unique Offer for Amazon Prime Members", 2021.03.01.

11 Gilbert, Ben . "Jeff Bezos Is about to Hand over the Keys of Amazon to a New CEO. Read His Final Letter to Shareholders Right Here." Business Insider, 2021.06.03.

12 Flynn, Caitlin. "The Truth About Amazon's New CEO Andy Jassy", The List, 2021.02.02.

13 Vachhrajani, Ishit. "How to Create a Data-Driven Culture", AWS, 2019.09.09.

14 Denning, Steve. "How Amazon Became Agile." Forbes, 2019.06.02.

15 브래드 스톤. 《아마존 언바운드》. 전리오 역. 퍼블리온, 2021.

16 Bloodworth, James. 《Hired: Six Months Undercover in Low-Wage Britain》. Atlantic Books, 2017.

17 Williams, Terry. "How Many Planes Does Amazon Have in 2024", 33Square, 2023.

18 이상덕, "아마존이 찜한 몸값 95조원 전기차 다음달 미국 상장", 매일경제, 2021.10.18.

19 Everett, Sean. "Amazon's Secret Self-Driving Car Project." Medium, 2017.01.12.

20 Azerbaycan24. "Amazon Debuts Fully Autonomous Warehouse Robot", 2022.06.23.

21 Wired. "The Secret Origins of Amazon's Alexa", 2021.03.11.

22 송경은. "전 세계 개발자들 한자리에…올해 화두는 '생성형 AI' [리인벤트 2023]", 매일경제, 2023.11.27.

23 이상덕. "'클라우드용 반도체 직접 설계 … 딥러닝 품질 확 높였죠'", 매일경제, 2024.03.11.

24 Hodgson, Camilla. "Amazon 'Roll-Ups' in 'Cycle of Survival' Talks to Boost Balance Sheets", Financial Times, 2024.11.28.

5장

1 Battelle, John. "The Birth of Google." Wired, 2005.08.01.

2 이상덕. "구글 창업주에게 차고 빌려준 '인큐베이터.'" 매일경제, 2023.02.17.

3   조중혁.《4년 늦었지만 1위로 성공한 구글 성공 스토리》. 세계와 나, 2016.

4   Manning Search in Marketing. "Top Search Engines from 2002 to 2005", 2014.02.06.

5   Statcounter. "Search Engine Market Share Worldwide Jan 2009 – Apr 2024 Edit Chart Data", 2014.03.17.

6   Statcounter. "Browser Market Share Worldwide Apr 2023 – Apr 2024 Edit Chart Data", 2014.03.17.

7   Business Today. "Sundar Pichai Says He Lived in Modest House in Chennai, Didn't Even Own a Refrigerator", 2018.11.09.

8   Product Plan. "From PM to CEO: How Sundar Pichai's Background in Product Paved the Way for Becoming CEO at Google".

9   라즐로 복.《구글의 아침은 자유가 시작된다》. 이경식 역. 알에이치코리아, 2021.

10 이지현. "빅테크 5곳 개발자 연봉 비교해 보니… 신입은 구글·메타, 관리직은 아마존이 연봉 높은 편", CIO, 2023.08.29.

11 에릭 슈미트, 조너선 로젠버그, 엘런 이글.《구글은 어떻게 일하는가》. 박병화 역. 김영사, 2014.

12 Shewale, Rohit. "Google Search Statistics 2024(No. Of Searches Per Day)", Demand-sage, 2024.

13 뉴스와이어. "현대자동차, 2023년 421만6680대 판매", 2024.01.03.

14 조지 길더.《구글의 종말》. 이경식 역. 청림출판, 2019.

15 서유진. "구글 vs 美법무부, 반독점법 소송 시작…"독점 위해 연 13조원 써"." 중앙일보, 2023.09.13.

16 신윤재. "'빅테크 갑질' 칼빼든 EU 구글·애플·메타 첫 조사." 매일경제, 2024.03.25.

17 Grant, Nico, and Cade Metz. "A New Chat Bot Is a 'Code Red' for Google's Search Business", The New York Times, 2022.12.21.

18 이상덕. "구글 바드에 한국어 심은 이유? '택시기사 폰 3개 쓰는 첨단국가.'" 미라클아이, 2023.03.12.

19 윤상은. "구글, '네이버 천하' 한국 검색 시장서 존재감 키웠다." BLOTER, 2023.12.21.

20 순다르 피차이, 데미스 허사비스 . "가장 유능하고 범용적인 AI 모델 제미나이(Gemini)를 소개합니다.", Google, 2023.12.07.

21 이상덕. "삼성 구글 동맹 단단해졌다…'재미나이 울트라 첫 고객은 삼성.'" 미라클아이, 2024.01.18.

22 이덕주. "'25년만의 가장 큰 변화'...재무장한 구글 검색, 차원이 다르다는데." 매일경제, 2024.03.15.

23 김기범. "Toggle the Table of Contents List of Mergers and Acquisitions by Al-phabe", Wikipedia.

24 김기범, 이효정, 전창의. 〈GV(구글벤처스)의 투자 포트폴리오로 본 구글의 투자 전략〉. 삼정KPMG 경제연구원, 2020.

6장

1 제임스클레이턴. "페이스북: 회사명 '메타'로 변경하는 페이스북...이유는?" BBC, 2024.10.29.

2 Horton, Alex. "Channeling 'The Social Network', lawmaker grills Zuckerberg on his notorious beginnings", The Washington Post, 2018.03.11.

3 Ryan Singel, "Mark Zuckerberg: I Donated to Open Source, Facebook Competitor". WIRED, 2010.03.28.

4 Taneja, Hemant. "The Era of "Move Fast and Break Things" Is Over", WIRED, January 22, 2019.01.22.

5 Amandine Carpentier, "The History of Facebook Messenger: From Social Network to Messaging Application", Botnation AI, 2023.01.10.

6 Statt, Nick. "Zuckerberg: 'Move Fast and Break Things' Isn't How Facebook Operates Anymore." CNET, 2013.04.30.

7 Statista. "Cumulative Number of Daily Meta Product Users as of 1st Quarter 2024".

8 신현규, "1000만 명 올라타는 2년 뒤 메타버스 성장세 폭발할 것", 매일경제, 2021.10.31.

9 Statista. "Share of Ad-Selling Companies in Digital Advertising Revenue in the United States from 2020 to 2025".

10 Meta. "Meta Reports First Quarter 2024 Results", 2024.04.24.

11 Veritas. "유럽 일반 개인정보 보호법(GDPR)이란?".

12 Tassi, Paul. "Meta's 'Horizon Worlds' Has Somehow Lost 100,000 Players In Eight Months." Forbes, 2022.10.17.

13 Nicas, Jack, and Mike Isaac. "Breaking Point: How Mark Zuckerberg and Tim

Cook Became Foes", The New York Times, 2021.04.26.

14 Heath, Alex. "This Is What Instagram's Upcoming Twitter Competitor Looks like." The Verge, 2023.06.09.

15 이상덕. "머스크-저커버그 옥타곤에서 한판." 매일경제, 2023.06.23.

16 구본권. "X(트위터) vs 스레드, 단문 메시지 플랫폼의 경쟁이 의미하는 것", 언론중재위원회, 2023.

17 Rodriguez, Salvador. "As Calls Grow to Split up Facebook, Employees Who Were There for the Instagram Acquisition Explain Why the Deal Happened." CNBC, 2019.09.24.

18 Lunden, Ingrid. "WhatsApp Is Actually Worth More Than $19B, Says Facebook's Zuckerberg, And It Was Internet.Org That Sealed The Deal", Techcrunch, 2014.01.24.

19 Cava, Marco della. "Oculus Cost $3B Not $2B, Zuckerberg Says in Trial." USA Today, 2017.01.17.

20 Wikipedia. "List of Mergers and Acquisitions by Meta Platforms".

21 박찬. "저커버그 '메타 제품 전반에 생성 AI 도입할 것'", AI TIMES, 2023.06.09.

22 META. "Introducing New AI Experiences Across Our Family of Apps and Devices", 2023.09.07.

23 강수지. "저커버그 '연말까지 수십억 달러의 엔비디아 GPU 구축할 것'", 연합인포맥스, 2024.01.19.

24 Dignan, Larry. "Here's Why Meta Is Spending $35 Billion to $40 Billion on AI Infrastructure, Roadmap", Constellation, 2024.04.24.

7장

1 황순민. "빅테크 뛰어든 AI로봇 시장, 휴머노이드 시대 가속…로봇에 자연어 명령", 매일경제, 2024.02.19.

2 월터 아이작슨. 《일론 머스크》. 안진환 역. 21세기북스, 2023.

3 Kay , Grace. "Ousted Tesla Cofounder Martin Eberhard Sounds off on Elon Musk, How the Company Has Changed, and the EV Wars", Business Insider, 2023.02.18.

4 Reed, Eric , and Dominic Diongson. "History of Tesla / Its Stock: Timeline, Facts

/ Milestones", TheStreet, 2024.04.30.

5   Johnson, Jeremy. "A History of the Tesla Model S." TorqueNews, 2021.06.22.

6   월터 아이작슨. 《일론 머스크》. 안진환 역. 21세기북스, 2023.

7   Lambert, Fred . "Tesla Releases Video of Giga Press in Action Producing Giant Single-Piece Rear Body", Electrek, 2021.02.04.

8   Tesla. "Investor Relations".

9   IEA. "Global EV Outlook 2024: Trends in Electric Cars".

10 허원석. "1분기 세계 전기차 판매량 20.4% 늘어, 현대차그룹과 테슬라는 소폭 줄어", 비즈니스 포스트, 2024.03.08.

11 IEA. "Global EV Outlook 2024: Trends in Electric Cars".

12 Counterpoint Research. "GLOBAL PASSENGER ELECTRIC VEHICLE MARKET SHARE: Q2 2022 – Q1 2024", 2024.06.04.

13 Digital today. "美 소비자, 전기차보다 내연기관·하이브리드 선호…연구", 2024.06.04.

14 임영은. "테슬라: 전기차 캐즘에도 새로운 시대는 온다." 삼성증권, 2024년 4월 24일.

15 박현욱. "'드디어 나옵니다' 테슬라 모델 2, 드디어 출시 일정 확정!" 뉴오토포스트, 2024.06.06.

16 Kolodny, Lora. "Elon Musk Is Keeping Investors' Dreams of a Tesla Robotaxi Alive", CNBC, 2024.04.24.

17 이근호. "테슬라 '로보택시'로 전기차 성장동력 되찾나, 자율주행 기술 완성도는 의문", 비즈니스 포스트, 2024.04.14.

18 박찬. "테슬라, 슈퍼컴퓨터 '도조'용 데이터 센터 구축 중…클라우드 사업 진출하나", AI Times, 2023.10.11.

19 김상윤. "'도조'가 뭐길래.. '테슬라 가치 5천억달러 오를수도'", 이데일리, 2023.09. 12.

20 이상덕. "'진짜 화성 가려나' 머스크 내년 로봇 노동자 선보인다", 매일경제, 2021. 08.20.

21 이상덕, 황순민. "꽃에 물주고 물건 옮기고…테슬라 `로봇 집사` 車보다 싸다는데", 매일경제, 2022.10.02.

22 황순민. "계란 집어내고 스쿼트 척척 … 테슬라 로봇, 노동혁명 이끈다." 매일경제, 2024.01.01.

8장

1 월터 아이작슨. 《일론 머스크》. 안진환 역. 21세기북스, 2023.

2 임화섭. "구글, 인공지능업체 '딥마인드' 4억달러에 인수", 연합뉴스, 2014.01.28.

3 Openai. "Our Structure".

4 이상덕. "오픈AI, 머스크 이중행태 폭로…'속도 늦다며 제 발로 나가.'" 미라클아이, 2023.04.03.

5 Forbes. "Exclusive Interview: OpenAI's Sam Altman Talks ChatGPT And How Artificial General Intelligence Can 'Break Capitalism'", 2023.02.03.

6 이상덕. "오픈AI, 슈퍼얼라인먼트 팀 해체…팀원들 줄줄이 퇴사." 미라클아이, 2024.03.18.

7 Albergotti, Reed. "The Secret History of Elon Musk, Sam Altman, and OpenAI", Semafor, 2023.03.25.

8 Mauran, Cecily. "OpenAI's GPT-4 Aced All of Its Exams – except for These", Mashable, 2023.03.16.

9 Murgia, Madhumita . "OpenAI on Track to Hit $2bn Revenue Milestone as Growth Rockets", Financial Times, 2024.02.09.

10 김성민. "챗GPT 가정교사에 美사교육 주가 급락… AI가 기업들 흥망성쇠까지 가른다", 조선일보, 2024.12.14.

11 Shankland, Stephen. "OpenAI's GPT Store Now Offers a Selection of 3 Million Custom AI Bots." CNET, 2024.01.10.

12 이상덕. "오픈AI, 음성비서 'GPT-4o' 발표 '실시간 통역에 노래까지 부른다'", 매일경제, 2024.05.14.

13 이상덕. "오픈AI, GPT-4o 전략 먹혔다…'매출 급상승 중.'" 미라클아이, 2024.03.21.

14 심서현. "단 19시간 방한에 석달 공들였다…올트먼이 찾는 AI칩 파트너." 중앙일보, 2024.01.25.

15 Hagey, Keach , and Asa Fitch. "Sam Altman Seeks Trillions of Dollars to Reshape Business of Chips and AI." The Wall Street Journal, 2024.02.08.

16 Gardizy, Anissa , and Amir Efrati. "Microsoft and OpenAI Plot $100 Billion Stargate AI Supercomputer", The Information, 2024.03.29.

17 이상덕. "차세대 머스크'가 말한 창업 A to Z", 미라클레터, 2024.03.04.

3부

1장

1 Mohamed, Theron. "Warren Buffett's Apple Stake Just Hit a Record $162 Billion, Boosting the Investor's Gain to Nearly 400%." Market Insider, 2022.01.04.

2 IAM. "Warren Buffett's AppleWarren Buffett's Wisdom: Lessons from a Legendary Investor Stake Just Hit a Record $162 Billion, Boosting the Investor's Gain to Nearly 400%", 2023.06.18.

3 레이 달리오. 《변화하는 세계질서》. 송이루, 조용빈 역. 한빛비즈, 2022.

4 whalewisdom. "ARK INVESTMENT MANAGEMENT LLC".

5 BlackRock Inc Portfolio. "Hedge Follow".

6 Murphy, Andrew. "How Has the S&P 500 Historically Performed over 10-Year Periods?", Wihthrop Wealth, 2019.05.30.

2장

1 Daniel, Malcolm. "Daguerre (1787-1851) and the Invention of Photography." THE MET, 2004.10.

2 이상덕, 신기주. "해외 미디어 동향: 챗GPT 미디어의 기회인가, 위기인가", 한국언론진흥재단, 2023.

3 Yazgin, Evrim. "Almost as Quickly as ChatGPT Exploded onto the Scene, Academics Are Finding Positive New Ways to Use It." COSMOS, 2023.03.02.

4 〈Future of Jobs Report 2023〉. World Economic Forum, 2023.

5 민순홍, 송단비, 조재한. AI시대 본격화에 대비한 산업인력양성 과제: 인공지능 시대 일자리 미래와 인재양성 전략. 산업연구원, 2023.

6 "The Rise Of The Solopreneur", CrunchBase, 2024.03.13.

7 이상덕, 이덕주. "사장은 나, 직원은 챗GPT." 매일경제, 2023.11.28.

8 이상덕, 이덕주, 황순민. "'150명 직원 절반 줄어도 매출 쑥'… 단순업무는 이미 인공지능이 팀장", 매일경제, 2023.11.28.

9 이상덕. "'이사람 인간 맞아? 수상한데'…인공지능과 바둑 15전14승", 매일경제, 2022.01.19.

10 이상덕. 《챗GPT 전쟁》. 인플루엔셜, 2023.

11 커즈 레이와일. 《마음의 탄생》. 윤영삼 역. 크레센도, 2016.

12 Heath, Nick. "What Is Artificial General Intelligence?" ZDnet, 2018.08.22.

13 커즈 레이와일. 《특이점이 온다》. 김영사, 2007.

14 이상덕. "양자컴 추격자 韓, 독보적 응용기술로 승부…'양자 석학' 김정상 듀크大 교수." 매일경제, 2023.03.03.

15 이상덕. "'신의 영역' 도전하는 머스크, 뇌에 칩 심어 시력 되살린다." 매일경제, 2022.12.02.

16 Conner-Simons, Adam. "How to Control Robots with Brainwaves and Hand Gestures." MIT News, 2018.06.20.

17 Thomasy, Hannah. "How to Control Robots with Brainwaves and Hand Gestures", Experience, 2022.01.05.

18 이상덕. "'AI는 신이다' 구글 엔지니어 출신, '인공지능 교회' 2년만에 부활 선언", 미라클아이, 2023.12.24.

19 월간통상. "EU, 세계 첫 AI 규제법 통과 2026년 본격 시행… 위반 시 매출 7% 과징금". 산업통상자원부.

20 이본영. "'AI의 안보·건강 위험, 정부에 보고해야'…바이든 행정명령." 한겨레, 2023.10.31.

21 케빈 켈리. 《기술의 충격》. 이한음 역. 민음사, 2011.

매그니피센트 7

초판 1쇄 발행 2024년 9월 11일

지은이 이상덕
펴낸이 박영미
펴낸곳 포르체

책임편집 김아현
마케팅 정은주 박우영
디자인 황규성
표지 디자인 최치영

출판신고 2020년 7월 20일 제2020-000103호
전화 02-6083-0128 | **팩스** 02-6008-0126
이메일 porchetogo@gmail.com
포스트 https://m.post.naver.com/porche_book
인스타그램 www.instagram.com/porche_book

여러분의 소중한 원고를 보내주세요.
porchetogo@gmail.com